大國
的
想望

CHINA

—— 天下主義、強國主義及其他 ——

陳宜中

—— 編 ——

大國的想望：天下主義、強國主義及其他

2021年1月初版　　　　　　　　　　　　定價：新臺幣450元
有著作權‧翻印必究
Printed in Taiwan.

編　　　者	陳	宜	中	
叢書主編	沙	淑	芬	
封面設計	李	東	記	

出　版　者	聯經出版事業股份有限公司	副總編輯	陳 逸 華
地　　　址	新北市汐止區大同路一段369號1樓	總編輯	涂 豐 恩
叢書主編電話	(0 2) 8 6 9 2 5 5 8 8 轉 5 3 1 0	總經理	陳 芝 宇
台北聯經書房	台 北 市 新 生 南 路 三 段 9 4 號	社　　長	羅 國 俊
電　　　話	(0 2) 2 3 6 2 0 3 0 8	發行人	林 載 爵
台中分公司	台 中 市 北 區 崇 德 路 一 段 1 9 8 號		
暨門市電話	(0 4) 2 2 3 1 2 0 2 3		
台中電子信箱	e-mail：linking2@ms42.hinet.net		
郵政劃撥帳戶	第 0 1 0 0 5 5 9 - 3 號		
郵撥電話	(0 2) 2 3 6 2 0 3 0 8		
印　刷　者	世 和 印 製 企 業 有 限 公 司		
總　經　銷	聯 合 發 行 股 份 有 限 公 司		
發　行　所	新北市新店區寶橋路235巷6弄6號2樓		
電　　　話	(0 2) 2 9 1 7 8 0 2 2		

行政院新聞局出版事業登記證局版臺業字第0130號

本書如有缺頁，破損，倒裝請寄回台北聯經書房更換。　　ISBN　978-957-08-5678-1 (平裝)
聯經網址：www.linkingbooks.com.tw
電子信箱：linking@udngroup.com

國家圖書館出版品預行編目資料

大國的想望：天下主義、強國主義及其他/陳宜中編 .
　初版 . 新北市 . 聯經 . 2021年1月 . 320面 . 14.8×21公分
　ISBN　978-957-08-5678-1 (平裝)

　1.中國大陸研究　2.中國政治思想

574.1　　　　　　　　　　　　　　　　109020330

目次

序：恰如其分的憂思　　錢永祥　　　　　　　　　5

編者序　　　　　　　　　　　　　　　　　　　7

子安宣邦　　　　　　　　　　　　　　　　　　9
重思「日本近代化」：於明治維新一百五十年之際

葛兆光　　　　　　　　　　　　　　　　　　　21
對「天下」的想像：一個烏托邦想像背後的政治、思想與學術

梁治平　　　　　　　　　　　　　　　　　　　77
想像「天下」：當代中國的意識形態建構

葛兆光　　　　　　　　　　　　　　　　　　　185
異想天開：近年來大陸新儒學的政治訴求

王超華、沈松僑　　　　　　　　　　　　　　　229
民族主義的趨勢與隱憂：本尼迪克・安德森答問錄

王超華　　　　　　　　　　　　　　　　　　　247
探索現代政治情感世界：紀念本尼迪克・安德森

張倫　　　　　　　　　　　　　　　　　　　　283
現代主體的再生：改革開放四十年中國社會變遷的一個審視視角

序
恰如其分的憂思

錢永祥
《思想》季刊總編輯

中國的崛起，正在改寫21世紀的人類歷史。許多人都在設法理解中國這場變化的動力與性質，希望預見它的方向以及對世局可能帶來的衝擊。中國所走的發展路徑，可以從不同的角度去觀察與評價。東西歷史上大國崛起的殷鑑不遠，德國與日本都是血淋淋的教訓，當然值得參考。一部分中國知識人對於中國歷史傳統的挖掘與詮釋，包括政治儒學以及帝國—天下論，正在滲入當代中國的自我意識，也需要正視。而中國如何處理它與疆域內外的各個小民族、小社會的關係，也將反映中國自己的身分認同以及倫理意識，對「中華民族的偉大復興」的究竟內容形成考驗。本書所收的幾篇文章，分別在這幾個問題上提出了深入的剖析與判斷。

《思想》一向關注中國大陸的發展前景，衷心盼望新中國能成為推動世界和平與進步的主要力量。但除了盼望，我們也深自警惕，一個國家要有容乃大，需要它的知識分子保持清明的理性，培育寬厚的公共文化，在各種世界觀與價值觀之間開拓共享的公共空間，維繫反思與批判的餘地。如果有知識人缺乏現實感

與責任倫理，好走偏鋒，不惜以「異想天開」的方式指點民族走向歧途，對現實、對知識都不夠尊重，對生民苦難不夠在意，就特別需要其他知識人提出辨析與批評。孟子嘆：「豈好辯哉？予不得已也。」《思想》一向設法與各地讀、寫中文的知識界保持聯繫，促成討論，目的也是為了建設這樣一個商榷與批評的平台。本書所收的各篇名家文章都曾在《思想》發表，說明了我們對這件工作的重視。

　　陳宜中先生從《思想》創刊起即擔任編委，為這份刊物貢獻良多。當年他付出時間與心力，對十餘位大陸的重要知識人做專訪，先後集為《中國關鍵七問：憂思者的訪談》（2013）與《中國轉型六問：富國強兵之外》（2016）。這兩冊訪談集，加上現在這本《大國的想望》，共同見證了海內外知識分子對中國之當下以及未來的警惕與關懷。這種心情，「憂思」二字確實恰如其分。

編者序

　　本書所收入的七篇文字，皆曾刊登於聯經《思想》季刊。自2006年創刊以來，《思想》刊登了大陸學人許多文章，而其目的不僅在於提供發表平台，更希望主動參與大陸知識界關於中國走向的討論，期能在思想文字的切磋過程中，帶入具台灣特色的問題意識和更寬廣的東亞視野，以促共同進步。

　　此次以「大國的想望」為題，收入子安宣邦、葛兆光、梁治平、王超華、沈松僑、張倫等七篇力作，與《思想》的價值關懷是有關的。從發刊的第一天起，《思想》期盼兩岸能和平發展，中國大陸能逐漸成為一個還權於民、還富於民、政治清明、善待弱勢、敦親睦鄰的大國，而不是以富國強兵壓倒一切的東方門羅主義者。

　　但環顧今日的東亞與世界、中美關係與兩岸關係，我們距離這個初衷似乎是更遠了，而不是更近了？

　　子安宣邦指出，明治維新是一種國家主義色彩強烈的近代化變革，催生出天皇制集權國家，終至帶來戰禍。這讓我們警醒到，當今的中國也正走在富國強兵的國家主義道路上，尤須以史為鑑。晚近，一些大陸學者在強國夢的召喚下，重提「天下」。或訴諸康有為，倡議政教合一的儒教新政。針對天下論述，本書收入葛兆光的犀利批判，以及梁治平的全面分析。葛兆光另深入

考察了大陸新儒學的政治訴求。

　　大陸當局正在貫徹大一統的國族主義。王超華和沈松僑對世界著名的民族主義理論家本尼迪克・安德森的訪談，以及王超華紀念安德森的專文，皆饒富參考價值。張倫則從現代性轉型的長程視野，申論中國的進步繫於現代主體的再生，而非國家的再集權化。

　　作為編者，我還有以下兩點想要交代。首先，這七篇文字在集結成書前，都經過仔細的再次校對。此外，其作者皆曾應邀於中央研究院人社中心的政治思想研究專題中心發表演講。就此而言，本書除了是《思想》季刊的文章精選，也是政治思想中心的演講者文集。

　　最後，儘管顯得有些累贅，我還是要特別感謝《思想》總編輯錢永祥先生、聯經發行人林載爵先生，以及中研院人社中心的蕭高彥主任。沒有他們的長期支持與鼓勵，此書不可能問世。

　　惟希望這本書對兩岸三地、華人世界的青年，能起到拋磚引玉的作用。

　　是為編者序。

重思「日本近代化」

於明治維新一百五十年之際

子安宣邦

一

　　去年2018年剛好明治維新（1868）屆滿一百五十週年[1]。雖然日本政府並沒有在國內特地舉辦些什麼慶祝活動，但是重新檢討明治維新與日本近代史主題的出版品相繼出版，幾乎淹沒了書店的整個書架。但這些並非從本質上重新閱讀或重新省思明治維新及以明治維新為起點的日本近代史。因為並沒有人對於明治維新是日本近代史正當且正統之開端的變革這件事感到懷疑。

　　我從幾年前，正確地說應該是2015年的秋天開始，以討論津田左右吉大作《我國國民思想體現於文學的研究》為課題，展開了一系列的市民講座（公民教室）。津田左右吉（1873-1961）在《神代史の研究》（1913）中，以文獻批判方式闡述《古事記》和《日本書紀》中之神話乃是為辯護天皇家自神代以來之正統性。他是日本二戰後，在文化史方面獲得高度評價的歷史研究者。津田還有另一部大作，《我國國民思想體現於文學的研究》。其中的第一卷《我國國民思想體現於文學的研究：貴族文學的時代》於大正五年（1916）刊行。接著，第二卷《我國國民思想體現於文學的研究：武士文學的時代》於大正六年（1917），緊接著第三卷《我國國民思想體現於文學的研究：平民文學的時代（上）》在大正七年（1918），之後第四卷《我國國民思想體現於文學的研究：平民文學的時代（中）》在大正十年（1921）出版。《我國國民思想體現於文學的研究》至此極為順利地出版，但自《平民

1　本文為子安宣邦教授應邀於2019年3月19日，在中央研究院人文社會科學研究中心政治思想研究專題中心所做演講的演講稿譯文。譯者是日文工作者許婷婷。

文學的時代（中）》之後，則被迫中斷。

關東大地震（大正十二年，1923）之後，日本在內外極其不安的政治社會狀況中迎接昭和時代。在昭和的戰前戰中時期，津田的《我國國民思想體現於文學的研究》的最終卷《平民文學的時代（下）》尚未刊行就面臨了敗戰（1945）。二戰後，津田將已經出版的《我國國民思想體現於文學的研究》四卷進行了修訂工作，終於在昭和三十年（1955、津田八十三歲）完成修訂，但第五卷《我國國民思想體現於文學的研究：平民文學時代（下）》自始至終都未能問世，津田就在昭和三十六年（1961）離世，享年八十九歲。這時我們可以提出一個大問題：為何津田沒有完成其生涯鉅作《我國國民思想體現於文學的研究》呢？在世界史的脈絡中，自大正至昭和年間可謂是日本危機的時代，津田持續書寫、繼續出版的《我國國民思想體現於文學的研究》到底是什麼呢？

若是以這樣的形式進行下去的話，今日的演講將會變成以津田論來作結吧！這裡我想要先說一下我結論的部分。未出版的《我國國民思想體現於文學的研究：平民文學的時代（下）》應該是處理德川時代末期至明治維新及其後的問題。由此可窺知這卷或許應該是《國民文學的時代》的前夜。在津田過世後的二年，也就是自昭和三十八年（1963）起，《津田左右吉全集》全三十三卷開始刊行。全集的編集室決定將未刊的《我國國民思想體現於文學的研究：平民文學的時代（下）》當作全集中的第八卷來出版。此卷是由津田沒後在書齋簞笥底下發現的原稿兩篇，以及二戰後至他離世的這段時期所寫有關明治維新和維新之後的論文所構成的。我從全集第八卷所刊載的文章中，初次知曉津田並不認同「明治維新」這一變革的正當性（legitimacy）。

津田認為明治維新是：薩摩與長州這兩個有力的封建勢力聯

合，並企圖以武力方式奪取中央權力的政變。在津田看來，封建勢力為了把這個政變當作是一種正當的革命而牽扯進了天皇，並以「王政復古」為革命的口號。津田否定其正當性，不只因明治維新是利用天皇這一傳統權威的政變，更是因明治新政府把天皇召喚回國家政治權力中心，而能以天皇之名施行專制，恣意地施政。

津田的文章否認明治維新作為日本近代化革命的正當性，並否定來自明治維新之明治政府的正當性。我因拜讀其文，而理解到他不再持續執筆、繼續刊行《我國國民思想體現於文學的研究：平民文學時代（下）》的理由。我想他不認同明治維新是促使國民成就自立性的革命。此外，津田否定明治維新正當性的此一維新觀，使我不只知曉他放棄《我國國民思想體現於文學的研究》最終卷執筆的理由，且讓我能從不同的角度重新審視「明治維新＝日本近代化正當起點」之主流見解。藉由津田所給我的這寶貴的思考啟發，我想重新思考明治維新與日本近代化的關係。

19世紀後期的日本正處於國際危機之中。企圖侵略東方的俄國船艦開始在日本周邊海域出沒。憑藉軍事力對中國要求自由貿易的英國，對日本而言也是一個大大的威脅。鴉片戰爭讓當時日本早先覺醒的人認識到自國所身處的危機。1853年美國的培里艦隊航海來到日本，要求鎖國的日本必須開港與通商，因此日本的國際危機便迅速轉化為國內危機——因為當時的日本沒有能處理此對外危機的主權國家體制（外交的、軍事的、法制的體制）。這告訴我們一個關於日本近代化的重要事情。日本的近代化與以此為目的之變革是因處理對外危機而促成的國家變革，更重要的是，那是國家體制方面的變革。據說當時在權力階層內部就要求模仿歐美先進國家，進行國家體制的變革。我們可以說，這確實

是在19世紀的亞洲危機中，國家體制變革的先驅。津田對明治維新的批判告訴我們，在國家體制變革方面，明治政府所採取的方向之外，尚可能有另一個方向。這點我之後會再詳述。

　　若主要把明治維新當作面臨對外危機而因應產生的國家體制變革的話，這樣就會和以往把明治維新當作日本全面近代化開始的過去觀點有所差異。我認為明治維新乃是把國家體制變革當作緊急要務，因而成為一種國家主義色彩強烈的近代化變革。為了更進一步闡述這點，我們就必須了解那個被認為是封建社會而被明治維新及其完成者所否定的江戶時代（＝德川時代）。日本的歷史學家把江戶時代（1603-1867）劃為「近世」。「近世」在英語中是「early modern」，意即是「早期近代」或「前期近代」。但是日本卻不把江戶時代定位為早期近代。因為，日本認為江戶時代乃中世封建社會的後期，也就是帶有中央集權性格的後期封建社會。所謂的近世，在日本被認為是中世後期。之所以會以如此的脈絡來看江戶時代，是因為日本歷史上最大變革的明治維新被理解為「近代日本」的出發點。也就是說，這依據於明治維新是「近代化革命」的視角。這可謂是從明治至今日本的官方見解，也因此「明治維新一百五十年」才能炒熱今日日本的新聞媒體。

　　以明治維新為日本史上最大變革的這個看法，近年來開始受到了質疑。給日本歷史帶來最大變化的並不是19世紀後期的明治維新，而是15世紀的應仁之亂（1467-1477）這個大規模的內亂。最初提出這個見解的是，日本學界中被認為近代支那學之祖的內藤湖南（1866-1934）。這個說法最近由一位將應仁之亂這個大亂的實際情況詳細濃縮在一本書中的歷史學家再提出來[2]。他把

2　吳座勇一，《應仁の亂》（東京：中公新書，2016）。

應仁之亂稱作是日本史上最大變革的主要原因是：在這個內亂之後，緊接著經過了16世紀戰國時代這個動盪的世紀，由京都的朝廷（貴族）、寺院（僧侶）、幕府（武家）等三者所構成的日本古代國家權力體制徹底崩解。也就是說，從這個觀點，我們可以重新審思17世紀德川政權的成立。意即西元1600年左右時，德川一族藉由統一並成立全國武家政權，終結了日本長久以來持續在京都以天皇朝廷為主體的權力體制。這也意味著「應仁之亂」乃是給日本史上帶來最大變革的內亂，而我也支持這個說法。

　　這也就代表著改變了過去以來對明治維新的評價。而這個變化關係到我們對明治維新相關的「近代」與「近代化」之意涵的理解。此外，這個見解不僅改變了明治維新的評價，也改變了對於江戶時代這個「近世」的看法。如同方才所述，西元1600年左右時，德川政權的成立就意味著在京都自古以天皇朝廷為主的權力體制崩解。江戶的德川幕府實行中央政權，擁有全國性的政治統治權，宮廷與寺院皆被去政治化，而被置於幕府統制之下。天皇成為祭祀與儀禮方面的權威，而被隔離在京都的御所裡。江戶幕府將宮廷或寺院山門去政治化的同時，自古以來被宮廷貴族或寺院僧侶所獨享的學問與文化也對一般民眾開放。藉此，民間也開始學習儒學。正如同我在《江戶思想史講義》[3]所述，在這個時代，在許多都市町人身分的庶民當中，誕生出許多優秀的儒學者或國學者。更進一步地全國交通網建立後，連結中心都市（江戶、大阪、京都）和地方都市的政治性、經濟性、文化性的全國網路也因而建立起來。江戶（之後的東京）在18世紀時擁有了一百萬人口，這在當時是世界最大的都市。由此可知，從17到19

3　子安宣邦，《江戶思想史講義》（丁國旗譯，北京：三聯書店，2017）。

世紀的江戶社會可謂是相當「近代化」的社會。從這一點，我們可以想想到底明治的近代化意味著什麼？始於明治維新的近代化其實就是國家體制的近代化，也就是模仿西歐先進國家並以形成近代民族國家為目標的近代化。此乃如同上述，這是日本在19世紀後期面臨國際危機時所提出的回答。日本以急速國家主義式的近代化來應對這樣的危機。

二

　　明治日本把形成民族國家的這個課題以組成天皇制民族國家的形式來實現。近世的德川政權把天皇隔離於京都御所這個非政治性的祭祀儀禮空間，但是，明治時期的維新政府又再度把天皇拉入政治操作的中心，把近代國家建造成天皇制性質的國家體系。津田對於明治維新以及由明治維新促成者所建構的國家感到強烈的違和感便在於這點。如津田所說，「王政復古」是發動明治維新這個政治改革的反德川政權者所提出的口號。他們藉此口號將他們的政變合理化。但是這個口號卻又在明治維新這個日本近代化改革上，深深刻印了復古主義或天皇主義的印記。明治國家最終制定了憲法，設立了議會，完成了近代國家體制。但是，天皇制國家統治原則貫徹了近代國家體制，將國民包覆入了天皇制極權主義國家的範圍內。使總力戰這個昭和的戰爭化為可能的，正是天皇制極權主義。號稱「王政復古」的明治維新的確是為了使「真正的國民」成立而實施的近代化改革嗎？我想這應該就是讓津田深度懷疑並中斷繼續書寫《我國國民思想體現於文學的研究》的原因吧！因為他找不到近代日本中「真正的國民、國民文學」的成立。

　　始自於明治維新的日本近代化還有另一個特色，那就是從東方全面轉換到西方的文明論變化。在「文明開化」的口號之下，明治日本不只在國家制度和軍隊方面，在風俗乃至學問文化方面也都充分地全面西方化。明治政府通過國民教育的方式，徹底實行西方近代化（＝文明化）的精神。明治政府在維新後立即將學校教育制度化，並讓西方近代化的精神藉由學校教育開始滲透。若說明治日本讓近代化（＝西洋文明化）最先成功的原因為何？我想這是源自明治近代化乃是帶有國家主義性格的變革之故。若問明治維新此一近代化的變革為何成功？我想這是源自和產業及軍事變革一同進行的教育變革獲得成功之故。這個成功，當然是國家整體的成功。

　　近來數年，在日本常聽到「明治維新一百五十年」，在此同時也興起一股重新詮釋「明治維新」和「日本近代史」的風潮。但是這些絕對不是批判性地重新質問「日本近代」。在這些重新評價「明治維新」的代表性著作[4]中，討論到在西方近代民族國家的全球化形成過程中，亞洲最早回應並體現成功的例子就是明治維新與明治國家的成立。這是在關於「明治維新一百五十年」的論述中，現代日本近代史學家的代表性言論。

　　在這種論述中，我們在重新思考明治維新或日本近代史之時絕對不可欠缺的前提──即「昭和日本的十五年戰爭」和「敗戰」──皆銷聲匿跡。歷史家沒有把握到戰爭和敗戰，而這對應於現在的日本政權被歷史修正主義者長期掌握的情況。我在少年時經歷過戰爭日本與敗戰日本，所以我認為若把昭和的十五年戰

4　三谷博，《維新史再考：公議・王政から集権・脱身分化へ》（東京：NHKブックス，2017）。

爭與1945年敗戰等兩個事置於度外的話，必無法看清楚明治維新與日本近代史的真實樣貌。在我看來，明治維新和日本近代化的最終歸結正是昭和時期的十五年戰爭與敗戰。因此，我不把「王政復古」的維新解釋為適合近代「主權」原理而建造出天皇制政治體制的近代化改革。我認為明治維新是種政變性質的政權更替，正是明治維新使昭和時期的天皇制極權主義國家得以誕生。

　　如上所述，我這樣的看法緣自於我少年時的戰爭體驗，但是這戰爭體驗也可能導向和我相反的立場，也就是導向國家主義的立場。我知道安倍首相的背後存在著幾位和我同世代的歷史修正主義者。我對日本近代的看法不僅來自我的戰爭體驗，另一方面也來自我的思想史方法論。也就是說，源自於「視點的外部性」或說「從外部來看」這個思想史方法論。一個國家的歷史不能單單一國主義式地「從內部來看」，否則無法將其相對化，並進行批判性的重新省思。我從1990年代開始批判性地重新閱讀日本近代史，也就是重新閱讀日本近代政治史、思想史、宗教史和言語史等等。那時我採取的是「從外部來看」這個方法論的立場。這個立場即是所謂「作為方法的亞洲」和「作為方法的江戶」。

　　「作為方法的亞洲」和「作為方法的江戶」都是我的著作《何謂「現代的超克」》[5]以及《江戶思想史講義》所構成的思想史方法論的概念。首先是關於「作為方法的江戶」，我在《江戶思想史講義》把此解釋為「從江戶來看」。我企圖逆轉過去從「近代、東京」來看「前近代、江戶」的視線。透過這樣視點的逆轉，我不僅知道了「江戶」這個與明治近代不同的「另一個近代」；我也明白了「明治近代、近代化」的特殊性格。也就是

5　子安宣邦，《何謂「現代的超克」》（董炳月譯，北京：三聯書店，2018）。

說，我理解到在明治時代擁有權力之人的制作意志，那極具國家主義式近代化的性格，及以天皇制為框架下所形成的民族國家之復古樣態。藉著從「江戶」這個視角來看，日本近代被相對化為「明治近代」。與此同時，「明治近代」所否定的「江戶」重新被理解為「另一個近代」。

　　所謂「作為方法的亞洲」就是《何謂「現代的超克」》書中所看到的，竹內好對「西洋式的」近代日本作強烈反省性批判時所用的用語。據竹內所說，這裡所指的「亞洲」並非是實體，而是方法（看法）。因此，「作為方法的亞洲」意指「從亞洲來看」。這是促使日本近代史方法論轉換的重要用語。竹內認為當把日本近代史從被日本殖民地化的「朝鮮來看」，從被日本帝國主義戰爭當作戰場的「中國來看」。我把竹內留給我們戰後世代可說是遺訓的名言「作為方法的亞洲」再加上「作為方法的江戶」，並藉此生產出許多批判性地重新檢討近代日本的話語。我從《近代知識考古學》[6]以來，出版超過十冊關於現代性批判的書。我在這些書中所做的就是對抗一國主義式的獨善話語。

　　歷史修正主義站在戰前與戰後日本連續性之上，否定了戰後日本與戰前日本的國家整體的斷絕。其強烈主張「明治維新一百五十年」這樣的提法，其實是在歌頌近代日本的連續性。那是眼中不見亞洲這個他者或鄰人，亦不從江戶這個他者或他人來學習，而只是一國主義式的獨善話語。而我所能做的就是，放置一個重壓之石以對抗這樣墨守一國主義的狀況。

　　然而，我現在對於自己所作的批判性思想作業是以過去式的方法呈現的，那是因為現在我懷疑不管是「作為方法的亞洲」或

6　子安宣邦，《近代知識考古學》（北京：三聯書店，即出）。

是「作為方法的江戶」等這些方法的概念，在「明治維新一百五十年」的21世紀，到底是否依然是有效的批判性方法？究竟這個「亞洲」對日本而言，是否能是一種外部的他者性呢？「從中國來看」的這個視角已和大國主義的視線混在一起了，「從韓國來看」這個視角也與民族主義式的對抗視線不可分了。這樣一來，它們所構成的亞洲已經不是作為批判方法概念的「亞洲」。現在我們所要追求的，是可以將21世紀的日本與中國以及韓國都能一起批判性地重新審視的那個真正作為外部他者的「亞洲」。

「作為方法的江戶」需要更深一層的深化。不僅如此，以關乎身處現代我們的生死問題本質的方式，我們有必要更深化被批判性理解的「近代」和批判性看待的「江戶」。如今的我一邊深化「作為方法的江戶」之餘，更想問的問題是：「等待我們的只有孤獨死這個死法，不，這種過日子的方法是正確的嗎？」

我現在才要重新思考上述批判「近代」的方法，開始著手將之更加深化的工作。然而，我年事已高，我期待透過大家的手，能更進一步推進此思想工作的課題，並以此作為我演講的結論。

（原載於《思想》第41期）

子安宣邦，日本思想史研究者，大阪大學名譽教授，曾任日本思想史學會會長。主要著作包括《近代知のアルケオロジ：国家と戦争と知識人》、《方法としての江戸：日本思想史と批判的視座》、《平田篤胤の世界》、《漢字論：不可避の他者》、《「近代の超克」とは何か》等。

對「天下」的想像

一個烏托邦想像背後的政治、
思想與學術

葛兆光

> 一種思想狀況如果與它所處的現實狀況不一致，則這種思
> 想狀況就是烏托邦。

──《意識形態與烏托邦》＊

　　一個關於未來世界的烏托邦想像，近十幾年來，趁著當代中
國膨脹的勢頭，借著西方新理論的潮流，穿著傳統中國文化的外
衣，在中國大陸被反復敘說，這個烏托邦叫作「天下」[1]。

　　雖然我用「想像」這個詞形容「天下」，多少有點兒無視它
在論說者那裡已然影響到實際的政治領域和制度層面，但我仍然
覺得，當它還沒有真的成為國際關係原則或外交事務政策的時
候，我寧可在討論中暫且把它當成是學者的想像。當然我知道，
這種有關「天下」的想像，近年來從哲學式的「天下體系」、政
治化的「天下秩序」，到觀念中的「天下主義」，先不說它背後是
什麼，至少它的左邊有來自西方的新帝國批判理論加持，顯得政
治正確而義正辭嚴，右邊有來自傳統的公羊「三世說」護佑，看
上去言之有據而歷史悠久。特別是它隱含的指向始終是要成為政
府的、政治的和政策的依據，因此，在當今對美國主導現行國際
秩序的質疑聲浪越來越高漲的情勢下，一個作為現行國際秩序替
代方案的天下秩序，好像真的可以給我們的未來帶來一個更加公

＊　卡爾‧曼海姆，《意識形態與烏托邦》（黎鳴等譯，北京：商務印書館，
　　2000）第四章，頁196。

1　這類論著相當多，茲舉幾個重要的例子：盛洪，《為萬世開太平》（北京：北
　　京大學出版社，1999；增訂本，中國發展出版社，2010）；趙汀陽，《天下體
　　系：世界制度哲學導論》（南京：江蘇教育出版社，2005）；姚中秋，《華夏
　　秩序治理史》卷一（海口：海南出版社，2012）；李揚帆，《湧動的天下：中
　　國世界觀變遷史論（1500-1911）》（北京：智慧財產權出版社，2012）等等。

正、平等與和平的世界。

真的是這樣嗎？無論是與不是，這種滿懷期待使得有關「天下」的烏托邦想像，似乎真的有了所謂「從空想到科學」的可能。伴隨著所謂「中國崛起」，一些學界朋友已經迫不及待地在討論「世界歷史的中國時刻」[2]。什麼是「世界歷史的中國時刻」？言下之意，自然是19世紀是英國世紀，20世紀是美國世紀，21世紀呢？當然就是中國世紀。既然21世紀是中國的世紀，就應當由中國主導世界秩序。這個由中國主導的世界新秩序，按照他們的說法就是重建古代中國的「天下」。他們興奮地發現，古代中國所描述的「天下」，不僅是地理意義上的「世界」，還是心理意義上的「民心」，更重要的它還是「倫理學／政治學」意義上的「一種『世界一家』的理想或烏托邦（所謂四海一家）」。

不過，千萬不要以為這些樂觀的學者願意把「天下」僅僅當做一個烏托邦；正如曼海姆所說，「當它（烏托邦）轉化為行動時，傾向於局部或全部地打破當時占優勢的事物的秩序」[3]，他們更願意打破現行國際秩序，讓這個「烏托邦」成為一種「世界制度」，以及由這一「世界制度」建立一個「世界政府」。

---

2 2012年12月，在北京召開了一次討論會，會議的討論記錄發表在《開放時代》（廣州）2013年2期，題目就是「世界歷史的中國時刻」。這個說法大概非常被發明者珍愛，因此，《文化縱橫》（北京）2013年6月號也發表了參與者大體相同的學者題為「世界秩序的中國想像」的筆談（這裡恰好用了「中國想像」這個詞），而其中第一篇就是署名「秋風」，即發起者姚中秋的文章，題目就是〈世界歷史的中國時刻〉。順便可以提及的是，這一期中，另兩篇文章題目頗聳人聽聞，一篇即歐樹軍的〈重回世界權力中心的中國〉，另一篇是施展的〈超越民族主義〉，其副標題為「世界領導性國家的歷史經驗」。

3 前引《意識形態與烏托邦》，頁196。

一、歷史中的「天下」：內外、華夷與尊卑

　　習慣於憑證據說話的歷史學家，並不太願意預測未來，為什麼？因為未來彷彿「天有不測風雲」。過去已經留下證據，論述容易言之有據，而未來口說無憑，存在太多的變數。不過奇怪的是，說未來的人卻特別喜歡綁架過去，總是試圖讓有據的歷史為無憑的未來背書，借過去的理想支持未來的想像。本來，我並不想討論「天下」觀念的歷史，因為在歷史學界，這是一個討論得相當成熟的話題，並不值得在這裡重複。不過，由於想像「天下」的學者，一面引經據典地敘說歷史上中國的「天下」如何如何，一面卻總是無視這些歷史學家的論著，因而使得我只好也來討論歷史，看看這些對於「天下」的所謂新說，是一種什麼樣的「非歷史的歷史」。

　　對於「天下」，有一種最具想像力的說法是，古代中國的「天下」給現代世界提供了歷史經驗，因為那曾是一個萬邦協和的大世界。據說，「天下」就是一個沒有「內」和「外」，沒有「我」和「你」之分，所有的人都被平等對待的世界。「如果想在政治上和文化上實現真正的穩定統一，就必須採用儒家的天下主義立場，推行王道政治，實施天下方案。」[4]

　　這一說法究竟有多少歷史證據？當代論述「天下」的人毫不在意。他們常常在歷史資料中挑挑揀揀，選出符合自己口味的東西拼湊裝盤，顯得好像很有依據。可是作為歷史學者，不能不重新回到故紙堆中讓證據說話。前面說過，古代中國的所謂「天

4　郭沂，〈天下主義：世界秩序重建的儒家方案〉，載《人民日報・學術前沿》（北京）2013年3月（下），頁35。

下」觀念，在歷史學界早已是舊話題，相關的歷史資料和學術討論已經相當豐富，只是現代重提「天下」的學者，急於表達他們的新見解，而根本不看或者不願意看而已。我想不必學究氣地一一羅列，僅舉其大者，二戰前就有小川琢治〈戰國以前の地理智識の限界〉，討論古代中國的「天下」，收在他的《支那歷史地理研究》之中；戰後則如日本安部健夫的《古代中國的天下觀》長篇論文，就收在1956年哈佛燕京學社與同志社大學合作的「東方文化講座」系列出版物中。1982年台灣學者邢義田撰寫的〈天下一家：中國人的天下觀〉，也收在當年台北聯經出版公司出版的《中國文化新論》之中；而說到大陸學者，則有羅志田的〈先秦的五服制與古代的天下中國觀〉，收在他1998年在台北東大圖書公司出版的《民族主義與近代中國思想》一書中[5]。

　　在以上這些論著裡，討論「天下」觀念的歷史學者，好像和現在試圖以「天下」當新世界觀的學者相反，他們都會強調一個關鍵，即古代中國人心目中的「天下」往往涉及「我」／「他」、「內」／「外」、「華」／「夷」，也就是「中國」與「四方」。以商代為例，無論是陳夢家、胡厚宣還是張光直，在討論商代甲骨文字資料以及考古發現的「亞」形墓葬或建築時，都指出古人以「自我」為中心產生出「周邊」（五方或四方）的觀念，因而常常有「四土（社）」、「四風」、「四方」的說法。這時

5　邢義田，〈天下一家：中國人的天下觀〉，載《中國文化的源與流》（《中國文化新論》之一，原為台北聯經出版事業公司1982年版，此處用大陸版：合肥：黃山書社，2012年新版）；羅志田，〈先秦的五服制與古代的天下中國觀〉，載其《民族主義與近代中國思想》（台北：東大圖書公司，1998），頁1-34。此外，可參看葛兆光，〈天下、中國與四夷〉，載王元化主編，《學術集林》（上海：上海遠東出版社，1999）第十六卷。

的「我者」是殷商，「他者」是諸如羌、盂、周、禦、鬼等等方國，「這些方國及其包圍的豫北、冀南、魯西、皖北和江蘇的西北，也就是商王聲威所及的『天下』了」[6]。很顯然，這一「天下」裡非常重要的是：地理意義上必然有中心與四方，在族群意識中就分「我」（中心）與「他」（邊緣），在文化意味上就是「華」（文明）與「夷」（野蠻），在政治地位上就有「尊」（統治）與「卑」（服從）。

「普天之下，莫非王土，率土之濱，莫非王臣」，古代儒家論述的「天下」，其實往往關鍵在「以天下之大，四海之內，所共尊者一人耳」[7]。現代人看重的「天下遠近小大若一」，只是後來尤其是漢代公羊學家提出的理想。其實，如果稍稍看一看古典文獻就可以知道，三代以來，王所控制的「中國」之外，還有鞭長莫及的「四裔」，大凡言及「天下」，多會涉及「中國」和「四方」。眾所周知，最早「中國」可能只是河洛一帶（如「宅茲中國」），只是中原族群漸漸擴張，它成為這一核心文明與核心族群對於自我疆域的稱呼。因此，在早期古文獻中，雖然有時候「天下」只是「中國」[8]，不過，隨著核心區域逐漸擴大，對外部世界知識也在增長，一些原本的四夷漸漸融入中國，而漸漸膨脹的中國擁有了更遙遠的四夷，人們口中的「天下」，有時候指的是「中國」，有時候則包括了「中國」和「四夷」[9]。前者如《戰國策・秦

---

6 前引邢義田，〈天下一家：中國人的天下觀〉，頁289。

7 陳立，《白虎通疏證》（北京：中華書局，1994）卷二，頁47。

8 渡邊信一郎，《中國古代的王權與天下秩序》（徐沖譯，北京：中華書局，2008）引韓國學者金翰奎說，頁13。

9 前引渡邊信一郎，《中國古代的王權與天下秩序》在討論圍繞「天下」的學說史時，就說在日韓學者裡面，一種意見是「天下」乃是超越了民族、地域

策三》裡范睢說的，「今韓、魏，中國之處，天下之樞也，王若欲霸，必親中國而以為天下樞，以威齊、趙」[10]，這裡以「天下」與「中國」對舉，大概「天下」只是「中國」，周邊異族和異文明就是與「中國」相對的「四夷」，就像《史記‧秦始皇本紀》裡面秦二世詔書說的，「天下已立，外攘四夷」[11]。後者則如《禮記‧禮運》裡面常常被引用的那一句「以天下為一家，以中國為一人」[12]，這裡「天下」比「中國」要大，後來《白虎通‧號篇》所謂「天子至尊，即備有天下之號，而兼萬國矣」，「天下」就包容了萬國，不僅是中國，也包容了四夷[13]。

　　漢代之後特別是到了隋唐，「天下」越來越兼帶「中國」與「四夷」[14]。原本，這種「天下」在古代有各種稱呼，比如《禹貢》、《國語‧周語上》、《周禮‧職方氏》裡面的「五服（王畿與甸、侯、賓、要、荒服）」或「九服」（王畿與侯服、甸服、男服、采服、衛服、蠻服、夷服、鎮服、藩服）。但無論如何，內外、華夷、尊卑都是分得很清楚的。所以，漢初人撰寫《王制》，為大一統的「天下」立規矩就說「中國、戎夷、五方之民，皆有性也，不可推移」[15]。此後，無論如何變化，在這些想像

並呈同心圓狀擴展的世界，或將其理解為世界秩序、帝國概念之類（如田崎仁義、平岡武夫、金翰奎），一種意見是「天下就是中國─九州，將其理解為處於強力統治權下的國民國家概念」（如山田統、安部健夫），頁9-15。

10 《戰國策》（上海：上海古籍出版社，1978）卷五《秦三》，頁190。

11 《史記‧天官書》裡面也說「秦以兵滅六王，並中國，攘四夷」。

12 《禮記正義》卷二十二，《十三經注疏》（北京：中華書局，1980），頁1422。

13 前引陳立，《白虎通疏證》卷二，頁57。

14 前引渡邊信一郎書也引用歷史學者高明士的說法，指出到了隋唐時代，「天下」就往往是象徵「自中國向東亞至於全世界，呈同心圓狀擴展的結構」，頁13。

15 《禮記正義》卷十二，《十三經注疏》，頁1338。

和觀念中，一個極為重要的判斷始終貫穿其中，這就是在這個「天下」裡：

（一）有「內」與「外」的區別。大地彷彿一個棋盤，或者像一個回字形，由中心向四邊不斷延伸，「內」是以「九州」（冀、兗、青、徐、揚、荊、豫、梁、雍）為核心的，這就是後來「中國」的基礎。而「外」則是所謂「四裔」，即《周禮·大行人》裡的「九州之外，謂之藩國，世一見，各以其所寶貴為摯」，就是一個世代才帶了各自寶物來中國朝見一次的「東夷、北狄、西戎、南蠻」[16]。

（二）有「華」與「夷」的不同。自己所在的地方，是「天下」的中心，也是「華夏」即文明的中心，中央的文明程度遠遠高於四裔（也就是「蠻夷」）的文明程度[17]。在這個文明格局中，文明程度與空間遠近有關，地理空間越靠外緣，就越荒蕪，住在那裡的民族也就越野蠻，文明的等級也越低。

（三）有「尊」和「卑」的差異。文明等級低的四裔應當服從中國，四裔僅僅可以得到較低的爵位或稱號，享受比較簡陋的禮儀服飾，其政治上的合法性，要得到中央（皇帝）的承認（冊封），並且要向中央王朝稱臣納貢，用《國語·周語上》中祭公謀父的說法，「甸服者祭，侯服者祀，賓服者享，要服者貢，荒

---

16 《周禮注疏》卷三十七，《十三經注疏》，頁892。

17 民族學家馬戎也指出，傳統中國的族群觀念中，一是以東亞大陸的「中原地區」為世界文化、政治人口核心區域，形成「天下觀」，二是給「天下」族群分類時，以中原文化作為核心，構築起「夷夏觀」，三是以華夏文化教化四裔蠻狄戎夷，有教無類的「一統觀」，這三個觀念很有趣地交融在一起。見氏著〈中國傳統「族群觀」與先秦文獻「族」字使用淺析〉，收入關世傑主編，《世界文化的東亞視角》（北京：北京大學出版社，2004），頁90。

服者王」，如果不按照這種要求侍奉中央，「於是乎有刑不祭，伐不祀，征不享，讓不貢，告不王。於是乎有刑罰之辟，有攻伐之兵，有征討之備，有威讓之令，有文告之辭」[18]。

　　我想特別強調一點，儘管把隻言片語「選出而敘述之」來進行「抽象繼承」或「創造詮釋」，也是一種哲學史式的傳統[19]，但是從歷史學角度看，古代詞語的解讀需要有具體語境和歷史背景，而且古代中國的觀念也往往不是一個放諸四海而皆準的「硬道理」，它要放在相近的觀念群中一起理解。比如「大一統」的政治理想，要和「華夷之辨」的差序秩序放在一起，你才能知道這個「大一統」中，並不是「若一」而是有內外遠近之差異的；「有教無類」這樣的教育理念，要和「君子野人」的等級秩序和「勞心勞力」的社會分工聯繫起來，你才能體會到看似無差別的教育理念，恰恰是以古代中國等級差別制度為基礎的；「夷狄則夷狄之，中國則中國之」這種泛文化的民族觀念，也要和「懷柔遠人」這樣的世界理想放在一起，你才能知道這種看似平等的文化理念，其實背後也有用有力量的文明「說服」較弱小的野蠻的意思；同樣，「萬邦大同」這樣的遙遠願景，也要與「天下歸心」

---

18 《國語‧周語上》（上海：上海古籍出版社，1988），頁4。這裡可以補充一點，日本學者尾形勇在〈漢代における「天下一家」について〉中指出，「天下一家」的說法，有三個層次，一是以「家」的內部秩序擴大為國家秩序，二是政權歸於一家一姓，天下一統，三是帝王權力之外，抑制所有的私家，在這個意味上實現天下一家。在以上三個層次中，第一個是從儒家思想的立場陳述理想的國家秩序，因此與現實國家秩序應當有所區別，對此，第二和第三個則應當理解為反映了漢帝國的國家秩序和權力構造的重要側面。載《榎博士還曆紀念東洋史論叢》（東京：山川出版社，1975），頁151-152。

19 這是馮友蘭的方法，參見《中國哲學史》（北京：中華書局重印本，1984）第一章，頁1。

這樣的世界雄心連在一起，沒有「周公吐哺」的氣派和「稱雄一代」的實力，你只能成為「萬邦」中的「一邦」，卻成不了「天下」皆歸於我的英雄。單純抽出「天下」二字來，認為這是一種充滿「平等」和「和諧」的世界觀，恐怕不僅是反歷史的歷史想像，充其量只是表現一種浪漫情懷和崇高理想，難免這樣的諷刺，即「拔著自己的頭髮離開大地」或「乘著概念的紙飛機在空中飛」。

　　有沒有「遠近小大若一」，既相容又和諧，能和平共處的「天下」呢[20]？也許，除了《禮記・禮運》之外，還可以舉出《墨子・法儀》中的「今天下無大小國，皆天之邑也」和《荀子・儒效》中的「四海之內若一家」作為證據，說這就是古代中國人的思想。其實，說「思想」當然可以，說「理想」或許更加合適。過去，錢穆在《中國文化史導論》中也曾經說過，「當時所謂『王天下』，實即等於現代人理想中的創建世界政府。凡屬世界人類文化照耀的地方，都統屬於唯一政府之下，受同一的統治」。他把這個天下統一的狀況，用《中庸》裡的「今天下車同軌，書同文，行同倫，舟車所至，人力所通，天之所覆，地之所載，日月所照，霜露所墜，凡有血氣者，莫不尊親」來證明，認為這就是「全世界人類都融凝成一個文化團體」[21]。現在提倡「天下主義」的學者，其實只是當年錢穆先生的舊調重彈。

---

20 趙汀陽在一次與韓國學者題為〈天下體系論：超越華夷秩序，走向烏托邦〉的訪談中，說到「天下體系論的兩個核心原則，一是相容，另一個是和諧」。見〔韓〕文正仁，《中國崛起大戰略與中國知識精英的深層對話》（北京：世界知識出版社，2011），頁33。

21 錢穆，《中國文化史導論（修訂本）》（重印本，北京：商務印書館，1994）第二章，頁37。

　　但是，容我坦率地說，這種理想的「天下」充其量只是古代學者的思想著作，卻不是歷史中的政治現實[22]。就連《荀子·正論》也說，無論如何還是要分諸夏和夷狄的，「諸夏之國，同服同儀，蠻夷戎狄之國，同服不同制。封內甸服，封外侯服，侯衛賓服，蠻夷要服，戎狄荒服。甸服者祭，侯服者祀，賓服者享，要服者貢，荒服者王」，這叫做「視形勢而制械用，稱遠近而等貢獻，是王者之至也」[23]。如果不納貢不臣服，怎麼辦呢？那當然只好用武力解決。《偽古文尚書·武成》有一句話叫作「一戎衣，天下大定」。可見，沒有超邁群倫的軍事實力，就沒有大國定天下的權威[24]，所以杜甫《重經昭陵》才說唐太宗李世民，是「風塵三尺劍，社稷一戎衣」。傳說中，古代夏禹大會天下，雖說百獸率舞，萬邦協和，但防風氏的部族首領遲到，就要被殺掉。更不要說對於周邊的蠻族，《左傳》裡面這類例子很多，如「晉侯曰：戎狄無親而貪，不如伐之。……戎，禽獸也。獲戎失華，無乃不可乎」（襄公四年）；「梁由靡曰：狄無恥，從之，必大克」（僖公八年）；「蠻夷戎狄，不式王命，淫湎毀常，王命伐之，則

22　已經有人指出，「天下」觀念本身隱含著整體主義、華夏中心主義和倫理中心主義，自從秦漢統一以來，天下主義就面臨著理想與現實、政治認同與文化認同的糾纏，包含著兩種解釋的可能。見朱其永〈天下主義的困境及其近代遭遇〉，原載《學術月刊》（上海）2010年第1期，頁49-54。

23　王先謙，《荀子集解》（北京：中華書局重印「諸子集成」本）卷十二，頁220。前面所引《荀子·儒效》中的「四海之內若一家」一句，後面緊接著的兩句，就是「通達之屬，莫不服從」，還是強調有主從之分。同上，卷四，頁77。

24　《尚書·武成》：「一戎衣，天下大定」（注：衣，服也。一著戎服而滅紂，言與眾同心，動有成功）。雖然《武成》一篇是偽古文，但漢代以後作為經典，它的思想一樣具有經典和權威的意義。見《十三經注疏》，頁185。

又獻捷」（成公二年）。你可以看到，整個春秋戰國，一會兒是「南蠻北狄交錯」，一會兒是「王命征伐，靡有孑遺」。

中國歷史上的「天下」何嘗是德化廣被、四裔大同？「華夏─中國」的誕生，何嘗是協和萬邦、和合萬國？就連提倡「天下體系」的學者，也不能不承認「事實上的古代中國帝國的確與『天下／帝國』理想有相當的距離，以至於在許多方面只不過是個普通的帝國」。但奇怪的是，他們仍然堅持這一烏托邦想像，說這個古代帝國「在文化追求上一直試圖按照『天下／帝國』的文化標準去行事」，沒有異端、天下為公、世界是一個完整的政治單位、優先考慮的不是領土開拓而是持久性問題、朝貢只是自願的系統[25]。可是，真的是這樣嗎？以現代某些學者標榜的「結束戰國時代，建立起天下主義文化的文明」或者「終結了中古混亂，建立起天下帝國」的漢、唐盛世為例吧。漢武帝時代，中國強盛，便多次征伐匈奴，五道進擊南越，同時攻打西羌、平定西南夷、遠征車師、滅掉朝鮮[26]，一方面用策略，即所謂「東拔穢貊、朝鮮以為郡，而西置酒泉郡以隔絕胡與羌通之路」，一方面用武力，「斬首虜（匈奴）三萬二百級，獲五王，五王母」，「誅

---

25 趙汀陽，〈天下體系：帝國與世界制度〉，先發表在《世界哲學》2003年第5期，頁20；後收入其《沒有世界的世界觀》（北京：中國人民大學出版社，2005），頁33；然後再作為其《天下體系》一書的部分，頁77。

26 漢武帝時代征伐匈奴，置武威、酒泉、敦煌、張掖四郡，在元鼎六年（B.C.111），五道進擊南越，設南海、蒼梧、郁林、合浦、交趾、九真、日南、珠崖、儋耳九郡，攻打西羌；也在元鼎六年，平定西南夷，並置牂柯、越巂、沈黎、汶山、武都等郡；仍是元鼎六年，接著遠征車師，俘樓蘭王；元封三年（B.C.108）又派遣大軍攻打朝鮮，最終朝鮮大臣殺國王衛右渠，衛氏朝鮮滅亡，漢置樂浪、臨屯、玄菟、真番四郡。

且蘭、邛君，並殺筰侯」，「攻敗越人，縱火燒城」[27]，這才造成大漢帝國無遠弗屆的天下；同樣強盛起來的唐太宗時代，先攻打突厥，開黨項之地為十六州，四十七縣，再進擊吐穀渾，征討高句麗，遠征焉耆、龜茲[28]。正如古人所說，中外大勢就是「我衰則彼盛，我盛則彼衰，盛則侵我郊圻，衰則服我聲教」，一旦外族「兵馬強盛，有憑陵中國之志」，而中國始終相信蠻夷是「人面獸心，非我族類，強必寇盜，弱則卑服，不顧恩義，其天性也」，唐太宗贏得所謂「天可汗」之稱，還是因為有打遍天下的武力，平定突厥，打敗薛延陀，收復回紇，鎮壓高句麗。戰爭中的情形不用多說，總之是「從軍士卒，骸骨相望，遍於原野，良可哀歎」[29]。

　　有人覺得，古代天下之間以禮往來，「強調心之間的互惠，即心靈的互相尊重和應答」，這恐怕只是想像。其實，就連漢宣帝都懂得，不能純任儒家德教，要霸王道雜之[30]。政治秩序的達成和學者書齋裡的想像，真是差距太大[31]。通過感化或教化，用文明

27　分別參見《史記》卷一百十《匈奴列傳》，卷一百十一《衛將軍驃騎列傳》，卷一百一十六《西南夷列傳》，卷一百一十三《南越列傳》。

28　唐太宗時期，李靖、侯君集等多次攻打突厥（629-630，640-641），開黨項之地為州縣（631-632，十六州，四十七縣），李靖進擊吐谷渾（634-635），大軍幾度征討高句麗（644-646，647-648），阿史那社爾遠征焉耆、龜茲（648）。

29　以上分別參見《舊唐書》卷一九六下《吐蕃下》，頁5266；卷一九四《突厥上》，頁5155；魏征語，見卷一九四《突厥上》，頁5162；卷一九九上《東夷》引唐太宗詔書，頁5323。

30　漢宣帝語，見《漢書》卷九《元帝紀》：「宣帝作色曰：漢家自有制度，本以霸王道雜之，奈何純任德教，用周政乎？」這實際上指出了古代中國政治制度，並非單純用儒家學說和道德教化的實際情況，頁277。

31　可以注意徐建新〈天下體系與世界制度：評《天下體系：世界制度哲學導

說服世界，在典籍文獻中可能有，但真正歷史上看到的，更多的卻是霍去病墓前的馬踏匈奴。英雄出現和大國崛起，主要靠的是血與火。儘管我們也希望國際秩序建立在道德、仁愛和理智的基礎上，但在實際政治和歷史中，秩序卻總是要依靠力量和利益。這是沒有辦法的，就算是唐宋以後，周邊各國已經可以與中國相頡抗，中國已經從「八尺大床」變成了「三尺行軍床」，但是在心中還是想重溫「天下帝國」的舊夢，「未離海底千山黑，月到中天萬國明」，但一敗再敗之下，只好在實際中守住漢族中國那一片疆土，在想像中做一做「萬邦朝天」的大夢。在中國終於「睜開眼睛看世界」之前，儘管在實際知識上，古代中國至少從張騫出使西域起，就已經在實際上瞭解了相當廣闊的世界，儘管在國家處境上，已經處在列國並峙的國際環境之中，但有趣的是，在觀念世界裡，中國始終相信一種《王制》裡面描述的「天下」，把它當成「理想國」[32]。一旦有了機會，他們常常還是想回到漢唐時代。現在提倡「天下」的學者，也許還是在這種追憶和想像的延長線上。

漢唐就不必再說，不妨再看較晚的歷史。14、15世紀之交，在蒙古天下帝國之後重建的漢族大明王朝，其基本疆域只是「十五省」，在北元仍有勢力，大明自顧不暇的帝國初期即洪武、永樂時代，他們也曾列出若干「不征之國」，試圖對於鞭長莫及的異邦不聞不問，免得招惹太多麻煩。但當王朝內部逐漸穩定，他們就想到「天無二日」，希望重回「天下秩序」和「朝貢體制」。

　　論》〉，見《國際政治科學》（北京）2007年第2期（總10期），頁113-142。這篇文章的網路版有一個很有意思的題目，叫「最壞的國際關係理論與最好的天下理論」。

32 據說，某學者重新翻譯和解說柏拉圖《理想國》，認為應當易名為《王制》。

可是，中國這時已經不復漢唐。首先，日本就不樂意了，像懷良親王（1329-1383），就在給明朝皇帝的信裡說，雖然你很強大，但「猶有不足之心，常起滅絕之意」，但是你有興戰之心，我有抵抗之法，「水來土掩，將至兵迎，豈肯跪途而奉之」[33]。接著，傳統屬國朝鮮也不樂意了，說你用嚇唬小孩子的方法威脅我，其實，你自己濫用武力，根本就不能以德服人，於是，便採取在朝貢圈子裡虛與委蛇的方法[34]。再接下去，安南也不願意服從這個「天下」，儘管洪武年間安南曾經遣使尋求冊封，可安南的國內事務卻不希望明朝插手，儘管明朝皇帝威脅以「十萬大軍，水陸並進，正名致討，以昭示四夷」，但他們始終對明朝陽奉陰違。永樂年間，明朝軍隊南下征討，試圖併安南入版圖，便遭到他們的殊死抵抗，因為他們認為這是中國「假仁義，荼毒生靈，則是一殘賊耳」。明朝雖然總是自稱仁義之師，但在安南看來就是「入寇」，因為在他們心裡，中國是中國，安南是安南，「天地既定，南北分治，北雖強大，不能軋南」[35]。

　　明朝永樂皇帝說過這樣一段話：「帝王居中，撫馭萬國，當如天地之大，無不覆載。遠人來歸者，悉撫綏之，俾各遂所

33　這封信雖然不見於《明實錄》，但收在明嚴從簡編，《殊域周知錄》卷三中，應當可信。《續修四庫全書》（上海：上海古籍出版社影印本）史部735冊，頁509。

34　洪武二十六年（1393），李朝太祖對左右說，明太祖以為自己「兵甲眾多，刑政嚴峻，遂有天下」，但是他「殺戮過當，元勳碩輔，多不保全」，反而總是來責備我們朝鮮，「誅求無厭」，現在又來加上罪名，要來打我，真像是在恐嚇小孩子。見吳晗編，《李朝實錄中的中國史料》（北京：中華書局，1980）第一冊，頁115。

35　〔越〕吳士連《大越史記全書》卷十，頁497、550。

欲」[36]，仔細體會，這就是「欲遠方萬國，無不臣服」的意思[37]。日本限山隔海，有些無奈，只好把它當作「荒服」，聽之任之；朝鮮相對臣服，也不成為肘腋之患。但如果可以劍及履及，就也會動用武力。例如鄭和下西洋，原本就是「耀兵異域，示中國富強」，並不像「宣德化而柔遠人」那麼和諧溫柔，所以《明史》裡面說，「宣天子詔，因給賜其君長，不服則以武懾之」[38]，而鄭和自己也說，「番王之不恭者，生擒之；蠻寇之侵掠者，剿滅之」[39]。從這種角度看，你才能理解永樂一朝有關「天下秩序」的邏輯，為什麼會先興「問罪之師」，試圖平定安南歸入明朝版圖，再以「安南之鑒」震懾南海[40]，然後派寶船南下，沿途有擒殺舊港首長、俘虜錫蘭國王、生擒蘇門答臘偽王等等使用武力的舉動[41]。

　　可能，這會讓人想到弱肉強食的「叢林法則」。這確實不那麼美妙，可如果僅僅從文本上認為，古代中國的天下「指向一種世界一家的理想或烏托邦（四海一家）」，說它是「中國思想裡不會產生類似西方的『異端』觀念的原因，同樣，它也不會產生西

36　見《明太宗實錄》（台北：中央研究院歷史語言研究所，1962）卷二十四「永樂元年十月辛亥」，頁435。

37　《明史》（北京：中華書局，1974）卷三三二《西域傳四·於闐》，頁8614。

38　《明史》卷三〇四《宦官一·鄭和》，頁7766。

39　鄭和〈天妃之神靈應記〉，載鄭鶴聲等編，《鄭和下西洋資料彙編》中冊（下）（濟南：齊魯書社，1980），頁1019-1021。

40　參看王賡武，〈永樂年間（1402-1424）中國的海上世界〉指出，「派使出海是永樂皇帝展示中國強大實力的重要手段」，「運用入侵越南這一事例警示其他國家」，載《華人與中國：王賡武自選集》（上海：上海人民出版社，2013），頁177。

41　參看楊永康、張佳瑋，〈論永樂「郡縣安南」對「鄭和下西洋」之影響〉，《文史哲》2014年5期，頁106-114。

方那樣界限清晰、斬釘截鐵的民族主義」，因而「天下」超越了國家，「堪稱完美世界制度之先聲」[42]，甚至還越界說到古代中國史，把冊封／朝貢體系說成是以「禮制」來處理國家與國家事務，並不強調「政治認同」而是凸顯「文化認同」，恐怕這都只是一廂情願。回看歷史，歷史並不這樣溫柔與和睦。雖然「叢林規則」是現代列強主導世界時常有的現象，使得power決定分配和秩序，但我們看東亞歷史，在所謂「朝貢體系」或者「天下體系」之中，何嘗不也是強者在制定遊戲規則，弱國不服從規則，就會引發血與火呢？某些學者說古代中國的「天下」是一個沒有邊界的世界，是一個沒有「內」和「外」，沒有「我們」和「你們」之分，所有的人都被平等對待的世界，雖然用心良苦，出自善意，不太好說是癡人說夢，但它也一定不是歷史。

　　所以，我們說它是「烏托邦」。

二、崛起到夢鄉：有關「天下想像」的政治背景

　　儘管關於「天下」的討論，在1990年代中期就已經開始[43]，但我仍然打算用2005年出版的《天下體系：世界制度哲學導論》一書作為討論的起點[44]。這不僅是因為這部哲學著作，是比較全面

42　前引趙汀陽，《天下體系》，頁41、51及〈前言〉。

43　像盛洪〈從民族主義到天下主義〉一文，1996年就提出「天下主義」，原載《戰略與管理》1996年1期，頁14-19（後收入盛洪《為萬世開太平》）。第二年即1997年，盛洪還與張宇燕對話，討論到這些有關天下主義的問題。見盛洪，《舊邦新命：兩位讀書人漫談中國與世界》（上海：上海三聯書店，2004），頁16。

44　趙汀陽的論文〈天下體系：帝國與世界制度〉發表較早，見《世界哲學》

討論「天下」的著作，而且因為此書透露不少有關「天下」討論的政治背景與思想脈絡，其中有三點格外值得注意。（一）《天下體系》一開頭提到「重思中國」是因為「中國經濟上的成功」，這種成功使得「中國成為世界級的課題」，這說明，「天下」作為一個重要話題，與1995年之後特別是21世紀以來的「中國崛起」有很大關係，這是「天下」想像的政治大背景。（二）在討論「天下」之前，此書特別醒目地引述薩伊德有關「文化帝國主義」和哈特和尼格瑞有關「帝國」的語錄，這透露了中國有關「天下」的新見解，與國際理論界有關「帝國」的討論，可能有某種連帶關係。（三）此書在討論「天下」的時候，特別強調「無外」，並且引述從先秦到明清的中國論述，認為在「天下」裡，文化或者文明是主要的基礎，「天下體系」中沒有「異端意識」和「敵對關係」；「天下」抑制了軍事化帝國的發展趨勢，設想了一個世界制度；在「天下」中，「領土占有」不再重要而是帝國持久性重要；它是一個世界性單位而各個民族國家只是地方性單位，「禮」成為自願朝貢國與中央王朝的基本原則等等[45]。這也讓我們看到，這些所謂「天下」的新論述，往往來自一些對傳統儒家尤其是公羊學說的現代版解讀，這些解讀把古代理念加以現代化詮釋，並且與現代世界秩序和國家關係的論述掛勾。因此，我們下面需要逐一討論。

　　首先，我們來看「中國崛起」作為「天下」理論風行的背景。最初，「天下主義」可能只是作為「民族主義」的對立面，

　　2003年第5期。據此文第一個註釋說明，文章最初寫於2002年。後來便成為《天下體系》一書的基本部分。

45　趙汀陽，《天下體系》，頁77-80。

即「世界主義」的同義詞被提出來的[46]，但非常弔詭的卻是，「天下主義」很快成為「（現行）國際秩序」的批判性概念和「世界主義」的替代性方案。1996年，一位學者發表論文，討論中國是否應當從民族主義走向到天下主義，正式提出這一有關「天下主義」的概念，但這時被濃墨重彩凸顯的，卻是「向西方主導的國際秩序的公平與道德合法性發起挑戰」。雖然應當說，這位作者未必認同民族主義，但有趣的是，他對中國的民族主義的不滿，卻是因為中國的民族主義「是一種成色不足的民族主義」[47]，更因為「近代以來，中國採取民族主義，只是一種道德上的讓步」[48]，本質上就像土耳其的「自宮式現代化」，因此，中國應當由讓步和退守的民族主義，轉向籠罩和進取的天下主義[49]。

　　是什麼原因使得「天下主義」會在世紀之交的中國大陸學界，從世界主義轉化為「偽裝成世界主義的民族主義」，並且希望這種主義從想像變成制度化的政治秩序？簡單地說，當然是所

46　比如被認為是自由主義學者的李慎之1994年在〈全球化與中國文化〉一文中說「在這個加速全球化的時代，在中國復興而取得與世界各國平等地位後，中國的文化應該還是回復到文化主義和天下主義——在今天說也就是全球主義」。載《太平洋學報》1994年2期，頁28。

47　盛洪，〈從民族主義到天下主義〉，收入其《為萬世開太平》，頁45。

48　盛洪語，非常奇怪的是，他把這種民族主義作為「道德上的讓步」與新儒家所謂「道德坎陷」聯在一起，也見於上引《為萬世開太平》，頁45；這一段概括的總結，來自江西元，〈從天下主義到和諧世界：中國外交哲學選擇及其實踐意義〉，載《外交評論》2007年8月（總97期），頁46。

49　《文化縱橫》原本有一個「世界觀」欄目，討論諸如外交與國際關係等問題，比如2013年2月號的《民族主義與超大規模國家的視野》討論中國外交；但到2014年，則特別設立了「天下」欄目，以討論中國與中國之外的世界之關係。如2014年2月號談的是菲律賓民主政治，8月號討論中國資本在柬埔寨；10月號兩篇文章分別討論中國資本在緬甸與南蘇丹的問題等等。

謂「中國崛起」引起的興奮和刺激[50]。從1990年代中期的「中國可以說不」、「中國仍然可以說不」、「中國為什麼說不」、「中國何以說不」到2000年代的「中國不高興」，再到2010年的「中國站起來」[51]，在一種歷史悲情加上現實亢奮的情緒刺激下，一些沉湎於「天下想像」的學者們覺得，現在中國經濟持續高速增長，中國物質力量有極大發展，為了捍衛中國在全球的利益，不僅應當「持劍經商」，而且還要在世界上「除暴安良」，更要「管理比現在中國所具有的更大更多的資源」，這才是「大國崛起的制勝之道」[52]。他們認為，中國在過去190年來「從弱變強，硬實力持

---

50 王小東在〈民族主義和中國的未來〉（載《天涯》2000年2期）中說，中國在克服了1980年代自我貶低的「逆向民族主義」之後，1990年代開始出現「正態民族主義」，他提到一個很有意思的現象，即中國民族主義的一個重要來源，是海外經驗的刺激。許多被列為「中國的民族主義者」的人是曾在西方留學過的中國人。如張寬，他因對西方持批判態度而被「自由派」知識分子憤怒地形容為因個人在西方境遇不佳而怨恨西方的人；盛洪，他到美國訪問了一年後寫了一篇〈什麼是文明〉，認為中國文明優於西方文明，從而掀起了一場討論；張承志，在國外轉了一圈後寫了〈神不在異國〉及其他許多文章，因其原有的知名度及文筆的優美，掀起了中國思想界的一場更大的討論。因此，才有「中國命運不能交由別人掌握」的強烈想法以及「美國要把中國踩在腳下」的深切感覺，特別是，在中國崛起背景下，中國已經不能滿足於「發展中國家」這樣的地位。

51 關於這方面的著作很多，如馬立誠，《當代中國八種社會思潮》（北京：社會科學文獻出版社，2012）第一部分第六章；以及黃煜、李金銓，〈90年代中國大陸民族主義的媒體建構〉，載《台灣社會研究季刊》第五十期（2003年6月），頁49-79。

52 王小東語，見宋曉軍、王小東、黃紀蘇、宋強、劉仰等，《中國不高興》（南京：江蘇人民出版社，2009），頁99。據策劃者張小波說，「它是1996年出版的《中國可以說不》一書的升級版，在過去的12年裡，中國國內外的形勢發生了巨大的變化，但有一點沒有變，那就是中國和西方攤牌」。

續提升的大趨勢所帶來的，不僅僅是國族世界地位的上升直至世界秩序的重構，同樣深刻地影響著每個自覺國人的心理、觀念、視野和行為」[53]。因此，意圖反抗美國霸權的學者和試圖復興被壓抑的儒家學說的學者，便剛好找到契合點，不約而同地提出在這個全球治理呼聲越來越高的時代，「國力日益強大的中國，應當接續道統，重拾儒家『以天下為一家』式的世界觀念。這一觀念體系，更宜於在一個衝突四起而又利益粘連的世界中維持公義與和平」[54]。他們宣稱，「中國不能不承擔起世界歷史責任，這是中國的『天命』所在」，因為世界在這個時代出現了新問題，他們追問：「這是一個世界，還是兩個世界？中國與美國能否共同治理世界？中國處於上升階段，一旦超過美國，世界將會怎樣？」[55]

很有趣，「天命」這個古代論證皇權神聖性的老詞兒，最近竟然異乎尋常地屢屢出現在中國現代學者口中，不僅僅是正面提倡「天下」的新儒家學者。先是被稱為「中國民族主義旗手」的王小東，他在2008年出版了一本題為《天命所歸是大國》的書，書的中心意思在副標題裡很清楚，就叫「要做英雄國家和世界領導者」[56]。一位社會學家，最近也在《紅旗文摘》上就中國共產黨的「天命」發表了談話，認為這個天命包括「恢復和我們的人

---

53 歐樹軍，〈重回世界權力中心的中國〉，《文化縱橫》2013年6月號，頁95。

54 這種論述，近年來在中國學術界和思想界相當流行，見〈封面選題：反思中國外交哲學〉之「編者按」，以及盛洪〈儒家的外交原則及其當代意義〉，載《文化縱橫》2012年8月號，頁17、45。

55 姚中秋（秋風），〈世界歷史的中國時刻〉，載《文化縱橫》2013年6月號，頁78。

56 王小東，《天命所歸是大國：要做英雄國家和世界領導者》（南京：江蘇人民出版社，2008）。

口、國土以及我們的歷史記憶相稱的亞洲大國」、「喚起一種近代百年的屈辱意識，以及加快追趕的要求」即「中華民族偉大復興的命題」[57]。還有一個學者說的很清楚，就是中國一旦取代了美國，將如何安排這個國際的秩序？他的回答是，在內，由儒家守護中國價值，對外，以中國人的世界秩序安排天下。他認為，這就是「世界歷史的中國時刻」，而「這個時刻將會持續一代人或者半個世紀」[58]。就在本文寫作的2015年初，這位學者再次發表文章談「中國的天命」，因為「只有中國人能阻止歷史終結，也即文明普遍死亡的悲劇」，為什麼？就是因為各個文明中，只有「中國人最有可能帶給世界以真正文明的天下秩序」[59]。

這種讓人心情澎湃的說法，在另一個由自由主義轉向國家主義的學者那裡說得更加悲情和激動。他說，一百多年來西方對於中國，就是掠奪、壓迫、陰謀，現在，他們已經出現危機，而中國正在強大起來，中國就要拯救西方，結果是「未來時代，將會由中國人從政治上統一全人類，建立世界政府」[60]。坦率地說，已經轉向國家主義的這位學者說這種話，並不讓我吃驚，讓我吃驚

---

57 「中國共產黨今天還在引領這個民族，完成社會轉型這樣一個歷史重任，這個歷史重任還在，也就是『天命』還在。」見曹錦清、瑪雅，〈百年復興：關於中國共產黨的「天命」的對話〉，載《紅旗文摘》2013年7月9日。

58 同前引姚中秋（秋風），〈世界歷史的中國時刻〉，頁78。

59 姚中秋（秋風），〈中國的天命〉，「愛思想」網，http://www.aisixiang.com/data/82361.html。

60 摩羅語，見其所著《中國站起來》（武漢：長江文藝出版社，2010），頁255。參看此書的第二十二章論述「中國文化必將拯救西方病」、第二十四章「中國將統一世界嗎？」；關於摩羅思想從自由主義向國家主義的轉變，可參看許紀霖〈走向國家祭台之路：從摩羅的轉向看當代中國的虛無主義〉，載《讀書》（北京：三聯書店，2010）8-9期。

的是，恰恰尖銳批判過他的國家主義傾向的一位學者竟然也覺得，現在就應該是「新天下主義」。他雖然很客氣地說，「中國步入全球的經濟中心，但尚未成為國際事務的政治中心……在文明的意義上，中國並沒有準備好擔當一個世界性帝國的角色」。可是，為什麼中國可以充當「世界性帝國的角色」？他給出的解釋是白魯恂（Lucian W. Pye）的，因為中國原來就是一個「偽裝成民族國家的文明國家」（a civilization-state pretending to be a nation-state），而中國「忘記了自己的文明本性。文明國家考慮的是天下，而民族國家想的只是主權；文明國家追求的是普世之理，而民族國家在意的只是一己之勢。」[61]

其實，「天下主義」的政治背景很清楚，只要看看在這十幾年間中國大陸主流政治意識形態的變遷，就可以看到從「大國崛起」到「復興之路」，都體現了一種在經濟實力上升的時代，中國逐漸放棄了改革開放初期「韜光養晦」或「不爭論」的策略，開始追求作為「世界大國」的所謂「中國夢」。如果再聯繫到軍方一些強硬路線的學者，他們提出的一系列爭霸戰略與超限戰法[62]，以及近年來媒體上連篇累牘的炫耀軍事力量和先進武器的做法，就可以知道，學界這種所謂「天下主義」，實在有著非常現實的政治背景。應該說，思想世界總是很悲哀也很弔詭，人們一面在批判由於「中國特殊性」鼓動的「中國崛起」和「中國模

---

61 許紀霖，〈多元文明時代的中國使命〉，《文化縱橫》2013年6月號，頁87。

62 「超限」一詞來自喬良、王湘穗，《超限戰：對全球化時代戰爭與戰法的想法》（北京：解放軍文藝出版社，1999），這本書提出了一旦中美衝突，中國可以採取無疆界、無節制、不分軍民的全方位回擊，並採取類似恐怖戰、網路戰、生態戰等等應付美國較為強大的軍事力量的辦法。

式」，一面也依靠「中國特殊性」，試圖「重新定義並改變世界歷史本身」，在世界歷史的中國時刻，迎來一個以天下主義為基礎的「後軸心文明時代的降臨」[63]。

三、「帝國」抑或「文明國家」：一種現代批判理論如何呼應傳統天下想像？

接下來，我們再來看有關「天下」的新見解，如何與國際理論界有關「帝國」的討論，以及把中國特殊化的「文明國家」論相關。

前面說到，趙汀陽的《天下體系》在正式討論「天下」的上編開頭，就以薩伊德《文化與帝國主義》與哈特和尼格瑞《帝國》的語錄作為引子。這並不奇怪，薩伊德的「東方主義」理論和「文化帝國主義」批判，以及哈特和尼格瑞的「帝國」論，在20世紀後期到21世紀之初在中國影響很深[64]，這些學者都是值得尊敬的批判者。不過，有時候新理論的移植，由於郢書燕說，不免會「橘逾淮則為枳」。他們對西方主流思想與觀念的批判，有

---

63 特別是最近的「一帶一路」的宏大計畫，更引起周邊的警覺。按：台灣一家報紙指出「『一帶一路』是中國版的馬歇爾計畫，它同時要復興的，是橫亘於歐亞之間的陸塊，中亞、東歐、中東，以及麻六甲、錫蘭、印度洋，也可說是亞洲的另一次西征」（《聯合晚報》2015年1月28日）。

64 趙汀陽在中央電視台為〈以天下觀世界〉的「百家講壇」中，一開頭就講到1999年哈特和尼格瑞的《帝國》中有關傳統帝國、新帝國以及「開始尋找另外一種政治體系」的觀點，讓他「吃了一驚」。陳曉明和韓毓海，也在北京大學與研究生進行過〈何為帝國，帝國何為：關於《帝國》的一次座談〉；2004年，兩個作者來到中國，由當時《讀書》雜誌的主編汪暉主持，在清華大學做了演講，在《讀書》雜誌進行了座談。

時會激起非西方世界情感上的同仇敵愾和自我認同，這種同仇敵愾和自我認同，又會激起對抗普遍價值和現行秩序的偏激國族主義。

世紀之交，這種對於西方尤其是美國主導的世界秩序的批判，在中國學界漸漸脫離了它原本的語境，啟動了潛藏在中國知識界心底很久的民族主義或國家主義，也呼應了現代中國的某些思潮，因而相當流行。原本，這種充滿了正義感和同情心的新理論，是在西方批判西方，一方面在政治上激烈抨擊近代以來帝國主義的政治霸權，一方面從文化上反省西方帝國主義的話語霸權，這使得「帝國」成為被熱烈討論的概念。1980年代以來，不少在西方批判西方的思潮被引進，比如後現代、後殖民、後結構理論，一些有關「帝國」和「文化帝國」的西文書籍也被翻譯成漢語，前者如哈特和尼格瑞《帝國》（2003）和弗格森《帝國》（2012），後者如湯林森《文化帝國主義》（1999）和薩伊德的《文化與帝國主義》（2003）。

坦率地說，這些有關「帝國」的論說，原本取向並不一致。有的是在批判全球化時代西方發達國家通過金融資本和大眾傳播、思想藝術，導致貧弱國家的文化失語，威脅到第三世界的文化認同；有的是在說明全球化與現代性本身的文化擴散，使得這個世界趨向同一化，文化多元主義受到挑戰；有的則是在討論曾經的帝國主義如何建立了現代世界的秩序，而這種帝國的消失如何導致了一個沒有秩序的世界；還有的則是在批判前近代通過殖民和掠奪建立的帝國消失之後，全球化與國際資本重新建立了隱秘和可怕的控制世界的新帝國主義。在這些種種取向不一的理論中，唯一共同的，就是強調「帝國」超越了「國家」，無論是在前現代的老帝國，還是在後現代的新帝國，「帝國的概念的基本

特徵是沒有邊境，它的規則是沒有規則」[65]。但是，「帝國」卻在中國鉤沉出消失已久的「天下」，而這種批判的理論或理論的批判，則由於它對全球化、現代性以及當今世界秩序的批判，啟動了中國清算「百年屈辱」的情感、批判「現代性」的思潮和重建「天下」體系的雄心。

　　正如哈特和尼格瑞在《帝國》序言一開頭就宣稱的，「帝國正在我們的眼前出現」，因為「伴隨著全球市場和生產的全球流水線的形成，全球化的秩序、一種新的規則的邏輯和結構，簡單地說，一種新的主權形式正在出現。帝國是一個整治對象，它有效地控制著這些全球交流，它是統治世界的最高權力」[66]。可是，這個「帝國」的中心在哪裡？「19世紀是英國的世紀，那麼，20世紀是美國的世紀，或者說，現代是英國的，後現代是美國的」，哈特和尼格瑞劍指美國，可是21世紀呢？他們並沒有說。是崛起的中國嗎？美國帝國之後呢？有趣的是，在我所看到的各種天下理論論著中，很多學者把「天下」與「帝國」並列（如趙汀陽的「天下／帝國」），不約而同的是，論者都熱衷於把「天下」當作「帝國」的替代性方案，暗示美國主宰20世紀的「帝國」和中國建立21世紀的「天下」即將構成序列，儘管「帝國」和「天下」都是「一種以建立新秩序之名而得到認可的權力觀，這種權力觀包容它認定的文明世界的每一寸土地，包容一個無邊無際、四海如一的空間」，但是，在某些學者的說法中，「天下」就是比「帝國」更加公平、仁慈和善良。

65　哈特與尼格瑞，《帝國》（南京：江蘇人民出版社，2003），見〈序言〉，頁4。

66　同上，頁1、3。

　　先不必急著分析為什麼「天下」就比「帝國」好，我們不妨看另外一種同樣啟動了「天下」議論的說法，這就是把傳統中國界定為「文明國家」的說法。我在《宅茲中國》一書中曾反復強調，我不否認古代中國的國家形態確實與歐洲甚至亞洲其他國家不同，在《何為中國》一書中我也通過晚清到民國的歷史說到，中國從傳統帝國向現代國家轉型的過程，既有「從天下到萬國」，也有「納四裔入中華」，與近代歐洲以及亞洲其他國家不同，這使得現代中國相當複雜。我贊成掙脫「帝國」與「民族國家」兩分這種來自歐洲近代的國家觀念[67]。但是，這並不能引出中國自古以來是一個「既非帝國，也非國家」的結論，更不贊成中國始終就是一個「文明國家」這種沒有歷史感的說法。

　　所謂「文明國家」（civilization-state）的說法，正如前面曾提及可能源自白魯恂所謂「偽裝成民族國家的文明國家」，國內如甘陽等學者也特別熱心提倡這一說法，試圖從「國家」這個維度支持「中國特殊論」[68]。但問題是，白魯恂並沒有對「文明國家」的中國進行深入的歷史分析，也沒有進一步仔細論證「文明國家」這一類型究竟應當具備什麼特徵，更沒有對「文明國家」在現代世界秩序中應當如何自處提出明確看法。倒是近年來一些努

67　葛兆光，《宅茲中國：重建有關「中國」的歷史論述》（北京：中華書局，2011）；《何為中國？疆域、民族、文化與歷史》（香港：牛津大學出版社，2014）。

68　甘陽這一說法，最早見於2003年12月29日《21世紀經濟報導》吳銘的訪談〈甘陽：從「民族—國家」走向「文明—國家」〉，他或許覺得，中國的問題就在於20世紀中國要走入現代世界體系成為民族國家，這是走了偏路，因為中國原本是文明國家，未來也應當走向文明國家；參看其《文明・國家・大學》（北京：三聯書店，2012）。

力提倡「中國模式」或「中國特殊論」的學者，借著西洋一些非歷史學家比如基辛格《論中國》和馬丁・雅克《當中國統治世界》的鼓吹[69]，重新使用這一似是而非的概念，把歷史上的中國特殊化，一方面試圖把古代中國的朝貢體系打扮得很文明，一方面讓現代中國免於接受現代制度之約束[70]，這迫使很多學者不得不開始重新討論「傳統中國」的性質。

我們知道，按照最一般的定義，現代國家與傳統帝國的區別有若干方面，一是有明確的國境存在（國民國家以國境線劃分政治的、經濟的、文化的空間，而古代或中世國家雖然也存在中心性的政治權力和政治機構，但是沒有明確的劃定國家主權的國境），二是國家主權意識（國民國家的政治空間原則上就是國家主權的範圍，擁有國家自主權不容他國干涉的國家主權和民族自決理念），三是國民概念的形成與整合國民的意識形態支配，即以國家為空間單位的民族主義（不止是由憲法、民法與國籍法規定的國民，而且由愛國心、文化、歷史、神話等等建構起來的意識形態），四是控制政治、經濟、文化空間的國家機構和制度（不僅僅是帝王或君主的權力），五是由各國構成的國際關係（國

69　基辛格，《論中國》（胡利平等譯，中信出版社，2012），見〈後記〉，頁517；馬丁・雅克，《當中國統治世界》（張莉等譯，中信出版社，2010），頁332。

70　比如張維為《中國震撼：一個「文明型國家」的崛起》（上海：上海人民出版社，2011）第三章就認為，作為「文明型國家」的中國有八大特徵，比如超大型人口規模、超廣闊疆域國土、超悠久歷史傳統，超深厚文化積澱，獨特的語言，獨特的政治，獨特的社會，獨特的經濟。坦率說，這八大特徵都無法證明中國在歷史上就是一個「文明型國家」，只能說明現在的中國是一個特別的國家，頁57-90。

際關係的存在表明民族國家之主權獨立與空間有限性）[71]。

那麼，什麼是「文明國家」？也許它既沒有國境劃定的邊界，也沒有明確的國家主權；也許它的國民意識只是對傳統的文化認同而不是對國家的制度認同；也許是控制國家的並不是現代政府而是傳統皇權；也許它與四鄰異國的關係並不是國與國對等關係而只是一種文化聯繫。可是，中國真的是這樣的國家嗎？如果是，那麼它與「帝國」的區別何在？如果它也是超越了國家，用文化籠罩四方，那麼，它與現代批判理論所說的「文化帝國主義」或「新帝國主義」區別何在？似乎什麼都不清楚，但不清楚的概念卻被普遍使用。可是，由於這個說法呼應了過去很多中國學者有關「天下」的「文化主義」，即中國不曾用武力而是通過禮儀來建立東亞朝貢體系這一說法[72]，因此它很受歡迎[73]。

可是，真的是這樣嗎？按照哈特和尼格瑞的說法，帝國是「一種以建立新秩序為名而得到認可的權力觀，這種權力觀包容它認定的文明世界的每一寸土地，包容一個無邊無際四海如一的

---

71 西川長夫，〈国民国家論から見た「戦後」〉，載其《国民国家論の射程》（東京：柏書房，1998），頁256-286。需要說明的是，關於現代民族國家的各種論著已經非常多，我這裡只是取其方便，採用了西川氏簡明而清晰的定義。

72 一直到最近，仍有人把「綏靖」當做傳統中國文明的擴展方式，而把「征服」當做環地中海歐洲文明的擴展方式。見林崗，〈征服與綏靖：文明擴展的觀察與比較〉，《北京大學學報》2012年第5期，頁68-78。

73 當然，過去這種說法的代表人物多數是對於傳統有著「溫情和敬意」的學者，比如前引錢穆《中國文化史導論》中就說，「中國人常把民族觀念消融在人類觀念裡，也常把國家觀念消融在天下或世界的觀念裡。他們只把民族和國家當作一個文化機體，並不存有狹義的民族觀與狹義的國家觀，『民族』和『國家』都只為文化而存在。」前引錢穆《中國文化史導論（修訂本）》第二章，頁23。

空間」[74]。那麼，「天下」是什麼？它不是也和這個建立新秩序、包容每一寸土地、四海如一的空間的「帝國」一樣嗎？在這個「帝國／天下」的背後，不也是有一個世界制度的制定者嗎？它憑什麼可以自認是「文明」而別人是「野蠻」，如果大家都要遵循它的文化和制度，那麼，不是又要回到古代中國區分華夷的傳統秩序？有趣的是，法國人德布雷在與「天下體系」的提出者趙汀陽討論的時候，已經指出這個天下體系「過分的統一，均勻和模糊」，他追問一系列尖銳的問題：作為「大家長」的核心國將由誰選出，如何選出？它對什麼人負責？它的法律怎樣制定？它對人民的宣言將用拉丁字母還是用漢字？據說，「對此，趙汀陽坦言自己只是在哲學意義上論證了『天下體系』的政治原則和普遍價值觀，而對於具體的政治權力機構就很難提前想像，也一直沒有想出很好的辦法來解決大家長的問題。」[75]

確實，誰是「大家長」？誰制定這個「天下」的規則？誰來制定這個世界制度並且仲裁其合理性？這是決定「天下」比「帝國」更好的關鍵所在。如果這一問題沒有解決，「天下」將會重新變回「帝國」。對此，我們不妨看一個非中國學者的說法，來自韓國的白永瑞在一篇題為〈中華帝國論在東亞的意義〉的論文中提出一個問題，即現在的中國是否仍是「帝國」？它是否還是古代尤其是清帝國的延續？他相當客氣地指出，「帝國」由於統

74　哈特與尼格瑞，《帝國》，頁8。

75　參看〔法〕德布雷、〔中〕趙汀陽，《兩面之詞：關於革命問題的通信》，此處文字引自周仍樂對此書的評論〈關於革命：讀德布雷和趙汀陽的《兩面之詞》〉，載《文化縱橫》2014年10月號，頁112。又，William A. Callaham 對於趙汀陽的「天下體系」提出了與德布雷相同的質疑，見 William A. Callahan, "Tianxia, Empire and the World"，參見白永瑞下引文。

治領域廣泛，因此具有多種異質性的寬容原理，但他也不無擔心說到，作為帝國的現代中國，不僅應該成為有利於中國的帝國，而且應當成為有利於世界的「好帝國」，這才是「自我實現的諾言」，因為除了「寬容」原理之外，「帝國」還具有「膨脹」因素[76]。

「膨脹」的結果是什麼？這位來自中國鄰國的學者，恐怕擔心的正是馬丁‧雅克說的，「中國越來越有可能按朝貢體系，而不是民族國家體系構想與東亞的關係」嗎[77]？那麼，這種超越民族和國家的世界體系叫作「天下」或者叫作「帝國」，有區別嗎[78]？

四、旁行斜出的詮釋：《春秋公羊傳》與董仲舒、何休到莊存與、劉逢祿

現在，我們要討論最核心的問題，即傳統儒家文獻中有關「天下」的一些理想型論述，是如何一步一步被詮釋為現代版的

---

76 白永瑞，〈中華帝國論在東亞的意義〉，這篇文章提出這樣一個問題：「中國會成為順應世界體制邏輯的帝國（換句話說，成為繼承美國的霸權國家），還是成為違背世界體制邏輯的帝國，亦或者，中國的選擇會超出以上兩種道路」，見《開放時代》2014年第1期，頁93。還可以參看同作者的〈東亞地域秩序：超越帝國，走向東亞共同體〉，載《思想》（台北：聯經出版公司，2006年10月）第3期，頁129-150。

77 前引《當中國統治世界》，頁333。

78 不止是趙汀陽，有的學者也把「天下」和「帝國」並舉，如許紀霖就曾經以「新天下主義：中國如何成為一個文明帝國」為題，來討論中國如何成為大國，他雖然用了「文明」二字來修飾或限定「帝國」，但是這個「天下」與「帝國」顯然有很多重疊性。見「世界歷史的中國時刻」討論記錄，《開放時代》2013年第2期，頁46-47。

「天下主義」的。

　　古代中國的「天下」論述可以追溯到很早，如果僅僅依賴字面檢索，儒道墨各家文獻中都有「天下」一詞，這不必細說。即使在早期儒家文獻中，最重要的如《論語‧顏淵》裡的「天下歸仁」、《孟子‧離婁》裡的「天下無敵」、《禮記‧禮運》裡的「天下為公」等等，也出現得也很頻繁[79]。不過，這裡並不想用這種尋章摘句的方式（這在現代網路時代是很容易做到的），而是想從歷史角度（尤其是從思想史的脈絡），討論一下最能刺激現代「天下」想像的那一脈思想，尤其是公羊學一系的來龍去脈。

　　現代學者論述「天下」的時候，最經常引述的，當然是《春秋公羊傳》。《春秋公羊傳》隱西元年記載「公子益師卒」，由於《春秋》沒有特別記載他卒於那一天，《公羊傳》就引申和解釋，這是因為時代遙遠，《春秋》記載事情有「所見異辭，所聞異辭，所傳聞異辭」。東漢的注釋者何休，先把這一說法，解釋成三個歷史記憶不同的時代，即春秋魯國十二代諸侯中，「昭、定、哀」三代是孔子的父親與孔子自己「所見」（即親眼所見）的時代，「文、宣、成、襄」四代，是其父親「所聞」（即聽到傳聞）的時代，「隱、桓、莊、閔、僖」五代，是高祖、曾祖「所傳聞」（即所聽說的傳聞）的時代，由於時代不同，加上每個人

---

[79] 《論語‧堯曰》「興滅國，繼絕世，舉逸民，天下之民歸心焉。所重，民食喪祭」，見《十三經注疏》，頁2535。《論語‧八佾》「二三子何患於喪乎，天下之無道也久矣，天將以夫子為木鐸」，見《十三經注疏》，頁2468。《左傳》成十二年「天下有道，則公侯能為民干城，而制其腹心，亂則反之」（正義曰：天下有道之時，則公侯能為捍城禦難，而使武夫從己腹心，不侵犯他國也。亂則反之，不復捍蔽己民，乃以武夫從己腹心，將武夫為股肱爪牙，以侵害他國，是反治世也），見《十三經注疏》，頁1911。

境遇、立場、觀念不同，所以《春秋》的記載會有「異辭」。僅僅到此為止的話，本來並沒有什麼奇怪，但接下去，何休又作了進一步發揮，就把這三個記憶不同的時代，轉化為政治制度和道德狀態不同的時代：一個是「內其國而外諸夏」、一個是「內諸夏而外夷狄」、最後一個是「天下遠近小大若一」的三種不同時代。有趣的是，恰恰是這種轉了一個方向的解釋，後來被所謂「今文學者」大加發揮，成了對於現實的和理想的「天下秩序」的重要論述[80]。

「內其國而外諸夏，內諸夏而外夷狄」的說法，原本就來自《公羊傳》。《春秋》成公十五年冬十一月記載了叔孫僑如會見晉士燮、齊高無咎、宋華元、衛孫林父以及鄭、邾各國大夫，可是，接下來又單獨寫了一句「會吳於鐘離」。為什麼不把吳國代表也和晉、齊等國人物一氣寫下來？於是，《公羊傳》就從這一蛛絲馬跡中揣測，這是因為《春秋》對吳國另眼相看，因為吳是「外」而不是齊、晉、鄭等「內」，內外有別，所以說，「曷為外也？《春秋》內其國而外諸夏，內諸夏而外夷狄」[81]。這是否過度

---

80 《春秋公羊傳注疏》卷一，見《十三經注疏》，頁2200。最近，朱聖明〈現實與思想：再論春秋「華夷之辨」〉一文很細心地指出，春秋公羊學有關華夷的論述其實是有內在矛盾的，雖然它有時按文明原則判定「華夷」（即韓愈《原道》所謂「諸侯用夷禮則夷之，進於中國則中國之」），但對華夷界限仍有明顯界分，並不全然按照文明原則；雖然董仲舒等也有改變「華夷二分」的意思，但他仍然區分「中國」、「大夷」和「小夷」，在華夷問題上依然恪守「必也正名乎」的傳統，這叫「《春秋》謹辭，謹於名倫等物也」。他提醒說，不應當忽略這一論述中間，「春秋華夷之辨的斷裂性及『華夷之間』的存在」。顯然，公羊學有關華夷之辨邏輯上的一致性，其實是後人詮釋出來的。載《學術月刊》第47卷第5期（2015年5月），頁159-167。

81 《春秋公羊傳注疏》卷十八，《十三經注疏》，頁2297。

穿鑿？我們且不必深究。但是，第一步跨出邊界加以更深解釋的，是西漢的董仲舒。董仲舒在其《春秋繁露・王道第六》中想像上古帝王「治天下，不敢有君民之心」，不僅要愛惜人民，要和睦社會，而且要祭祀以時，因此，上古的「天下」很接近一個理想世界[82]。可是不幸的是，歷史每下愈況，由於後世帝王「驕溢妄行」，政治卻越變越壞，最終只好依賴如齊桓、晉文之類來「救中國、攘夷狄，卒服楚，至為王者事」。不得已之下，孔子作《春秋》就只好確立原則（春秋立義），讓天子、諸侯、大夫以及更遠的夷狄，要遵循明確的等秩（如天子祭祀天地，諸侯祭祀社稷，諸山川不在封地之內不能祭祀；又如諸侯不能專封，也不能用天子的樂舞，大夫不能享受諸侯一樣的世襲祿位，夷狄就更不消說），這就叫「自近者始」即遠近不同，有了這種遠近或者是內外的等差，才能「內其國而外諸夏，內諸夏而外夷狄」，在天下濁亂的時候建立起普遍秩序[83]。

　　需要指出的是，董仲舒這種把天下的「國」、「諸夏」和「夷狄」分成自近及遠、從內到外的不同等級，區別加以對待的方式，與現在天下主義提倡者理想中和諧而平等（「天下遠近小大若一」）的「天下」還是不盡相同的。應當注意，董仲舒（B.C. 179-B.C.104）的時代，正是前面說過的極力開疆拓土征伐四方的漢武帝時代，董仲舒為大漢王朝提出的理想雖然是「四海一家」，但「四海一家」必須是在大漢天子統御威光下的大一統，

---

82 董仲舒說，本來「王者，民之所往」（按照《春秋元命苞》的說法，「王者，往也，神之所輸向，人之所樂歸」），能「使萬民往之，而得天下之群者，無敵於天下」。見蘇輿，《春秋繁露義證》（北京，中華書局，1992）卷四至卷五，頁113-116。

83 蘇輿，《春秋繁露義證》卷四至卷五，頁101、133。

在這個「天下」中，各國分夷夏遠近，是有等級秩序的，因此三十年間，漢武帝征朝鮮、伐閩越、滅南越、經營西南，攻伐匈奴，恢復甚至擴大了秦帝國的疆土，納四夷入大漢之天下[84]。這才符合後來所謂《公羊》「三科九旨」中的「張三世」、「存三統」和「異外內」。然而，到了東漢，何休用了董仲舒的話語，卻改變了董仲舒的意思，只是在經典中想像這種原本「不一」的天下，逐漸變成「若一」的天下，借用了古代中國有關「上古黃金時代」和「歷史不斷倒退」的觀念，倒著構想未來會有一個逐漸蛻皮重生、回向上古的天下誕生[85]。

　　不過，何休的這個說法雖然在後世被放大提升，但在古代中國，很長時期內，卻只是一個經書解釋者的理想，這個連何休自己都說是「非常異義可怪之論」的理想，在很長時間裡面，並沒有特別受到重視，正如梁啟超所說，「自魏晉以還，莫敢道焉……

84　研究漢代政治與《春秋》關係的陳蘇鎮在《〈春秋〉與「漢道」：兩漢政治與政治文化研究》（修訂本，北京：中華書局，2011）中指出，「漢武決策，將帥出力，《公羊》家則以其特有的『太平』世理論製造輿論，營造氣氛，甚至直接參與決策，從而推進了此項事業（指開疆拓土）的發展」。所以，公羊三世說中有關「太平世」的理想，並不是那麼和平與溫柔的，頁250。還應當補充一點的是，在這樣的天下中，就連思想學說，也是要按照皇權來統一的，任憑「師異道，人異論，百家殊方，指意不同」是不行的，所以，董仲舒才要「皆絕其道，勿使並進」。見《漢書》卷五十六《董仲舒傳》，頁2523。

85　古代中國各家思想都有這樣的想像，無論是想像堯舜禹湯文武、推崇五帝還是崇尚更早的神話人物，正如顧頡剛說的，都把古代想像成黃金時代，連建議法後王、立足現實的學者也不例外，像《韓非子·五蠹》中就說，各家都相信「上古競于道德，中世逐于智謀，當今爭於氣力」，好像歷史越來越糟糕，因此要回到三代，甚至五帝時代。《二十二子》（上海古籍出版社影印光緒浙江書局版，1985），頁1183。

公羊之成為絕學，垂二千年矣」[86]。

它重新回到傳統中國的思想世界並成為議論的焦點，據一些學者說，是在清代中期常州公羊學重興的時代。關於常州公羊學，較早的現代論述，在1920年梁啟超撰《清代學術概論》和1929年梁啟超去世後出版的《中國近三百年學術史》。自認屬於公羊學一脈的梁啟超說，「今文學啟蒙大師」，先是莊存與及其《春秋正辭》，他專門發掘《春秋公羊傳》的微言大義，然後是劉逢祿及其《春秋公羊經傳何氏釋例》，特別發掘「張三世」和「通三統」、「絀周王魯」、「受命改制」。這一思想啟發了龔自珍和魏源[87]，「在乾嘉考據學的基礎之上，建設順、康間『經世致用』之學」[88]。

古代中國思想史上一個常見而且重要的現象，就是新見解常常依傍對舊經典的解釋，靠正統經典的權威支持異端思想的合法。因此，規規矩矩尋章摘句的注疏往往並不能掀起波瀾，倒是旁行斜出歪打正著的「誤解」常常推動著新思想的出現，特別是這種「誤解」如果可以「發揮」，它就會移形換位或者移花接木，把後見之明的現代思想安放在傳統基座上，並且就像錢穆說的那樣，「推之愈崇，辯之愈暢」[89]。可是，如果回到當時的歷史語

86　梁啟超，《清代學術概論》，朱維錚校注《梁啟超論清學史二種》（上海：復旦大學出版社，1985）第二十二，頁61。

87　同上，頁61-62。

88　梁啟超，《中國近三百年學術史》，朱維錚校注《梁啟超論清學史二種》（上海：復旦大學出版社，1985）。但是他也指出，「這派學風，在嘉、道年間，不過一支『別動隊』，學界的大勢力仍在『考證學正統派』手中。這支別動隊的成績，也幼稚得很」，頁119。

89　正如錢穆在《中國近三百年學術史》（北京：中華書局重印本，1986）第十一章中所說，「愈後者推之愈崇，辯之愈暢，莊氏之學猶是也」，頁524。

境中，而我們又沒有用「後見之明」來反觀前人的話，從現存莊
存與和劉逢祿的各種資料中，大概可以看到的只是兩點：一是他
們對於歷史以來經學中闡發「微言大義」傳統消失的憂慮，二是
對當代即乾隆時代那種憑藉史學原則來理解經學意義的批判[90]。

　　前一點就像莊存與《春秋正辭》的〈敘〉中說的，東漢之後
的「賈、鄭之徒，已緣隙奮筆，相與為難」，「魏晉而下，經學破
碎，降及唐宋，師儒偏蔽」，搞得「《春秋》之義幾廢」[91]；劉逢祿
《谷梁廢疾申何》〈敘〉中說，「鄭眾、賈逵之徒，曲學阿世，扇
中壘之毒焰，鼓圖讖之妖氛」，「天不祐漢，晉戎亂德，儒風不
振，異學爭鳴」[92]。顯然，他們針對的是歷史上，傳統經學家不能
闡發「微言大義」的解經之法，試圖把公羊學傳統重新恢復起
來；後一點則像莊存與《春秋正辭》〈敘〉中所謂《春秋》「人事
浹，王道備」，是「矯枉撥亂」的著作，而不是「紀事之書」，決
不能用文字音韻訓詁的考據方法，簡單看待經典的意義[93]；而劉逢
祿則說得更清楚，他在《春秋公羊經釋例》中說，「大清……人
恥向壁虛造，竟守漢師家法」，但對《公羊傳》的意義，卻追隨
東漢賈逵、鄭玄的路數，不能真正理解《公羊傳》的「經宜權
變，損益製作」[94]。所以，他的《春秋論》就針對錢大昕，說他輕

90　關於清代中期公羊學的最近研究，可以參看：陳其泰，〈莊存與：清代公羊
　　學的開山〉；馮曉庭，〈莊存與的春秋學述論〉等論文，均載林慶彰等編，
　　《晚清常州地區的經學》（台北：學生書局，2009）。

91　莊存與，《春秋正辭》〈敘〉，《續修四庫全書》（上海：上海古籍出版社影印
　　本）經部141冊，頁1-2。有人指出，這只不過是莊存與教授皇子的講義。

92　劉逢祿，《谷梁廢疾申何》〈敘〉，《續修四庫全書》經部132冊，頁1。

93　莊存與，《春秋正辭》〈敘〉，頁1-2。此書主要就是在分成九部分，闡發董仲
　　舒、何休所謂「三科九旨之義」。

94　劉逢祿，《春秋公羊經釋例》，《續修四庫全書》經部129冊，頁458-459。

視《公羊》崇尚《左傳》，是不懂得經、史有異，也不知道「左氏詳於事，而《春秋》重義不重事」，如果要用歷史學方法來評價《公羊》，「如第執一例以繩《春秋》，則且不如畫一之良史，何必非斷爛之朝報也」[95]。

　　莊存與和劉逢祿闡發的《春秋》公羊學觀念，一是在闡發「王天下」（即「譏世卿」，尋求國家在政治上的同一性），二是在追求「大一統」（古往今來中國一直追求，而大清王朝也希望的統一王朝），三是在想像大一統之後的「六合同風，九州共貫」（古人一直期待的所謂「一道德，同風俗」境界）。這是漢唐宋明儒家學者的共識，就算是把它放在清乾嘉時代的政治語境中看，究竟有多少「現代」的意味？就是在已經預感時代變化，所謂「睜開眼睛看世界」的魏源和龔自珍那裡，我們也沒有看到清代公羊學說有那麼自覺「現代」的意義。龔自珍〈資政大夫禮部侍郎武進莊公神道碑銘〉中對莊存與的學術宗旨有一個回顧，我們能看到，他重視的是經學的微言大義，批判的主要是當時的考據風氣；在魏源〈兩漢經師今古文家法考敘〉對清代經學路數的總結中，也可以看到清代公羊學只是一種以「復古」為「革新」，從東漢上溯西漢的途徑，「由詁訓、聲音以進於東京典章制度，此齊一變至魯也；由典章、制度以進於西漢微言大義，貫經術、

95　劉逢祿，《劉禮部集》卷三《春秋論》上，《續修四庫全書》1501冊，頁57。蔡長林也指出，「劉逢祿與錢大昕之所論，既是公羊學與左傳學的對立，也是經學與史學的對立，從當時學術大環境的角度看，既是莊氏家族學術觀點與當代考據學家治學觀點的對立，也是學術圈中的主流與非主流的對立」，見蔡長林《從文士到經生：考據學風潮下的常州學派》（台北：中央研究院中國文哲研究所，2010），頁351。

故事、文章於一，此魯一變至道也」[96]。

　　顯然，這並不意味著莊存與、劉逢祿闡發的微言大義中，已經有現代（國家制度、國際秩序）觀念的痕跡。其實，清代公羊家說經的所謂現代意義，往往是一波又一波詮釋出來的，正如蕭一山《清代通史》引錢穆的話說，從阮元〈莊方耕宗伯經說序〉、董士錫〈莊氏易說序〉到魏源〈武進莊少宗伯遺書序〉，「三家之序，愈後者推之愈崇，辯之愈暢」[97]。正是這種由於時代變遷情勢轉移所造成的過度詮釋，才把清代公羊學的意義一步又一步剝離了「歷史」，提升到「現代」。已經有學者針對清代公羊學「被現代化」的弊病指出，「常州學派在學術史上的意義，是屬於清中葉，而不是晚清的，是面向傳統，而不是面向現代的」[98]。我很同意這個看法。脫離開18至19世紀之間的學術與思想語境，把莊存與和劉逢祿的公羊之學說成是「為中國重新尋找認同，為未來世界立法」，恐怕只是後代人在時局焦慮下的越解越深。他們在當時是否有這樣明確的新意識？那時的「微言大義」裡是否有關於未來世界的新設計？其實，梁啟超並沒有進一步的說明。

　　很長時間裡，學界還是把從傳統資源到現代思想的傳承關節點，放在龔自珍和魏源身上，莊存與和劉逢祿並不在歷史舞台的中心。

96　龔自珍，〈資政大夫禮部侍郎武進莊公神道碑銘〉，載《龔定盦全集類編》（北京：中國書店，1991），頁295。魏源，〈兩漢經師今古文家法考敘〉，《魏源集》（北京：中華書局，1976），頁152。

97　蕭一山，《清代通史》（上海：華東師範大學出版社，2006）第四冊第五篇，頁315。

98　蔡長林，《從文士到經生》「結論」，頁511-512。

五、面對西潮的想像：晚清康有為以及當下學者的郢書燕說

　　莊存與和劉逢祿等清代公羊學被重新翻檢出來，放在近代思想史的中心位置加以現代詮釋，其最重要契機，依我的粗淺觀察有二：首先是在一百多年前的晚清，康有為面對洶湧而來的西潮，試圖挽狂瀾於既倒，借用古代中國資源進行「托古改制」，因而延續公羊之學，拿「微言大義」來加以發揮；然後是一百年之後的20世紀末年，一個中國本土的儒學學者和一個來自美國的歷史學者的著作，給學界帶來的刺激。

　　把「三世說」當作未來世界設計藍圖的說法，是在晚清康有為那裡橫空出世的。讀他的《春秋董氏學》、《孔子改制考》、《大同書》等著作，這種把古代學說政治化和現代化的色彩非常濃重。正如很多學者（如蕭公權、朱維錚）早就指出的，經由廖平到康有為，晚清的一些學者試圖以傳統經學資源，來回應變大了的世界特別是來自西方的衝擊。在廖平那裡，還只是半隻腳踏出經學家的邊界，在光緒十年至十二年（1884-1886）他連續撰寫的三篇《何氏公羊春秋十論》、《續十論》、《再續十論》中，他只是闡發「孔子作春秋，存王制……復作此篇，以明禮制，故所言莫不合於《春秋》」[99]。但是，康有為卻兩隻腳都已經站在經學門檻之外，他只是在借用《春秋公羊傳》以及注釋中有關「三世」、「內外」的說法，應對當時新的國際秩序籠罩下，中國國內大清王朝的危機和中國之外華夷秩序的崩潰。他一方面承認這種

99　廖平，《何氏公羊春秋十論》及《續十論》、《再續十論》，見《續修四庫全書》經部131冊，頁351以下。

新的國際秩序，使得「中國」不再是天朝，時代已經退居「內其
國而外諸夏」或「內諸夏而外夷狄」，另一方面則力圖以「遠近
小大若一」的天下大同，作為「中國」通過文明（孔教）重新籠
罩世界的努力遠景，恢復中國的信心。這個時候，《春秋公羊傳》
和那些被詮釋出來的「微言大義」，才似乎開始具有了為現代世
界和政治制度提供資源的意義。

　　據朱維錚的研究，1885年到1890年那幾年，是康有為思想
定型的幾年。前些年他應鄉試落榜後遊歷江南，「盡購江南製造
局及西教會所譯出各書盡讀之」，這幾年開始撰寫《人類公理》
和《內外篇》[100]，據他自己說，這時他就已經在用孔子的「據亂、
升平、太平之理，以論地球」，設想「地球萬音院」和「地球公
議院」，以及「養公兵以去不會之國，以為合地球之計」[101]。1890
年，他見到廖平，開始接受公羊學，第二年，建立萬木草堂，開
始傳授這種「非常異義可怪之論」。在《教學通議》中，他先是
把「三世」用於中國歷史的分期，「自晉到六朝」為大臣專權，
世臣在位的亂世，「自唐至宋」為陰陽分、君臣定的升平世，把
「自明至本朝」當作「普天率土，一命之微，一錢之小，皆決於
天子」的太平盛世，這時士人「以激勵氣節忠君愛國為上」、百
姓「老死不見兵革，不知力役」[102]。到了《春秋董氏學》，他強調
這個「三世說」是「孔子非常大義，托之《春秋》以明之……此

100　參看朱維錚，〈康有為先生小傳〉，載朱維錚校注，《中國現代學術經典・康
　　有為卷》（石家莊：河北教育出版社，1996），頁6-7。

101　康有為，《康南海自編年譜》（即《我史》，北京：中華書局，1992）光緒十
　　三年（1887）條，頁14。

102　康有為，《教學通議》，前引《中國現代學術經典・康有為卷》，頁70-71。

為《春秋》第一大義」[103]。而在《孔子改制考》中，他才真正正面地提出，孔子作《春秋》，是在「據亂世而立三世之法」、「因其所生之國而立三世之義，而注意於大地遠近小大若一之大一統」[104]。稍後幾年中他寫的《大同書》，就是根據《春秋公羊傳》以及他對孔子理想的理解，想像「四海如一」、「天下一家」的大同世界的著作[105]。

　　問題是，康有為對「三世說」尤其是「大同」的說法，是否可以成為一種未來世界的制度，就像當下提倡「天下主義」或「天下體系」的學者們所說的那樣？有學者對此作了相當現代的和理論的闡發，他說，康有為「在中國從帝國到主權國家的自我轉變中」充當了一個「立法者」的作用。為什麼？因為首先，康有為用「列國並爭」說明當前世界大勢，主張將「帝國體制改造成國家體制」；其次，他又重新解釋了「中國」的意義，排除了種族因素，從文化上為「中國」尋找認同根源，在政治上為「中國」發現一種反民族主義的國家建設理論；再次，康有為把儒學普遍主義視野與西方知識政治結合，構想了大烏托邦的大同遠

---

103 康有為，《春秋董氏學》，前引《中國現代學術經典・康有為卷》，頁137。

104 康有為，《孔子改制考》〈敘〉，前引《中國現代學術經典・康有為卷》，頁341。

105 這種想像，在康有為的弟子如譚嗣同那裡也有，並不是他一個人的專利。如《仁學》四十七「地球之治也，以有天下而無國也。莊曰：『聞在宥天下，不聞治天下』。治者，有國之義也；在宥者，無國之義也。□□□曰：『在宥』，蓋『自由』之轉音。旨哉言乎！人人能自由，是必為無國之民。無國則畛域化、戰爭息、猜忌絕、權謀棄、彼我亡、平等出，且雖有天下，若無天下矣。君主廢，則貴賤平，公理明，則貧富均。千里萬里，一家一人」。蔡尚思、方行等編，《譚嗣同全集》（北京：中華書局，1998增訂本），頁367。

景；最後，這個烏托邦遠景與國家主義、孔教主義結合，形成宗教改革的色彩。於是，「近代國家主義也是以一種準宗教革命形式出現的，它注定地與超越國家的普遍主義密切相關」[106]。其實，說得簡單一些，就是康有為承認當下中國處在亂世，原本只能「內其國而外諸夏」；但由於大清帝國是多民族國家，因此必須在文化認同的基礎上，超越民族界線，「內諸夏而外夷狄」地形成一個統一國家，達到升平時代；然後更「遠近小大若一」地構想一個烏托邦式的太平盛世和大同世界，而這個大同世界，則是建立在中國孔教籠罩所有空間的基礎上的。

康有為真的是這樣偉大的現代立法者嗎[107]？儘管現代學者蕭公權也曾認為，康有為「除了界定中國在現代世界中的地位外，更界定一種理想的新世界」[108]，但我始終懷疑這一點。正如梁啟超後來批評老師康有為時說的，當時呼籲「保教」的學者常常「取近世新學新理而緣附之，曰：某某孔子所已知也，某某孔子所曾言也。……然則非以此新學新理厘然有當於吾心而從之也，不過以其暗合於我孔子而從之耳」[109]。康有為把公羊學的概念現代化，通過比附古代經典來構擬自己想像中的未來世界，這在晚清語境中無可厚非，很多人都會這樣做[110]。但是，現在的論說者仍把康

---

106 參看汪暉，《現代中國思想的興起》（北京：三聯書店，2003）上卷第二部《帝國與國家》，頁821-828。

107 關於康有為力圖使孔教國教化，並通過這一途徑來建立現代國家的問題，蕭公權《近代中國與新世界：康有為變法與大同思想研究》（汪榮祖譯，南京：江蘇人民出版社，1997，2007）有一些討論，可能是某些學者的靈感來源之一。

108 蕭公權，同上，頁530。

109 梁啟超，前引《清代學術概論》，頁71。

110 古人如董仲舒、何休。蕭公權指出，康有為重新詮釋公羊學並沒有什麼特別

有為先知化，把他那些模稜兩可似是而非的大言，用現代理論和現代概念再發揮一番，或許正如陳寅恪所說，「其言論愈有條理統系，則去古人學說之真相愈遠」[111]。他們雖然「依其自身所遭際之時代，所居處之環境，所薰染之學說，以推測解釋古人之意志」，但可能恰恰忽略了康有為身處的歷史語境：作為大清帝國長期治下的漢族士人，作為要「保大清江山」的政治領袖，康有為在設計新國家時，他不能不意識到他的身分／角色，受限於他所處的族群／國家。

　　大凡研究清史的學者都知道，大清帝國在王朝政治合法性上，一直會強調三條原則，一是不分華夷，「我朝既仰承天命，為中外臣民之主」，所以「不得以華夷而有異心」，二是「大德者必受命」，要根據道德即「天心之取捨，政治之得失」，決定誰來執掌天下，三是以文明論族群，這就是「中國而夷狄也則夷狄之，夷狄而中國也則中國之」。所以，雍正在《大義覺迷錄》中說，「自我朝入主中土，君臨天下，並蒙古極邊諸部落俱歸版圖，是中國之疆土開拓廣遠，乃中國臣民之大幸，何得有華夷中外之分」[112]。這種大清帝國的原則，既有不分種族的平等，也有天

　　了不起的地方，「康有為的確說了董仲舒沒有說過的話，但此乃因他生活在不同的時代以及遭遇到不同的政治問題，可以想像到，假如董仲舒和何休生於19世紀，他們不會反對孔子改制以及用三統來肯定制度的變更」。前引《近代中國與新世界》，頁65。近人如皮錫瑞，他在《師伏堂春秋講義》（前引《續修四庫全書》經部148冊）借助《春秋》的華夷、天下、中國觀念，對《萬國公法》、中國統一、東西各國競爭、文明野蠻所發的議論，頁466-482。參看書後皮錫瑞之子皮嘉佑識語，頁494。

111 陳寅恪，〈審查報告一〉，載馮友蘭，《中國哲學史》（北京：中華書局重印本，1984）下冊，附錄，頁2。

112 《大義覺迷錄》卷一「上諭」，附錄於《「大義覺迷」談》（上海：上海書店

下一家的包容，如果把它現代詮釋，難道雍正皇帝也是在「替未來設計」和「為現代立法」？

　　顯然，作為大清帝國內部變法的呼籲者，康有為對大清帝國有著認同，對大清王朝疆域、族群、制度的捍衛，使他不可能像章太炎、孫中山那樣，贊成激烈的「嚴分華夷」或「中外有別」[113]。他的政治理想是在19世紀末20世紀初國內外新形勢下「保國」（大清帝國）、「保種」（大清帝國治下的滿漢各族）、「保教」（孔子為教主的儒教），因此他的策略只能是：首先，採用公羊學的觀念，對多民族帝國進行妥協的解釋，大概只是唯一的途徑；其次，日本明治維新重塑天皇權威，對於康有為等人的變法策略，有相當大的刺激和啟迪。特別是甲午一役，證明「尊王攘夷」的策略之有效，恰恰與《春秋公羊傳》中的「大一統」的說法相吻合；再次，儒家的「遠近小大若一」的天下，是包裝成世界主義的自我中心主義，當這個「天下」要經由孔教的「準宗教革命」來實現的時候，康有為這個試圖通過仿效歐洲新教革命，建立近代民族國家，形成現代國際秩序的路線圖，就成了一個現代世界秩序的替代性方案，這並不是一個簡單的「超越國家的普遍主義」。可是，當康有為從《春秋公羊傳》裡詮釋和發揮出來

出版社，1999），頁135。後來的乾隆皇帝也同樣有很多這類「去華夷」、「致大同」、「尊孔孟」的說法，這是清王朝的主流政治意識形態。

113 章太炎曾經說，康有為對南北美洲華商說「中國只可立憲，不能革命」的話，不是說給華商聽的，而是說給滿人聽的，只是一方面「尊稱聖人，自謂教主」，一方面「為滿洲謀其帝王萬世，祈天永命之計」。這話當然說得太偏，但是，可以用來說明康有為有關「改制」、「大同」等等言論，背後有一個大清帝國的情節。見《駁康有為論革命書》，《太炎文錄初編》卷二，《康有為全集》本，頁176-178。

的這些想像，被後來的學者當做替現代世界的新秩序以及現代中國國家制度的預言或立法時，康有為就真的成了「南海聖人」[114]。

有趣的是，最近中國有一批學者在呼籲，現在中國要「回到康有為」，他們說，由於康有為提出大同世界和孔教國教論，所以，「康有為是現代中國的立法者。既不是孫中山，不是毛澤東，也不是章太炎，康有為才是現代中國的立法者……在我看來，目前中國思想界最重要的一件事是把康有為作為現代中國立法者的地位給確定下來，其他問題才可以高水準地展開討論」[115]。

康有為很自負，誠如蕭公權所說，「強烈的自信心，幾近乎自誇，是康有為性格最顯著的特徵」[116]，在他的著作中不僅不大提莊存與和劉逢祿，甚至也不提啟發他接受公羊學的廖平[117]。不過，由於在他的手中，公羊學開始成為顯學，「三科九旨」之類的觀念在現代解釋之下具有了新的意義，因此在思想史家上溯其學術和思想淵源時，常州公羊學就開始一點一點地被納入研究者

---

114 其實，梁啟超在致康有為書信中，就已經直言不諱地說道，「大同之說，在中國固由先生精思獨辟，而在泰西實已久為陳言」。〈梁啟超致康有為〉（1902年5月），載張榮華編校《康有為往來書信集》（北京：中國人民大學出版社，2012），頁591。

115 這是唐文明的意見。當然，在同樣立場的學者中也有不同意見，如甘陽認為張之洞才是現代中國的立法者，而姚中秋認為曾國藩才是「讓中國做好了現代化的道德和政治準備」的先行者，而康有為的國教受基督教影響很大，是比附基督教，因此是自降教格，應當提倡儒教為「文教」，超越各種宗教之上。見〈專題一：康有為與制度化儒學〉中的專題討論，載《開放時代》2014年5月期，頁16以下；秋風〈儒家作為現代中國之構建者〉，載《文化縱橫》2014年2月號，頁68-73。

116 蕭公權，前引《近代中國與新世界》第二章，頁15。

117 直到民國六年（1917）重印《新學偽經考》的時候，康有為才稱讚了劉逢祿、龔自珍和魏源一下，但仍不提及廖平，更沒有提到莊存與。

的視野，成為思想史研究的一個熱點。可是即使這樣，20世紀的很長時間裡，在學術史上，莊存與和劉逢祿還是不那麼引人矚目，比起顧炎武、黃宗羲、王夫之，比起戴震、章學誠，甚至比起同時代的凌廷堪、阮元來，他們一直很暗淡[118]。在思想史上，康有為也沒有「現代中國立法者」那麼高的地位，也不太像現代甚至未來世界的預言者，倒是常常被視為現代中國的保守思想代表。正如前面所說，只是他的學生梁啟超在《清代學術概論》中回溯這一現代思想興起的時候，才自然地順藤摸瓜，從康有為追溯到了魏源和龔自珍，從魏源和龔自珍追溯到了莊存與和劉逢祿。

　　但是，為什麼在20世紀末，公羊學說卻成了啟迪現代的偉大學說？莊存與和劉逢祿成了現代中國思想的一個源頭？康有為怎麼就成了彌賽亞一樣的先知？這也許與前面提到的20世紀末年一個中國本土儒學學者和一個美國歷史學者的兩部著作有關。

　　1995年，立志要推動政治儒學的蔣慶出版了《公羊學引論》，他對《春秋公羊傳》的解釋進路非常明確，就是把公羊學的「微言大義」，從單純的思想學說引向政治領域，他「相信人心繫於制度，對於社會問題之解決，典章制度具有不可替代之功效」[119]，因此，他認為清代常州公羊學派「莊、劉、宋、孔呼其

118　1928年，陳柱撰《公羊家哲學》（上海：中華書局聚珍版，1929）一書，在其討論公羊學源流的《撰述考》那一章中，只是提及孔廣森，對於莊存與、莊述祖、劉逢祿、宋翔鳳、陳立，只說了「均以公羊學名家」七個字，而說到廖平和康有為，則說「尤奇詭。公羊學之流派，至是益失其本真」，頁15-16。

119　蔣慶，《公羊學引論》（瀋陽：遼寧教育出版社，1995），梁治平〈序〉，頁2。

前，凌、龔、魏、陳湧其後，千年古義，復明其時，元學奧旨，大暢人間」[120]。和蔣慶不同，美國學者艾爾曼（Benjamin A. Elman）則是從清代政治與思想變化脈絡的梳理中，給莊存與和劉逢祿重新回到思想舞台的中央，提供了歷史的解釋。他的《經學、政治與宗族：中華帝國晚期常州今文學派研究》一書英文本於1990年出版，此書的一些觀點引起很大震盪，他特別強調了莊存與和劉逢祿的重要性，「莊存與曾置身於中華帝國政治舞台的中心位置，相形之下，龔（自珍）、魏（源）儘管被20世紀的歷史學者一致賦予重要位置，但在當時不過是位處政治邊緣的小人物」[121]。

　　這兩個研究受到兩方面中國學者的關注，蔣慶的著作是要把公羊學的政治意義闡發出來，說明公羊學是「區別於心性儒學的政治儒學」，是「區別於內聖儒學的外王儒學」，是「在黑暗時代提供希望的實踐儒學」。他強調「太平大同的理想世界就是公羊學為生活在亂世的人們提供的希望」[122]。這一公羊學理想不僅有著名法律史學者梁治平的推薦，他關於「公羊學夷夏之辨說建立在文化本位上的民族主義，正是健康正當的民族主義」等說法[123]，

---

120 蔣慶，《公羊學引論》，〈自序〉，頁1。

121 艾爾曼，《經學、政治與宗族：中華帝國晚起常州今文學派研究》（趙剛譯，南京：江蘇人民出版社，1998）。

122 蔣慶，《公羊學引論》第一章，頁47。蔣慶認為，亂世中，「應內外有別，詳內略外，即應把負有治理責任亂世使命的國家，即代表王道王化的國家（魯）與其他衰亂的國家（諸夏）區別開來，先提高自己的道德水準」，「在升平世，推行王道之國（魯）與其他國家（諸夏）之間，不再有區別，王化已經普及到周圍許多國家，只是未開化的邊遠民族（夷狄）還沒有被王化，與魯和諸夏有區別」，太平世「天下不再有大國小國的區別，也不再有文明落後的區別，即消除了國界與種界，天下一家，中國一人」，頁253-257。

123 蔣慶，《公羊學引論》第四章，頁231。

恐怕在某種程度上也啟發了後來極力宣導「天下主義」的盛洪[124]。艾爾曼的著作不僅1998年被翻譯成中文出版，受到廣泛好評，他關於「今文經學代表著一個充滿政治、社會、經濟動亂的時代的新信仰，它宣導經世致用和必要的改革」，「從莊存與、劉逢祿起，今文經學家求助於古典的重構，為將來立法」的說法，恐怕也對一些學者將現代中國思想的興起的淵源和脈絡，追溯到清代公羊學家有所啟迪[125]。

　　由於這些在中國學界有影響的學者，同時開始關注並且發掘清代公羊學的現代意義，於是，莊存與和劉逢祿以及他們有關《春秋公羊傳》的片言隻語，逐漸成為被詮釋的熱點，那些「非常異義可怪之論」再一次成了對未來世界的預言或者箴言[126]。不過須要指出的是，蔣慶雖然其論述之政治意味非常明確，總是試圖推動儒學進入實際政治制度領域，但他在自序中已經率先聲明，自己的書「為公羊學著作，而非客觀研究公羊學之著作，公羊學為今文經學，故是書亦為今文經學」，這清清楚楚地警示讀者，這只是自己的一種信仰，目的在發揮公羊學「微言大義」，

---

124 盛洪與蔣慶2002年曾經就天下主義等等問題有長篇對話，以《以善致善》（上海：三聯書店，2004）為名編輯成書出版。其序言〈在儒學中發現永久和平之道〉，載《讀書》2004年第4期，又收入前引盛洪，《為萬世開太平》，頁280-286。

125 汪暉在1993年訪問加州大學洛杉磯分校時，與艾爾曼有一篇後來題為〈誰的思想史？〉的對話，艾爾曼就向汪暉提到，他把「莊存與、劉逢祿置於今文經學復興的中心地位，這只是一種歷史的重構，這是一幅與以康、梁為中心的歷史圖像不同的圖像」。載《讀書》1994年第2期。

126 我說「再一次」是因為在晚清康有為那裡，它已經充當了一次「預言」或「箴言」的角色。

不必盡合文獻與歷史[127]。而作為歷史學家的艾爾曼，儘管強調「今文經學興起的政治時勢是和珅事件」，而莊存與的《春秋正辭》主要是「假借經典的外衣，表達對和珅擅權的不滿」，特別是「借助經典的神祕色彩抵制漢學擴張及其存在的瑣碎考證的流弊」[128]。但是，對於公羊學的現代政治意義，他只是非常簡略地提及常州學派有「求助於古典的重構為現代授權，為將來立法」[129]，但他仍然小心翼翼地說明，常州學派「還未達到政治革命的高度，也還未完全理解社會進步的程度」。

蔣慶無疑是在對公羊學作現代詮釋，這不必多說。艾爾曼的歷史梳理多少也有一些個人推測，莊存與撰《春秋正辭》與反抗和珅相關這一說法，已經被人質疑，而劉逢祿撰《春秋論》以聖人之說為朝貢體系之合法性論證的說法，恐怕也缺少直接證據[130]，且不論在大清王朝為官的劉逢祿，是否敢有異族皇帝逐漸被中國王道「同化」這樣大膽的說法。但艾爾曼指出的一點很重要，即劉逢祿作為一個少數民族統治下的王朝官員，所以只能同

127　蔣慶，《公羊學引論》，〈自序〉，頁2。我還記得，1990年代，在北京學界一個小範圍研究班裡，蔣慶應邀作公羊學的報告時，率先告知聽眾，不要用歷史和文獻來質疑他，因為他是信仰，不是學術。

128　艾爾曼，《經學、政治與宗族》，〈代序：中國文化史的新方向〉，頁16；〈序論〉，頁6。

129　艾爾曼，《經學、政治與宗族》，頁225；又，他在第七章中提到，由於劉逢祿處理過對越南外交事務，所以《春秋》裡面那種「安排內外不同人群的文化理論，它導致朝貢制度的形成……今文經學的外交觀念成為劉逢祿處理對越外交爭執的基本框架」，頁164。

130　劉逢祿，《春秋論》上、下，見前引《劉禮部集》卷三。上篇主要在反駁錢大昕所說的「春秋之法，直書其事，使善惡無所隱而已」，下篇主要是說《公羊傳》有微言大義（如張三世和通三統），比《谷梁傳》好，頁56-58。

意「《春秋》以文化特徵而非種族特徵確定政治地位，從夷狄之
君轉化為中國之主，是一個接受中國王道範式的文化同化過
程」。他十分謹慎地指出，這是由於劉逢祿是「一個少數民族征
服者所建立的王朝的官員，其（有關華夷的）論點就（比宋代儒
家）溫和寬容得多」[131]。這一點毫無疑問，劉逢祿身處異族統治之
下，不能不淡化《春秋》中原有的華夷界線。這才是清代公羊學
的現實語境，只要聯繫到清代文字獄嚴酷而慘烈的歷史，對劉逢
祿等人淡化華夷的解釋，更合理的解釋應當是一種經師說經的權
宜策略，每一個清代經學家遇到棘手的華夷胡漢問題，可能都會
有這種曖昧態度。因此，如果像斯金納（Quentin Skinner）所
說，「把思想放回語境中去理解」，這些有關《春秋公羊傳》的解
說，本身未必那麼有「先見之明」，清代公羊學者未必能未卜先
知地為未來泯滅種族界線的大同世界作提前設計。

　　那麼，它是否可以被解釋為，「從清代中期開始，莊存與、
劉逢祿、魏源、龔自珍等人不斷地在夷夏、內外以及三統、三世
等範疇中討論王朝的合法性問題，並在禮和法的基礎上，重建關
於『中國』的理解。今文經學者在經學的視野內發展了一系列處
理王朝內部與外部關係的禮儀和法律思想，從而為新的歷史實踐
──殖民主義時代條件下的變法改革──提供了理論前提和思想
視野」[132]？有的學者認為，古代中國儒家的「天下」，可以批判英
國主導的殖民時代世界體系、美國主導的現代世界秩序，可以成

---

131 艾爾曼，《經學、政治與宗族》，頁164。
132 汪暉，《現代中國思想的興起》上卷第二部《帝國與國家》，頁490。他把清
　　代公羊學說成是「一種適應王朝體制的歷史變化而不斷完善的歷史觀與世界
　　觀的建構」。

為未來更合理世界的替代性方案。他們說，這種替代性方案是來自從董仲舒、何休到莊存與、劉逢祿，再到康有為的這些公羊學說，這是「為一種以大同為導向的世界管理（world governance）提供價值和規範」，據說，「從這一重構世界圖景的活動中逐漸展開的『大同』構想，對資本主義世界關係的分析，尤其是這一世界關係所依賴的國家、邊界、階級、性別等等級關係的尖銳批判，卻帶有深刻的預見性和洞察力」[133]。

真的是這樣嗎？這恐怕是有些現代人的過度詮釋。

結語：「天下」──想像和詮釋出來的烏托邦

從先秦諸子對於上古黃金時代的想像，到秦漢之後儒家面對現實提出的理想，從清代公羊學家抵抗乾嘉時代考據學和歷史學的經典詮釋，康有為面對變局時想像出來的大同世界構想，一直到20世紀末21世紀初的政治儒學以及「天下體系」和「天下主義」。一種試圖作為現行世界秩序替代方案的「天下」，在「大國崛起」要重新安排世界的心情，和歐美有關「新帝國」的批判理論刺激和鼓舞下，以重新詮釋中國古典的方式，出現在當代中國思想舞台上。儘管，我有時也盡可能同情地理解這一有關「天下」論說的背後心情，但作為一個歷史學者，我實在不能贊同這種一步一步旁行斜出的過度詮釋，也不能贊同這種將概念抽離歷史語境的想像。

現在一些學者是這樣想的。他們把古代中國想像的「天下」改造成針對現代世界秩序的「天下主義」，覺得這個「天下主義」

---

133 同上，頁735。

能夠使世界從亂世、升平世到太平世（三世說），並且認為它已經設計了一個「不再有大國小國的區別，也不再有文明落後的區別，即消除了國界與種界」的世界制度（遠近小大若一），因而它不僅為現代中國奠定基礎，而且為世界的未來立法。這些想法無論其動機如何，從學術角度看，都是構造了一個非歷史的歷史。正如我一開始所說，如果它還沒有進入實際的政治領域和制度層面，而只是學者再翻閱古典時的想像或者憧憬，只是書齋中的學術和思想，也許它並不會造成很大的麻煩。但問題是，這種天下主義論說總是試圖「成為政府的、政治的和政策的依據」，那麼就不能不讓人擔心，古代中國「天下」秩序中原本就隱含的華夷之分、內外之別、尊卑之異等因素，以及通過血與火達成「天下歸王」的策略，是否會在「清洗百年屈辱」的情感和「弘揚中華文明」的名義下，把「天下主義」偽裝成世界主義旗號下的民族主義，在中國崛起的背景下做一個「當中國統治世界」的「大夢」？我不知道。但可以看到的是，「天下主義」的討論已經開始越過歷史、文獻和思想，進入中國政治、外交甚至軍事戰略領域，一些非歷史學者開始接過「天下主義」的口號，積極地向官方提出了「從空想到現實」的戰略路線圖，這就是中國要從中心主義、孤立主義，走到開放主義和天下主義，為什麼？據說，這是因為中國文明與西方文明中的「世界主義是迥然不同的」，西方的世界主義是以擴張為主要特徵的，中國的天下主義是以和平和守成為取向的，所以，他們這樣建議「新天下主義」要成為「中國獨有的外交資產，以取代當代世界民族國家體系」[134]。

---

134 參看葉自成，《中國大戰略：中國成為世界大國的主要問題及戰略選擇》（北京：中國社會科學出版社，2003），頁145；李少軍主編，《國際戰略報

　　我沒有能力對未來成為政治制度的「天下主義」作善惡是非的判斷，我只是從歷史角度分析這一觀念背後的政治、思想與學術。現在，提倡「天下主義」或「天下體系」的學者，對這個叫做「天下」的古代概念表現了異乎尋常的熱情，總在宣稱它可以拯救世界的未來。可是，真的是這樣嗎？歷史也好，文獻也好，現實也好，似乎都並不能給這種說法作證。在我即將寫完這篇論文的時候，我看到一部還算新出的著作，叫《重回王道：儒家與世界秩序》[135]，也在討論「何為天下」、「天下與王道」和「王者無外」和「萬物一體」。坦率地說，這部書的書名很好，如果真的能夠依靠一種「王道」給這個不太好的世界提供新秩序，那麼自然非常好，但必要的前提是，為什麼現代西方思想提供的是「霸道」，古代中國儒家提供的是「王道」？憑什麼你提供的方案是「王道」，而別人的卻是「霸道」[136]？這使我們不得不一再地回到

　　告：理論體系、現實挑戰與中國的選擇》（中國社會科學出版社，2005），
　　第十章〈中國的戰略文化傳統〉；郭樹勇，《中國軟實力戰略》（北京：時事
　　出版社，2012），第六章，頁122；江西元，《大國關係與文化本原》（北
　　京：中央編譯出版社，2011），第五章〈中國外交文化本原〉，頁285。

135 干春松，《重回王道：儒家與世界秩序》（上海：華東師範大學出版社，
　　2012）。

136 比如，康德在〈世界公民觀點之下的普遍歷史觀念〉中提出，「儘管這一國
　　家共同體目前還只是處在很粗糙的輪廓裡，可是每個成員卻好像都已經受到
　　了一種感覺的震動，即他們每一個人都依存於整體的安全。這就使人可以希
　　望，在經過許多次改造性的革命之後，大自然以之為最高目標的東西——那
　　就是作為一個基地而使人類物種的全部原始稟賦都將在它那裡得到發展的一
　　種普遍的世界公民狀態——終將有朝一日會成為現實」。這是不是也可以解
　　釋為西方也有「王道」？參見康德，《歷史理性批判》（何兆武譯，北京：商
　　務印書館，1997），頁18。

問題的起點：誰是世界制度的制定者？誰來判斷這個制度的合理性？

　　這才是需要討論的真問題。

（原載於《思想》第29期）

葛兆光，復旦大學文史研究院及歷史系資深特聘教授。主要研究領域是中國宗教、思想和文化史。近著包括《宅茲中國：重建有關中國的歷史論述》、《想像異域：讀李朝朝鮮燕行文獻箚記》、《何為中國？疆域、民族、歷史與文化》、《歷史中國的內與外：有關「中國」與「周邊」概念的再澄清》等。

想像「天下」

當代中國的意識形態建構

梁治平

一

　　2018年央視春晚在北京的主會場之外，設有四個分會場，其中之一設在山東泰安，用的是泰山東麓燭峰腳下「泰山封禪大典」的舞台。一時間，媒體上充斥了歷史上有關封禪的釋義和記載[1]。於是，普通民眾都知道了「天命以為王，使理群生，告太平於天，報群神之功」[2]的泰山封禪，是一樁象徵國家鼎盛、天下太平的盛事。而有35年歷史且已成為國家項目的中央電視台春節聯歡晚會選擇泰山腳下封禪大典舞台為其分會場之一，同時以多語種向海內外播出其節目，當然也不單純是為了娛樂。也是在2月，央視春晚播出後3日，央視網推出1分35秒的微視頻《家國天下》，視頻讓人們「透過習近平總書記濃濃的家國情懷」，看到「他對家庭、對國家的使命與擔當」[3]。這些節目和視頻，透過電視、互聯網和移動終端設備，為數以億計的觀眾接收和觀看。熟悉近代以來歷史的人，對於這些現象一定印象深刻。因為，出現

1　在百度上鍵入「2018春晚封禪大典」，可得46000條信息。

2　劉向，《五經通義》。

3　視頻中出現的除了習近平本人，還有習的家人（母親及妻女），以及象徵人民的工農兵。視頻旁白內容如下：「這雙手，能傳遞給家人愛的溫暖；也能將這溫暖傳遞到更多人的心間。這雙腳，能給家人帶來幸福的陪伴；也能深入群眾為大家帶來更好的發展。這副肩膀，是家人溫馨的避風港；也能勇敢地扛起民族復興的偉大理想。像愛家人一樣愛群眾，像愛家庭一樣愛國家。家是最小國，國是千萬家。」https://tv.sohu.com/v/dXMvMjk0Njg3MTMyLzk4MjI4NDA4LnNodG1s.html。此外，2月23日，央視網又推出宣講習近平宣導的優良家風的微視頻《家風傳承》。該視頻以習近平語錄「注重家庭、注重家教、注重家風」做結尾語，強調的是「家庭的前途命運同國家和民族的前途命運緊密相連」（習近平語）之意。http://video.sina.com.cn/p/news/c/doc/2018-02-23/124168036119.html。

於上述場景中的那些概念、名號和意象，如家國、天下、封禪、教告、天命、太平等等，曾經是中國歷史上居於支配地位的大觀念[4]，而近代以降，這些觀念以及它們所代表的傳統，又成為各色革命質疑、批判甚而毀棄的對象，其地位一落千丈，乃至不保。因此，它們在今天的重現，尤其顯得意味深長。不難想見，在這種變化後面，發生了多少社會變革，有多少思潮激盪，又有多少智慮與努力、成敗與希望，潮起潮落，動人心魄。我們因此也想了解，這些變化究竟緣何而來，意義何在，又會把我們引向何方。為此，本文特拈出「天下」這一古時最為顯赫、後歸於沉寂、而於今為盛的中國大觀念，對其近代以來的命運、尤其最近十數年間的復興略加考察。一覽其消息，梳理其脈絡，以明其軌跡，知其所以，究其所以然之故。

二

　　古之所謂「天下」，實為一具有普遍意義的道德文明秩序。此道德文明秩序中，天生烝民，王受天命，敬德保民，推廣文教，由中而外，由近及遠。如此建立起來的天下，或狹或廣，可伸可縮，隨歷史條件而變化，卻可以規範家國，安頓人心。古人言「天下」，兼有描述、想像、理想、規範諸成分，因此在古代思想世界中，「天下」觀念既是人倚為認識和想像世界的概念架構，也是人用來證成或批判既有秩序的判準，其重要性自不待

4　本文以「大觀念」一詞指具有以下特徵的人類觀念：屬於一個文化中的基本觀念，在該文化的思想世界中具有特殊的重要性，能夠表徵民族的精神特徵，具有豐富內涵，通常表現為概念群，即與該文化中的其他重要觀念互相連接，構成有緊密聯繫的意義之網。

言[5]。然而，「天下」這一對古人如此重要的基本觀念，在近代中國社會轉型之際，卻被認為是造成國家積弱的主要原因而受到猛烈抨擊。批評者認為，以「天下」觀念為依託的華夷之辨，守持中國中心論，固步自封，不知世界之大，最終招致外侮。不僅如此，中國人過去只知有家，不知有國，只見天下，不見國家。改朝換代，無關其痛癢，故不以異族統治為意。此種天下主義不敵近世之民族主義、國家主義，其勢甚明，其理不言而喻。因此，中國欲圖強，就必須拋棄家族主義、天下主義，改宗民族主義、國家主義。在這種看法的支配下，「天下」觀念漸次被萬國、國家、世界等觀念取代。尤其是1900年以後，中國國勢日頹，國家主義的呼聲日益高漲，建立民族國家的步伐加快，「天下」觀念終於退出國家論述，幾至銷聲匿跡[6]。儘管如此，作為中國歷史上長期支配人心的大觀念，「天下」概念雖已遁形，其神猶在，而以不同方式潛存、表現於中國人的思想和行為。即使是在包括各種舊觀念在內的中國傳統文化受到徹底毀棄的革命年代，其影響仍依稀可見、有跡可循。這意味著，要理解中國近代的政治、社會及思想、文化變遷，人們須要深入到各種流行話語背後，細心尋繹傳統思想的痕跡。以下列舉數點，以見其影響大概。

天下既為一普遍有效的道德文明秩序，必不以地域、種族為限制。所以，傳統的夷夏之辨立基於文教，而非其他。然則宋以後，尤其經歷元明及明清鼎革，一種基於種族和地域的夷夏觀逐漸興起，而在清末發展為漢族中心的民族主義。於是，在清末的

---

5 關於傳統天下觀念的含義、表現及流變，參見梁治平，〈天下〉，載郭齊勇主編，《儒家文化研究》第七輯（北京：三聯書店，2016）。

6 參同上文。

民族主義思潮中，人們可以看到兩種互相競勝的民族主義，一種「以種族為民族」，一種「以文化為民族」[7]。此種差異表現在民族國家建構上，前者便是基於所謂「中國本部」十八行省的漢族國家，後者則是融合了漢、滿、蒙、回、藏、苗諸族群，承繼清王朝統治疆域的中華民族國家。民國肇始，五族共和，採取的正是後一種民族主義。中華民族由此確立，成為中國現代國家的基礎。可以注意的是，這樣一個建構近代國族「想像的共同體」的事業，不僅從一開始就承繼了古代天下觀的文明論視野，且事實上繼承了清王朝的「天下」，其完成也可以被視為對傳統「天下」觀的消化。進入1920及1930年代，受到列強尤其日本肢解和瓜分中國的壓迫和刺激，中國學術界對邊疆史地及民族問題的關注空前高漲，並借助於現代學術分科如歷史學、考古學、語言學、人類學、民族學諸方面的研究，為中華民族的統一性提供堅實的證據。此一努力，被學者稱為納「四裔」入「中華」的嘗試[8]。實際上，這種通過納「四裔」於「中華」、建構中華民族的努力一直延續至今，在當下有關諸如新清史的論辯和某種貫通古今的歷

7　楊度語。此兩種民族主義均帶有天下觀念的印記。以文化為民族的取向自不必說，以種族為民族的排滿主張其實也沒有脫去華夷之辨的色彩。

8　參見葛兆光，〈納「四裔」入「中華」？1920-1930年代中國學界有關「中國」與「中華民族」的論述〉，載《思想》第27期（台北：聯經出版公司，2014）。應該說，當時的這種努力不只是思想、學術的，也是政治實踐的。魯迅曾譏諷國民政府治理中國內陸邊疆的「王化」舉措，如保障偽滿夫權、救濟蒙古王公、懷柔西藏達賴喇嘛、宣慰新疆回民、征討廣西瑤民，令其「不戰而降」等。參見魯迅，〈王化〉，載《魯迅全集》（北京：人民文學出版社，1982）第五卷，頁135-136。關於魯迅的天下觀，參見韓琛，〈王道與霸道：魯迅的天下觀〉，載《文藝研究》2016年第9期。

史哲學思考中都能夠見到[9]。不過，在關注這段歷史時我們也不要忘記，儘管支配原則不同，同樣是整合諸民族的構建「想像的共同體」的工作，早在中華民國建立之前數百年就已經開啟並且獲得成功。正如清初諸帝強調文化的夷夏論來為清王朝統治的正當性辯護一樣，清代思想學術的顯學今文經學尤其是其中的《春秋》公羊學，標舉大一統觀念和禮儀原則，致力於構建一個根據禮儀原則而非地域和種族組織起來的政治共同體。因此，毫不奇怪，清代注重邊疆史地研究的輿地學也是在今文經學的背景下發展起來[10]。這些發展和改變不但為日後國人的中華民族想像提供了重要的思想和文化資源，甚至直接構成了中國現代國家的物質基礎。

　　天下觀念的另一特徵是其超國家性，這種超國家性至少表現在兩個方面。首先，天下觀念與普遍的文明秩序和王道理想相連。「天下」的這一道德特性令其在價值上優於國家一類政治實體。其次，天下因文明而立，其範圍伸縮無定，漫無際涯。因此，對現代國家極具重要性的領土及疆界諸因素，在天下觀念的

9　關於前者，參見《東方早報‧上海書評》編輯部編，《殊方未遠：古代中國的疆域、民族與認同》（北京：中華書局，2016）。該書搜集了在該刊發表的31篇出於不同學者之手的文章和訪談，視角多樣，內容豐富，頗能反映近年來知識界在此一主題上的興趣和認識。同樣值得參考的還有張志強主編，《重新講述蒙元史》（北京：三聯書店，2016）。關於後者，參見施展，《樞紐：3000年的中國》（桂林：廣西師範大學出版社，2018）。該書的主旨之一是提供一個統一的敘述框架，以便將中國歷史上不同地域、民族、文化納入到一個統一的歷史之中。儘管這幾本著作在內容、形式及風格等方面差異甚大，但最後都指向一個核心問題，那就是「何為中國？」應該說，這也是本文所討論的諸天下論說所涉及的核心問題。關於施展的著作，下文有更多介紹。

10　參見汪暉，《中國現代思想的興起》上卷第二部《帝國與國家》（北京：三聯書店，2004），第五章。

視野中並未受到同等重視。誠然，這也正是晚清以來天下觀念日漸式微、終至為民族國家觀念取代的根由。然而，近代中國知識與政治精英對天下主義的棄絕並不像表面看上去的那樣徹底。儘管在文化與政治、天下與國家之間，他們無一例外地選擇了後者，但在他們內心深處，古老的天下觀念與王道理想並未絕滅，它們不但作為某種思想上的習性存在，而且作為一種精神上的價值仍具感召力。畢竟，天下觀念乃是與其文化認同相關的歷史記憶的一部分，而且天下觀念所具有的那種超越性的道德理想，不只是強者包納四夷的文化意識形態，也是弱者對抗強權、增強本民族精神持守的思想文化資源。民國初年，中國知識界一度癡迷於互助主義尤其是世界主義，相信第一次世界大戰中協約國的勝利是「公理戰勝強權」、「大同主義戰勝種族偏見」。這種樂觀情緒所表露的，與其說是時人對於現實的冷靜判斷，不如說是其心底乃至無意識中對於天下大同的固執信念。儘管這種對公理勝於強權的信念在巴黎和會之後歸於破滅，國人對世界主義的熱情再度讓位於民族主義[11]，但是這種民族主義仍然是參雜了世界主義的，或是以世界主義為其更高目標的。比如，孫中山在強調民族主義對世界主義的優先性的同時，就主張民族主義是世界主義的基礎和前提。他說：「我們要將來治國平天下，便先要恢復民族主義和民族地位，用固有的和平道德作基礎，去統一世界，成一個大同之治，這便是我們四萬萬人的大責任。……這便是我們民

---

11 比如曾在一戰後期大力宣揚互助論和世界主義的蔡元培後來就承認：「中國受了世界主義的欺騙，所以把民族主義失掉。所以，我們不談世界主義，談民族主義；民族主義達到了，才好談世界主義。」蔡元培，〈三民主義與國語〉，轉引自熊鷹〈世界語文學中的民族問題〉，載《文藝研究》2016 年第 9 期。關於當時中國知識界在此問題上的幻滅與反省，亦可參見該文。

族主義的真精神」[12]。這裡，民族主義與世界主義之間的緊張轉化為一種歷史演進上的遞進關係，而這種朝向世界主義、大同之治演進的潛在可能，被認為恰好植根於中國固有文化的精神之中。這當然不是偶然的。

這種民族主義與世界主義的複雜關係，也表現在中國的共產主義實踐中。

構建民族、締造國家無疑是20世紀中國革命的中心議題，但是在共產主義革命的背景下，這項議題的展開呈現出一種複雜特性。蓋因共產主義也是一種世界主義，其著眼點不是民族、國家一類分立的共同體，而是全人類。在共產主義的視野裡，民族自決、國家獨立一類目標並非沒有價值，但是這類價值只是過渡性的、工具性的。實現全世界無產者的聯合，解放全人類，才是其終極目標。最後，也像天下觀念一樣，共產主義指向一個大同世界，這個世界太平和諧，乃是人類的最後歸宿。對中國的知識者來說，這樣的觀念不僅與其傳統的認知結構相契合，其中所包含的理想也同樣有吸引力。誠然，共產主義話語與中國古典思想的

---

12 孫中山，《三民主義》（北京：中國長安出版社，2011），頁67。孫中山的民族主義思想中包含了世界主義和國際主義的理念，這一點恰恰是中國式的，有著中國思想傳統上的深厚淵源。更重要的是，具有這種思想特質的並非只是孫中山一人，而是當時幾乎整個知識精英群體。針對一直以來視五四運動為「愛國主義運動」的教科書式解釋，許紀霖指出，這是一場具有「世界主義情懷」的愛國主義運動。五四知識分子所追求的，是超越了「愛國主義中之狹隘性」的「世界主義的國家」，而這種「世界主義對於中國知識分子來說，意味著世界大同的理想，與傳統儒家的天下觀有著一脈相承之處」。參見許紀霖，《家國天下：現代中國的個人、國家與世界認同》（上海：上海人民出版社，2017），頁425、435、436。最後，這種對世界主義的憧憬，也促成了中國知識分子對俄國革命和共產主義的接受。詳參該書第十四章。

表達方式初看全無關係，但是這種表面上的差異不應該掩蓋其內裡的某種同構性與親和性[13]。實際上，在馬克思主義中國化的過程中，這些淵源不同的思想資源結合互滲，達到水乳交融的程度。1935年冬，率領中央紅軍即將走完長征最後一段行程的中共領袖毛澤東登臨岷山峰頂，遠眺崑崙山脈，寫下一首氣勢磅礡的《念奴嬌‧崑崙》，中有豪語，欲「倚天抽寶劍」，將茫茫崑崙裁為三截，「一截遺歐，一截贈美，一截還東國。太平世界，環球同此涼熱。」[14]這首言志色彩濃郁的〈念奴嬌〉讓人想到《禮記‧禮

---

13 關於共產主義的世界主義性質，以及它在這一維度上與傳統天下觀念的親和性，已經有很多學者指出。趙汀陽把馬克思的共產主義社會概念視為突破西方狹隘思想的一個例外。參見趙汀陽，《天下體系：世界制度哲學導論》（北京：中國人民大學出版社，2011），頁30、32、66-67。施展強調，共產主義在中國的實踐是超越民族主義狹隘性，造就「普世民族主義」的仲介，而這種「在普世主義的視野當中走上了中國本位主義」的政治意識，「表達著中華帝國留存在中國人潛意識中的普遍主義衝動，同時又將其收斂在一種民族主義的載體上」。施展，《樞紐：3000年的中國》，頁496。李永晶把「『天下』這一普遍主義原理」的發展分為四個歷史時期，其中第三個時期便是「共產主義的普遍性與革命外交」。參見李永晶，〈從「天下」到「世界」：東亞儒學秩序原理的過去與未來〉，載許紀霖、劉擎主編，《知識分子論叢》第13輯《新天下主義》（上海：上海人民出版社，2015），頁33-35。

14 傳世的毛澤東詩詞雖不乏寫情狀物的篇章，但恰如論者指出，其詩詞絕非單純的山水詩與抒情詩，毋寧說，它們都是抒發其政治願望的言志詩，是與其政治意志與政治行為密切相關的記事詩。參見李建軍，〈毛澤東詩詞的誤評與重評〉，載《領導者》2013年（總第53期）。並非巧合的是，正是這段詞句，後來被一個「非常『政治性』的思想家（或大理論家），德國人卡爾‧施密特，及其中國的推介者，同樣是政治性的理論家劉小楓，引用和解讀。後者從中讀出了「本土性與普世性的牽纏」，一方面，「中國共產黨的理念本質上是『依託鄉土』的，其現代性的政治使命在於：守護中國本土的生活方式（Nomos）」；另一方面，「太平世界，環球同此涼熱」的世界想像「並非是通過馬克思主義接通的自由主義線索，倒有可能是通過中國傳統智慧接通

運》宣示的「大同」，想到古代領有天下的王者[15]。而在政權鼎革、天下歸一之後，當初詩人言志的豪言壯語即變身為領袖意志，成為分別內外、劃定疆界的國策。有歷史學家指出，中共建政後處理與鄰國關係尤其是領土劃界問題，其主導思想和原則，與其說是現代民族國家的主權原則，不如說是「中國歷史上傳統的『天朝』觀念與無產階級世界革命的理想」二者的融合[16]。這意味著，在國際共產主義運動的大背景下，中國政府處理與周邊國

　　的**某個古老的**中國思想線索」。劉小楓，《儒教與民族國家》（北京：華夏出版社，2007），頁197、217、219，粗黑體為原文所有。在該書另一處，劉小楓更斷言，馬克思主義與儒家思想具有實體意義上的「同質性」，那就是「對人世完美性的追求，其實質包括大同世界、人民民主、財富平等以及聖人正義論」。同前書，頁100。

15　數月之後，剛到達陝北的毛澤東又寫下一首詠雪的名篇〈沁園春·雪〉。其下闋云：「江山如此多嬌，引無數英雄競折腰。惜秦皇漢武，略輸文采；唐宗宋祖，稍遜風騷。一代天驕，成吉思汗，只識彎弓射大雕。俱往矣，數風流人物，還看今朝。」該詞發表於1945年國共和談之際，曾轟動一時，詞中「類似帝王口吻」（柳亞子語）或以歷史上逐鹿中原一類英雄自居（吳組緗語）曾引發許多批評議論。參見李建軍上引文。另李文引據其他史料指出，這首詞的寫作日期可能是1945年8月28日，而不是流行諸版本注明的1936年2月。錄此聊備一說。

16　沈志華，《最後的「天朝」：毛澤東、金日成與中朝關係（1945-1976）》（下冊）（香港：香港中文大學出版社，2017），頁378。該書對1940-1970年代的中朝關係做了詳實和深入的研究。該書「對毛澤東時代中朝關係歷史現象的描述和解釋」，據其作者自承，大體按照「並行不悖且具有內在邏輯關係的三條線索或基本思路展開的」，其中第一條就是「中國傳統的宗藩觀念與朝鮮提倡的『主體思想』及反『事大主義』之間的博弈」。作者還指出，同樣作為大國領袖，在處理外交事務中的領土、國民、經濟利益等問題時，毛澤東與史達林行為取向明顯不同，這種不同被歸結為前者的天下觀與後者的領袖觀之間的差異。參見該書（下冊）頁459。更詳細的敘述，參閱該書（下冊）第五章及最後的「結語」。

家以及「社會主義陣營兄弟國家」關係的行為邏輯，只有參照傳統的天下觀念才能夠得到更好的理解。

　　已故美國學人列文森曾說：「近代中國思想史的大部分時期，是一個使『天下』成為『國家』的過程。」[17]這種概括固然不錯，但所揭示的只是這一思想演變過程中較為顯明的一個方面。而上述種種所涉及的，則是此思想演變過程中較為隱晦的方面。顯明的方面更多代表了歷史上新的、革命的、變化的力量，隱晦的方面則更多與舊的、保守的、不變的要素相連。最終，這兩個方面共同作用，決定了一個時代思想的本色以及受此思想指導和影響的行為的邏輯。雖然，人們——尤其是身在其中者——常常對此隱晦部分缺乏認識，甚至完全沒有意識，而這部分是因為，中國近代史上的新思想新觀念新話語挾革命風潮而來，摧枯拉朽；受此衝擊，舊的思想觀念及話語盡失其正當性，全面退出整個社會的話語體系，即便其影響仍在，也曲折幽暗，隱而不彰。然而，1980年代以來，尤其是進入21世紀以後，隨著中國經濟與社會生活的巨大變遷，思想文化領域也發生了顯著變化。在此過程中，執政黨一改其激進的反傳統立場，對所謂傳統文化展現出越來越友善甚而尊崇的態度，從而極大地改變了上述情形。一時間，國學成為顯學，古代經典重新獲得人們的尊重，古代政治智慧的現代意義也得到廣泛承認。在這樣的背景下，天下觀念復從晦暗不明處現身，趨向前台，成為人們熱衷討論的對象。論者由不同立場出發，各取所需，圍繞天下觀念，或加申說，或予改造，藉以重述歷史、解釋現實、想像未來，競相賦予此一古代觀

17　列文森，《儒教中國及其現代命運》（鄭大華、任菁譯，北京：中國社會科學出版社，2000），頁87。較詳細的論述，參見該書頁82-92。

念以當代意義。

三

　　在當下眾多有關「天下」的論說當中，趙汀陽對他所謂「天下體系」所做的哲學闡發大概是迄今為止最引人注意的一種。2005年，趙汀陽將此前已經發表的兩篇討論天下體系的文章，連同一篇新撰寫的導論〈為什麼要討論中國的世界觀〉，合為一集，以《天下體系：世界制度哲學導論》（以下簡稱《天下體系》）為名出版。此書甫一出版，即在學界引起廣泛的關注和討論。2011年，趙汀陽再版其書，其中收入中外相關報導及評論15篇。又5年，他出版了《天下的當代性：世界秩序的實踐與想像》一書，對前書主題做了進一步闡發[18]。

　　在簡述趙著構想的天下體系之前，有必要了解趙汀陽重新思考天下觀念的雙重思想背景。此雙重思想背景的主題，用他自己的話說，一個是「重思中國」運動，一個是對全球化背景下「世界仍然是一個非世界」的觀察。

　　何謂「重思中國」運動？趙汀陽認為，1980年代以來中國在

18　參見趙汀陽，《天下體系：世界制度哲學導論》（南京：江蘇教育出版社，2005）；再版（北京：中國人民大學出版社，2011）；趙汀陽，《天下的當代性：世界秩序的實踐與想像》（北京：中信出版社，2015）。在這兩部直接以「天下體系」為論述對象的著作之外，作者的另一些著作如《壞世界研究》（北京：中國人民大學出版社，2009）和《兩面之詞》（北京：中信出版社，2014）也涉及這一論題。此外，作者就同一主題撰寫文章多篇，但其基本觀點並無改變。因此，本文下面的討論主要參考其2011年版的《天下體系》一書展開。

經濟上的成功，極大地改變了中國與世界的關係，相應地，中國
的文化和思想的世界意義也凸顯出來。中國既已站在世界舞台的
中央，就須要思考世界問題，承擔對世界的責任，給出關於世界
的思想。然而，人們這時卻發現，中國在知識和思想上並沒有為
此做好準備。儘管近百年來有關中國的論述不傻指數，但是這些
論述大多可以歸在「檢討中國」的名下。它們直指中國歷史、文
化和社會中的各種問題，攻之不遺餘力。此類批判雖非全然無
據，卻不能切實指出中國的希望所在，更看不到中國對世界可能
有的貢獻。更嚴重的是，純屬負面的批判以「釜底抽薪的方式打
擊了人們對國家、社會和文化的自信心」，從而助長了社會的集
體性墮落、腐敗和道德淪喪，是「對國家、社會和文化的集體性
不負責任」[19]。與此不同，「重思中國」是一種從正面反思中國的思
想運動，其歷史意義在於「試圖恢復中國自己的思想能力，讓中
國重新開始思想，重新建立自己的思想框架和基本觀念，重新創
造自己的世界觀、價值觀和方法論，重新思考自身與世界，也就
是去思考中國的前途、未來理念以及在世界中的作用和責任」[20]。
趙汀陽由中國古典思想範疇入手來建構中國的世界觀，就是為了
回應這一時代的要求。

　　然則，為什麼是天下觀念？趙汀陽認為，「重思中國」所涉
及的，「既是基本思想問題又是宏觀戰略問題。這決定了『中國
問題』首先是個哲學問題和政治學問題」[21]。顯然，中國古典思想
中，天下觀念最適合做這樣的觀察和分析。而同樣重要的是，天

---

19 《天下體系》，頁3-4。楷體為原文所有。

20 同上，頁5。

21 同上。

下就是世界。如果說，「重思中國的根本目的是重思世界」，就是讓「關於中國的思想發展成為關於世界的思想」[22]，從天下觀念入手就不失為一個最佳選擇。根據趙汀陽的觀察，中國古代的天下觀，至少在理論意義上，為當今世界提供了一個它所急需但又缺乏的完整的世界理念。那麼，當今世界的狀況是怎樣的呢？還是用他的話說，「世界仍然是一個非世界」，確切地說，全球化已經把整個世界連成一體，但是這個世界只是地理學意義上的整體，而不是政治學意義上的。它無法像國家那樣為人們提供歸屬感。結果是，「世界不屬於哪個國家，也還不屬於世界，更不屬於人民，而只是被爭奪被損害的生存空間」[23]。誠然，今天的世界上存在諸如聯合國這樣的國際組織和機構，但在趙汀陽看來，它們並不是真正意義上的世界制度，而不過是民族─國家間交往的附屬物。國際關係中的支配性原則不是世界主義的，而始終是民族主義的和國家主義的，這讓世界陷入混亂，讓全球化變成全球分化（global-breaking），至今「無法發展出一種普適的世界人民概念以及一個共用的世界社會」[24]。就是在這樣的背景下，作為應對之道，趙汀陽重新提出中國古典的天下理念。

　　根據趙汀陽的看法，中國傳統的天下理念至少包含三層意義，即地理的、心理的和倫理／政治的。其中，倫理／政治的天下「指向一種世界一家的理想或烏托邦」，其「突出意義在於它想像著並且試圖追求某種『世界制度』以及由世界制度所保證的

22　同上，頁11。

23　同上，頁74。

24　同上，頁78。趙汀陽把這一點歸因於西方思想中根深柢固的「分裂的政治」意識，後者則淵源於基督教思想文化。在這個問題上，甚至作為西方思想世界中一個異數的共產主義也不例外。參見前書，頁17、67。

『世界政府』」[25]。這種天下觀展示了一種真正的世界主義視野，它具有無遠弗屆的包容性，所謂「天下無外」。「『天下無外』原則先驗地（transcendentally）預設了世界是一個整體的政治概念，那麼，天下體系就只有內部性而沒有外部性，也就取消了外人和敵人的概念：無人被理解為不可接受的外人，沒有一個國家、民族或文化被識別為不可化解的敵人，任何尚未加入天下體系的國家和地區都被邀請加入天下的共在秩序」[26]。天下的這種整體性與開放性，至少在理論上，「排除了把世界作分裂性理解的異端模式和民族主義模式」[27]，從而令世界事務可以在世界的層面被對待和處理。同樣重要的是，天下是一個根本性的範疇，它優先於國家、民族一類共同體，「是思考各種問題的最後尺度」[28]。這就保證了各種超越民族、國家的世界性價值和利益能夠得到充分的尊重和關照。此外，根據趙汀陽的敘述，天下理念還有一層文化的意義。這層文化的意義是由諸如禮和仁以及家庭性原則體現的。「家庭性被假定能夠充分表現人性」，故成為「處理一切社會問題、國家問題乃至天下問題的普遍原則」[29]。「禮不往教」的原則不以己美加於人，體現了一種區別於主體性原則的「他者性原則」。由此定義的天下想像，「是一種能夠把文化衝突最小化的世界文化制度，而且這種文化制度又定義了一種以和為本的世界政治制度」[30]。

25　同上，頁28。

26　《天下的當代性》，導論「之一」。

27　《天下體系》，頁35。

28　同上，頁31。

29　同上，頁46。

30　同上，頁57。

總之，儘管中國的天下理念產生於三千年前，但它在知識論、方法論、價值論、世界觀等幾乎所有方面，都像是為人類解決今天的世界性危機準備的。趙汀陽最後總結說，今天的政治哲學亟需轉向，它

> 需要創造一種新的世界觀和一種新的政治分析框架，以便能夠按照世界本身的目的去理解世界，同時，按照世界的尺度去重新詮釋關於世界的各種問題。而這樣的政治原則正是中國天下理論所強調的根本原則，即天下是天下人的天下，天下的選擇必須是天下所有人的人性選擇，不可以是某種意識形態、宗教和文化或者某個國家和民族的選擇，不可以由國家、民族和特定文化來代替世界。或者說，世界必須由世界人民來定義，而不能由某些人民來定義。

換言之，「以天下理論為哲學核心的中國政治哲學無疑是關於世界制度最深厚的理論準備」[31]。

以當代關切重新闡發「天下」理念，《天下體系》並非始作俑者，然而其題旨宏大，篇幅簡約，觀點鮮明，言辭銳利，論證簡捷有力，頗具思想上的衝擊力。不僅如此，作者宣稱以世界觀世界，以無立場為立場，但其理論建構的出發點卻是中國古典的知識論、價值論、世界觀，其論證更是在一系列古代與現代、中國與西方、理想與現實的對立中展開[32]，以至其哲學的、概念的、

---

31 同上，頁107。

32 此類古／中、今／西二元對照之例書中俯拾皆是，如以天下／世界主義對民族／國家主義，家—國—天下對個人—共同體—國家，倫理對法律，王道對霸道，秩序對自由，民心對民主，和諧對分裂，他者性原則對主體性原則，

理想的和指向未來的論述，同時深具政治的、制度的、現實的和當下的意蘊。這或者是此書能夠激發諸多學科學者關注並保持其影響力的主要原因[33]。不過，正如一位域外評論者指出的那樣，《天下體系》的暢銷，「是因為它趕上了一波以中國方式解決世界問題的興趣浪潮，特別是對如何用傳統的天下概念將看似矛盾的民族主義和普世主義（cosmopolitanism）話語結合起來的興趣」[34]。事實上，很多評論者都注意到這一在思想、學術、藝術以及大眾文化諸領域均有表現的「興趣浪潮」，並把《天下體系》的出版及其反響置於一種更宏大的社會和文化背景下來理解[35]。這

關係理性對個人理性，孔子改進對帕累托改進，等等。由於這種對照同時具有「優劣」的含義，而受到一些評論者的批評。論者或批評其以古代理想與當代現實比較的方法未盡妥當（參見徐建新，〈最壞的國際關係與最好的天下理論？〉，載趙汀陽，《天下體系》）；或批評其立場有華夏中心主義之嫌（參見《探索與爭鳴》2016年第5期，劉擎等人關於「天下體系」的評論）。

33　儘管趙汀陽的《天下體系》既不是最早的、也不是唯一的討論「天下」的論著，但大概是迄今為止引發關注最多的一種。下面僅舉數例。2010年2月出版的《領導者》雜誌以專欄形式刊登了歐美學者對該書的評論文章，這些文章後來多收錄於該書2011年的新版中；2016年3月，《探索與爭鳴》雜誌藉趙汀陽新書《天下的當代性：世界秩序的實踐與想像》出版之機，組織了「天下秩序與人類命運共同體」高峰論壇，圍繞「天下體系與未來世界秩序」主題展開討論；2018年第1期的《文史哲》「人文前沿」欄目刊出包括趙汀陽本人文章在內的筆談：「『新天下主義』縱論」；同年6月，具有國際背景的博古瑞研究院中國中心召開題為「什麼是天下：東亞語境」工作坊，其中多篇會議論文涉及趙著，趙汀陽本人也參加了會議並第一個報告了論文。筆者感謝該工作坊的組織者安樂哲教授和宋冰女士惠允我參考並引用會議論文。

34　柯嵐安，〈中國視野下的世界秩序：天下、帝國和世界〉，載趙汀陽，《天下體系》，頁130。

35　有評論提到了張藝謀的電影《英雄》、2008年北京奧運會的口號「同一個世界，同一個夢想」、流行的「和諧社會」的說法，以及諸如《中國震撼》之

也是本文的視角和興趣所在。基於這樣的視角，本文所關注的，與其說是某一「天下」論述的內在理路或其設定議題的能力，不如說是諸天下論述之間的同異，以及令此類論述成為中心議題的時代動因。為此，我們先要對圍繞天下觀展開的其他論述稍加梳理。

作為一種曾經居於支配地位、後來又遭擯棄的古代觀念，天下概念重回話語中心有賴於傳統文化的復興，尤其是儒學的復興。因此，如果我們發現若干有關天下的論述直接與儒學的復興相關，那也是很自然的。實際上，從一種更根本的意義上說，最早提出並且設定這一議題的正是當代大陸儒學，其源頭可以追溯到蔣慶於1995年出版的《公羊學引論》[36]。

《公羊學引論》最初作為「國學叢書」的一種出版，但與一般所謂國學研究不同，是書並非公羊學之研究著作，而實為一部當代的公羊學論著。換言之，蔣慶之為作者，並非現代學科分類中的學者，如哲學或歷史學者，而是公羊學的當代傳人。其視公羊學，並非客觀外在的研究對象，而是具有生命信仰的歷史傳承。然而，與歷史上公羊家不同的是，蔣慶接續、標舉之公羊學，面對的是百年來新舊秩序更替過程中舊學在西學衝擊與壓迫下全面崩解、儒學主體性盡失、充其量只能退守於私人領域的大變局，故其重點在儒學的政治性、制度性與實踐性，期以展現傳統儒學的立法和建制功用。此即其所謂政治儒學。蔣慶的這一努力在揭示儒學政治傳統的現代意義的同時，開啟了當代大陸儒學

類的熱銷圖書。參見Banyan，〈天底無事可曰新〉，載趙汀陽，《天下體系》，頁127。

36 該書寫成於1992年，1995年由遼寧教育出版社出版，後於2014年在福建教育出版社修訂再版。

的兩大關注點，一是對清末公羊學及其代表人物康有為的再認識，一是對儒家王道理想及外王實踐的再評價。這兩大關注點都與傳統的天下觀念有關，因此皆有助於促成當下的天下論說[37]。

《公羊學引論》書成後5年，蔣慶寫成《政治儒學》一書。後書「依儒家今文經典的根本精神與政治智慧廣論當今中國面臨的學術問題、文化問題、政治問題與現實問題」[38]，實為前書所闡發的儒家義理在當代的應用。有意思的是，此書初擬作為「天下論叢」的一種印行，後者的宗旨則是要「透過討論文化問題探索解決『文明衝突』難題」。蔣慶在該書自序中寫道：

> 本書所依之理據源自《春秋》，《春秋》者，孔子治天下之萬世法也。孔子假魯國242年的歷史托為一部人類史把春秋各國的存在看做天下世界，以《春秋》書法條例表達了孔子

---

37 康有為依託於公羊學傳統，托古改制，發展出一套超越近代民族主義和國家主義的大同說，而儒家王道理想實際構成了天下主義的義理核心。過去數年，轉向政治儒學的大陸新儒學以「回到康有為」相號召，促成了康有為熱。不過，令大陸新儒家感興趣的，不是康有為的烏托邦構想，而是其「保國保種保教」思想。對康有為的再認識以及相關研究，參見曾亦，《共和與君主：康有為晚期政治思想研究》（上海：上海人民出版社，2010）；唐文明：《敷教在寬：康有為孔教思想申論》（北京：中國人民大學出版社，2012）。圍繞康有為的更多討論，參見《天府新論》2016年第6期所刊之「回到康有為」專題。此外，同一主題也被列為2016年的儒學年度熱點之一。相關文章，參見任重主編，《中國儒學年度熱點》（福州：福建教育出版社，2017）。關於王道與天下主義，參見干春松，《重回王道：儒家與世界秩序》（上海：華東師範大學出版社，2012）。

38 蔣慶，《政治儒學：當代儒學的轉向、特質與發展》（台北：養正堂文化，2003），頁38。該書在中國大陸有三聯書店版（2003）和福建教育出版社的增訂版（2014）。

治天下的王綱大法，故《春秋》一經最集中的體現了中國文
化處理「天下」問題的政治智慧與根本原則（「天下」問題
即今日所謂「文明衝突」問題與國際關係問題）。職是之故，
在今日之中國談「天下」問題而欲解決之，舍《春秋》之義
法與智慧無由也。「天下論叢」的編輯旨趣在希望廢棄國際
關係中弱肉強食的社會達爾文主義規則，此正孔子作《春秋》
「撥亂世而反之正」的根本原因也。故《春秋》所探明者，
以仁、義、禮、讓等社會道德法則治天下後世也，此即以孔
子之王綱大法取代國際交往中之社會達爾文主義規則也。[39]

這一主旨後來以一種儒家色彩略為淡化的方式，且輔之以經
濟學論證，由服膺儒家的經濟學家盛洪在「天下主義」的大標題
下加以發揮[40]。關於盛洪的天下主義論述，本文不擬詳述，這裡只
指出一點：若以之與趙汀陽提出的天下體系論相對照，則二者在
立場、方法、論證及風格上的差異顯而易見。雖然，這兩種天下
論說共用的關切與話語也十分明顯。比如它們都可以被視為對亨
廷頓文明衝突論的回應；它們都不滿意於現有的西方尤其是美國
主導的國際秩序，而視之為霸道；它們也都提到康德的永久和平
論，但都認為這種理論並不能切實有效地解決上述問題，而其局
限性源自於西方文化的固有品格和內在邏輯；基於同樣的觀察，

39　同上，頁39。不過，該擬議中的「天下論叢」並未出版。

40　參見蔣慶、盛洪，《以善致善：蔣慶與盛洪對話》（增訂本）（福州：福建教
育出版社，2014）；盛洪，《儒學的經濟學解釋》（北京：中國經濟出版社，
2016）。盛洪雖為經濟學家，卻也是天下主義最早的宣導者之一，而他注意
到儒學和天下主義思想，也跟閱讀蔣慶著作有關。關於這一點，參見他為上
引蔣慶的《政治儒學》及《以善致善》所做的序言。

它們對西方政制原理及某些基本價值均有質疑或保留。反之，它們都相信中國古典的天下觀念與王道理想具有思想上的超越性和制度上的優越性，能夠克服支配國際秩序的社會達爾文主義，為世界帶來真正的永久和平；它們也都非常看重傳統中國文化中作為基本價值載體的「家」，都透過對家庭原理的詮釋來闡發理想的社會關係；同樣，它們都推重傳統的仁、義、禮諸價值，認為它們構成了一種超越現有秩序理念的良好秩序的道德與制度基礎；最後，儘管這兩種天下論述都援用西學的論證方法，並有限地承認和吸納某些西方文化價值，其論說方式都隱含了中西文化上的二元性差異，而這種差異，至少在它們所關注的問題上，其高下優劣判然可分。

在一些歷史學家看來，上述天下論說，無論哲學的，公羊學的，還是經濟學的，都無視既有的史學研究，屬於「非歷史的歷史」[41]。這種批評妥當與否姑且不論，它至少提出了一個需要天下論者認真面對的問題。因為無論如何，對於當今的天下論說而言，「天下」的歷史維度不容忽視，其意義值得發掘。而在這方面，最具代表性的著作應推姚中秋於2012年出版的《華夏治理秩序史》。

《華夏治理秩序史》兩卷四冊，篇幅浩大。第一卷《天下》由傳說中的帝堯開始，追溯天下意識的形成。在姚中秋看來，「天下意識之覺醒與天下的構造，是華夏作為一個文明與命運共同體而進行治理的開端」[42]，藉著這一躍遷，天下才從地理意義上

41　葛兆光，〈對「天下」的想像：一個烏托邦想像背後的政治、思想與學術〉，載《思想》第29期（台北：聯經出版公司，2015），頁3。

42　姚中秋，《華夏治理秩序史》第一卷《天下》（上冊）（海口：海南出版社，2012），頁99。

的概念，變成治理意義上的概念，華夏文明也才從人類學意義上
的存在，成為文化─政治意義上的存在。毫無疑問，這是一項極
其宏大艱難的事業，成就這一事業，時日漫長。根據其敘述，天
下經由帝堯的「合和之道」、帝舜的「共治」實踐、皋陶的「規
則之道」、益、夔的夷夏之辨和樂治之道方始成形；又歷經禹夏
及商政的承續、反復乃至革命，最終經由文、武、周公的創造性
發展，終於呈現出其完備成熟的樣態。第二卷《封建》以周制為
中心，詳論「天下秩序」的制度安排與治理機制，如契約型的君
臣關係、共同體主義、共和之道、禮與禮治等等。值得注意的
是，是書對中國古典時代天下秩序的觀察和描述雖然主要基於儒
家經典及相關記述，但其中明顯可以見到奧地利學派社會理論和
英國憲政主義學理的背景[43]。這表明，姚中秋並沒有把他所探究的
「治理秩序之道」看成僅僅是華夏─中國的。實際上，是書開篇
宣明其宗旨，自承「這是一本求道之書」，而所求之道既然是
「大道，則必然是普遍的」[44]。不過，這種普遍性因為與天和天下的
觀念相聯繫，便有了一種特殊的表現和保證。因為，作為古人崇
拜對象的天以「絕對性和普遍性」為其顯著特徵[45]，天無所不至，
籠罩大地，照臨生民。天的這種普遍性賦予天下之人以普遍意

43　事實上，在轉向儒家思想之前，姚中秋的興趣主要在於研究和推介奧地利學
　　派尤其是哈耶克的思想，宣導「普通法憲政主義」。而在此之後，他則致力
　　於闡發和建構「儒家憲政主義」。《華夏治理秩序史》就是試圖以歷史方式呈
　　現儒家治理之道的憲政主義性格和樣貌的一種嘗試。關於「儒家憲政主義」
　　的更多闡釋，參見秋風，《儒家式現代秩序》，尤其卷下《制度》篇（桂林：
　　廣西師範大學出版社，2013）。

44　同上，頁3。

45　同上，頁156。

識，讓他們意識到人性的普遍性，從而得以超越種群、地域、風俗的個別性，發展出後人所謂天下主義。通過對最早產生於堯舜時代的夷夏之辨思想展開分析，姚中秋總結出天下主義的基本特徵。天下主義以普遍人性為其前提，而人性之所以是普遍的，就是因為人都生活在天之下。誠然，文明程度的不同客觀存在，地方差異也不易消除，但那都是相對的、可變的。重要的是，人有著共同的心性，都追求文明的生活，他們能夠彼此溝通，最終也可以通過互相學習和適應，生活在一個共同體中。「因此，優良的天下治理之道只有一個」，並無內外之分，「優良的治理秩序也必然是由內向外擴展，最終及於整個天下，覆蓋所有人」[46]。當然，這並不意味著文明的單一化，更不是類似歷史上的秦制所實現的那種粗暴一統。在其書第二卷，姚中秋通過對周代服制和禮、俗關係的研究，揭示了天下秩序的特性及內在機理：作為一種優良的治理體系，周禮能夠自我擴張。當然，這種擴張不是基於征服和強制，而是通過展示文德的魅力來達成。周人「並不強制改變各種族群的『俗』，但是，普遍的禮制規則及其所蘊含的價值，還是藉助其文明所具有的吸引力，逐漸由華夏中心向天下之四周，由社會上層向下層滲透」[47]。在此過程中，天下秩序在維持其凝聚力的同時也保持了多樣性。在姚中秋看來，「這就是人間治理的最高境界」[48]。

　　《華夏治理秩序史》百五十萬言，洋洋灑灑，出經入史，考辨制度，闡明原理，其中不乏對歷史文本的細緻解讀，以及基於

46　同上，頁254

47　姚中秋，《華夏治理秩序史》第一卷《天下》（下冊），頁617。

48　同上，頁622。

這種解讀對歷史過程的想像與重構。不過，在繼承了五四精神的講求科學的現代歷史學眼中，這樣的著述仍然可以被視為「非歷史的歷史」。在這個問題上，我們可以看到一種富有意義的重大分歧，這種分歧同時在古、今與中、西兩個維度上展開。

如前所述，姚中秋將其書視為一部探求華夏治理大道的「求道之書」，而非一部「科學、客觀的歷史著述」，從而一開始就把自己同「當下主流歷史著述」區別開來[49]。據其「作者告白」，他所採取的立場是古典史學的，其方法是「以經為史，以史明經」。所謂古典史學，用他的話說，實際是一種「治國之學」，是亞當·斯密所謂「立法者的科學」中的重要組成部分[50]。因為在古典史學的視野裡，史家的責任不簡單是記錄史實，為人們提供純粹的知識，而是「面向人和歷史的終極目的，對歷史中的人、事作出道德—歷史的判斷，從而能指明人之應然，敞開理解大道之門」[51]。這樣的史學深具道德和政治價值，本身就是一種「推動歷史趨向其目的的道德力量」[52]。姚著之所以採取古典史學立場，當然是因為在他看來，現代的、科學的歷史學不具有這樣的道德和政治價值，無法滿足當今中國人認識並接續其固有治理之道的迫切要求。除此之外，現代的、科學的歷史學之所以不可取，更是因為，這種現代知識形態在中國的建立與展開，同時也是一個「去中國化」的過程。這種去中國化不僅表現在價值上對中國傳統種種的否定與摒棄，也表現在認識上對中國歷史文化傳統以及體現於其中的「道」的系統扭曲與普遍無知，以至於「現代中國

49　姚中秋，《華夏治理秩序史》第一卷《天下》（上冊），頁18。

50　同上，頁22。

51　同上，頁21。

52　同上。

的歷史學實際上是反歷史之學」，而「這本來就是啟蒙知識分子分派給它的歷史使命」[53]。換言之，作為現代知識、話語、學科的一個重要組成部分，中國現代史學的建立是通過「以我批判前人」甚而「以他者批判自我」[54]完成的。

關於這一以自我否棄和主體性滅失為特徵的具有深厚時代背景的思想學術和文化變遷，蔣慶有更直接的論述。在〈論「以中國解釋中國」〉一文中蔣慶指出：「我們今天生活在一個西方學術話語稱霸世界的時代，我們每個人不管願意不願意，或許都成了按照西方學術價值來思考與講話的人。」[55]在這樣一個時代，「中國學術的基本義理被顛覆解構，解釋系統被驅逐取代，中國傳統的學術喪失了話語權力進而喪失了話語權利，中國的學人已經不能按照中國文化自身的義理系統來思考問題與言說問題，中國的學術領域已經成了西方學術的殖民地」[56]。因此，當務之急就是要改變這種局面，而對於蔣、姚輩新儒家來說，這就意味著回歸儒學自身的義理結構和解釋系統，「把思考事物的邏輯、理解世界的規則、評判歷史的標準、指導人生的價值以及研究學術的規範、評價學問的體系重新建立在儒學的義理結構與解釋系統上，用儒學的義理結構與解釋系統來理解並解釋中國與世界」[57]。一句話，

53　同上，頁12-13。這一判斷與前述「非歷史的歷史」之類的說法正相對應。它們所反映的不只是史學和學術立場的不同，甚至也是政治立場的不同。

54　同上，頁14。

55　蔣慶，《再論政治儒學》（上海：華東師範大學出版社，2011），頁262。同書有〈再論〈以中國解釋中國〉〉一文。這兩篇文章較為集中地表達了蔣慶對此問題的看法。

56　同上，頁263。

57　同上，頁278。

就是要「用中國解釋中國」。顯然，《公羊學引論》和《政治儒學》都是「用中國解釋中國」的嘗試，《華夏治理秩序史》也是。面對百年來中國思想界「去中國化」造成的局面，它們都力圖回到中國古典思想傳統，以「返本開新」的方式重建「中國性」[58]。

　　事實上，重新發現和建立「中國性」，幾乎是當下各種天下論說共同的思想背景，而直接點出「中國性」的也不限於姚著。在其闡發中國古典天下觀念的文化哲學著作中，陳贇也把「天下」視為古典中國性的核心觀念。按陳贇的理解，「天下」指向一種無遠弗屆的「境域」（horizon）總體，其中體現的政治意識完全不同於注重「空間」（space）的希臘／西方式「中心聚焦式的政治意識」。因為在中國古典視域中，政治的根本在「各正性命」，「物各付物」，也就是讓天下萬物各得其性。所謂「為政以德」，「就是讓不同的個人各得其性，只有當個人各自以其自身的方式獲得自身的本性時，人君才走在為政的道路上」[59]。這決定了古代政治的本質是引導性的（無為）。人君為治，其責任就在於保持天、地、人之間的貫通與通達，此之謂「道」，此之謂「公」。作為政治最高目標的「天下有道」，就是「天下人都有路可走」[60]；作為古代政治理想的「天下為公」，就是「藏天下於天

58　姚中秋，《華夏治理秩序史》第一卷《天下》（上冊），頁14。楷體係引者所用。他還認為，「當下中國正處於『中國性』復歸的時節」。同前。與此相呼應，一部針對當代中國傳統文化復興現象展開實證研究的著作就定名為「中國回歸」。參見康曉光，《中國回歸：當代中國大陸文化民族主義運動研究》（新加坡：世界科技出版公司，2008）。

59　陳贇，《天下或天地之間：中國思想的古典視域》（上海：上海書店出版社，2007），頁6。

60　同上，頁39。

下」：讓天下所有存在者各以符合其本性的方式成就自身[61]。對古
典思想中以「各正性命」為政治本質的強調，也凸顯了「地方」
的重要性。如果說，「本真的政治」意味著道路的敞開與通達，
那麼，作為「道路」所連接的存在者「居住」的「地方」，就是
這本真政治的另一個維度，它構成了政治生活的倫理基礎。政治
生活中「地方」的確立，彰顯了政治經驗的多樣性和政治參與的
多元路徑，進而也成就了自發性秩序的社會基礎[62]。然而，隨著中
國進入現代，古典政治得以展開的「天下」逐漸消隱，在民族國
家的政治架構中，具有多樣性的「地方」被齊一化，個人則被從
家族和地方性中抽取出來，成為法律上獨立、平等的個體。「這
種為了現代性『總體動員』的要求而徹底根除地方的現象，引發
了政治形式的深刻變化」[63]，並因此產生了現代的希臘式「政治」
（politics）與在它眼中是「非政治」的中國古典政治之間交織纏
繞的緊張關係。在陳贇看來，這種緊張就構成了「現代中國的個
人生存之根本性困境的一部分」[64]。

　　同是對天下觀念的哲學透視，也同樣是借助於中、西思想的
比較來展示「中國思想的古典視域」，但與前述趙汀陽的天下論

---

61 以通達性為公的中國公私觀及其與希臘公共性的比較，參見陳著，頁26-
　　38。陳著對中國古典天下觀念的闡釋就發端於莊子「藏天下於天下」的思
　　想，這讓讀者想到趙汀陽立足於老子的「以天下觀天下」對天下觀念的闡
　　發。

62 陳著對自發性秩序的討論，主要是圍繞作為政治正當性的天命論展開的，但
　　是這種自發性秩序只有在世界—地方的思想和實踐架構中才有可能。其關於
　　「地方」的論述，參見頁39-68；關於自發性秩序的討論，參見頁69-86。其
　　中關於禮俗的論述，也讓讀者想到姚著的相關論述。

63 同上，頁63。

64 同上，頁65。

說不同，陳著的關切集中在對現代中國所處境遇的認識上，更重要的是，他把天下思想理解為一種「以具體的生命為指向的文化政治原則」，而不是一種「建構國際關係秩序的模式」或者「政治外交原則」[65]。基於這樣的理解，所謂從天下到民族—國家的轉變，其實意味著個人生存形式的深刻改變，自此以後，「在個人的生命中，天下不再可能，世界不再可能」[66]。那種不受任何地域的、文化的和政治的束縛向著更高的人性開放、在天地之間成就自身的可能性，因此而被封閉。在陳著看來，人性和生命（而非制度、秩序和倫理）層面的這種改變，才是中國近百年來所遭遇的最深切的危機。而當下出現的基於文化的中國認同，其實

> 並沒有達到古典思想意義上的「中國性」。古典的「中國性」立足於地方，但通過地方的文化形式，卻達到了深刻的普遍性與開放性，向著其他的文化形式開放自身，不斷地立足於地方並同時突破地域性的限定，在不同地方的相互通達中開啟整個的天下，開通天地之間的那個維度。[67]

與之相對，民族國家認同所抵達的「中國」只是一個從世界中分離的地方，而不是整個的「天下」。換言之，「向著古典『中國性』的回歸的現代性姿態，在某種意義上又是在拒絕古典的『中國性』」[68]。

65　同上，頁104。
66　同上，頁106。
67　同上，頁108。
68　同上，頁109。在稍晚的一篇文章中，陳贇談及「中國現代革命話語」中兩種「關於中國道路的構想」，即「國民黨的新民本主義道路」和共產黨的

四

　　陳著由十年間先後寫成的若干文章組成，其中一篇是對汪暉關於中國現代性的論著即《現代中國思想的興起》的評述。狹義上，後者或非專門論述天下的論著，但它與諸天下論者身在同一思想和知識語境，有著同樣的思想關切，甚至共用某種知識譜系。更重要的是，這部歷十餘年而成的思想史巨著視野開闊，史料豐贍，理論深邃，其頗具反思性的討論或者揭明了後來某些天下論說中未曾言明的思想預設，或者在某些重要方面開啟了後來與天下論說相關的討論[69]，或者為某些更具現實關切的中國敘述提供了認識論和知識論的基礎[70]，因此同樣值得我們關注。

――――――――――

　　「延安道路」，從而將其關於天下的哲學思考延伸到制度、秩序和倫理的層面。他認為這兩種構想「都是在儒家思想這個背景視域中展開的」，都由古典的天下思想所規定。而「中國思想」要走向成熟，就須要「面向中國的自身經驗」。文章最後指出在民族―國家基礎上回歸天下、重建文明國家的三重路徑，即重建禮樂文明（國家途徑）、重構歷史觀（文化途徑）和重建文明個體（個人生命之根本）。詳參陳贇，〈天下思想與現代性的中國之路：中國問題・中國思想・中國道路論綱〉，載任重、劉明主編，《儒學復興：繼絕與再生》（北京：中國政法大學出版社，2012），頁62-74。這是一種具有整全性的「文明論」視角，更詳盡的論述，參見陳贇，《儒家思想與中國之道》第三卷《儒家思想、中國道路與文明復興》（杭州：浙江大學出版社，2016）。

69　該書意欲回答的問題「何為中國？」，也是諸天下論說的核心議題。此外，汪著闢專章討論康有為的思想，對其建構儒學普遍主義的努力展開研究，對於當下的「康有為熱」也有開風氣之先的作用。

70　汪著雖然是一部思想史論著，但是深具現實關切。黃宗智在他的一篇評論中指出：「換句話說，『帝國』中國並不那麼像帝國，而『民族國家』的中國也並不那麼像一個民族國家。這就是汪暉重新闡釋中國政體史的核心所在，也是他為當前和未來中國探尋一種替代性政治視野的概念空間的重要部分。」

　　汪著要探究的問題可以歸結為二，即第一，「中國（尤其是現代中國）的含義是什麼？現代的中國認同、地域觀念和主權意識是如何歷史地形成或建構的？」第二，「如何理解中國的現代？這種自我確認所導致的思想轉變究竟包含了哪些內容？」[71]顯然，這也是今天的天下論者面對的問題，後者關於天下的論述雖然各不相同，事實上都包含了對這些問題直接或間接的「回答」。

　　汪著關於現代中國的討論從各種流行的中國歷史敘述開始，根據汪著的分析，這些敘述可以被歸納為兩種不同的中國敘事，即作為帝國的中國敘事和作為民族—國家的中國敘事。儘管這兩種敘事有不同的表現形式，並衍生出複雜和微妙的樣式，卻都是以（傳統的專制的）帝國與（現代的民族的）國家的二元概念／認識結構為基礎的。然而，中國研究中這種占支配地位的帝國／國家二元論其實「植根於19-20世紀歐洲的知識傳統之中」[72]，是當時的「歐洲人為論證民族—國家及其主權形式的合法性而建構出來的」[73]。它不能說明我們恰切地認識中國社會的近代轉型，並令人信服地回答上述問題。人們早就注意到，與其他前現代帝國相比，中華帝國不但存續時間最長，它在保持其巨大規模及其穩定性方面的表現也無與倫比。不僅如此，近代以還，當各傳統帝國

　　黃宗智，〈中國的現代性：評汪暉《現代中國思想的興起》〉，載《讀書》2008年第8期。關於汪著的現實性格和內在關切，參見戴錦華等，〈超越「左」與「右」〉，載《天涯》2010年第5期。該文係2010年7月在北京召開的「別求新聲：汪暉的學術世界與當代中國思想之進路」學術座談會的摘要。

71　汪暉，《現代中國思想的興起》上卷第一部《理與物》，頁1。

72　同上，頁23。

73　同上，頁29。汪著對這一今人稱之為東方主義的歐洲思想譜系的追溯和梳理，詳參該書頁23-47。

早已在民族主義的浪潮中分崩離析之後，中國卻是世界上僅有的將前19世紀帝國的幅員、人口和政治文化保持在一個主權國家和民族範疇之內的社會[74]。這種現象用帝國／國家的二元論無法解釋。相反，要對這些現象做出有說服力的說明，須要深入中國社會內部，在動態的歷史過程中發現其演變的內在邏輯。循此，汪著指出，現代中國其實是帝國自我轉化的產物，作為一種政治共同體意識的民族認同其實就植根於帝國傳統內部，而不是一個純粹的現代現象[75]。換言之，在晚清以降的政治、文化和社會運動中，真正的新事物與其說是「民族主體」的產生，不如說是業已在舊制度內部形成的「民族主體」在一系列新的歷史條件下的「更新」[76]。汪著分別以中國歷史上王朝尤其是少數民族王朝的合法化方式以及中國現代方言運動與民族主義的關係為例，來說明歷史變遷中「中國」認同的形成。在前一個事例中，儒學正統理論為外來少數民族提供了一種跨越族群、語言和文化差異來建立「中國王朝」的正當性依據[77]，一種超越族群認同的中國認同框架。這是一種「承認各族群及其文化的獨特性」的「平等主義的中國認同」。儘管歷史上的王朝更迭經常伴以血腥暴力，但是這種中國認同還是「為民族和解、族群共存和消弭戰爭提供了一種理念」[78]。在後一個事例中，中國的方言運動不像在世界上其他地方那樣成為分離性的民族主義力量，而是中國認同內部的一種增

74　同上，頁21。

75　同上，參見頁74。

76　同上，頁78-79。

77　同上，頁83。

78　同上，頁87。更詳細的討論，參見汪暉，《現代中國思想的興起》上卷第二部《帝國與國家》，第五章。

加其豐富性的地方性表達。像前一個事例所表明的一樣，現代的
中國民族認同「並不能消解地方性、方言文化，以及族群的、地
方的或宗教的認同」[79]。

　　汪著的上述描述雖然針對的是「中國」，卻讓讀者自然地聯
想到天下論者所說的「天下」：一種將內與外相對化的開放的、
擴展的、包容的、內部多樣化的文明秩序。這同樣涉及對中國的
認識。「中國是一個帝國還是民族─國家或偽裝成民族─國家的
帝國？中國是一個政治性的概念還是一個文明或文化的概念？」[80]
汪著以質疑方式提出的這些問題，包含了慣常出現於各種中國／
天下論述中的一些基本概念，如帝國、文明和文化。康有為就把
「中國」理解為一種文明或文化的概念，在他眼中，「中國」既
「不是民族─國家，也不是帝國，而是一種文化的象徵和載體」[81]。
今天，這樣的「中國」被認為是「國家體與文明體重疊」的「國
家─文明統一體」，也就是「天下」[82]。對此種類型的「國家」，有
些人乾脆稱之為「文明國家」（civilization-state），或「裝作民族
國家的文明」（a civilization pretending to be a state）[83]。這些關於

---

79 同上，頁78。導論之外，更詳細的論述，參見該書附錄一：〈地方形式、方
　　言土語與抗日戰爭時期「民族形式」的論爭〉。

80 汪暉，《現代中國思想的興起》上卷第一部《理與物》，頁20。

81 參見汪暉，《現代中國思想的興起》上卷第二部《帝國與國家》，頁783-784。

82 吳稼祥，《公天下：多中心治理與雙主體法權》（桂林：廣西師範大學出版
　　社，2013），頁41。

83 Lucian W. Pye, *The Spirit of Chinese Politics*（Cambridge, Mass.: Harvard
　　University Press, 1992）, p. 235. 今天，美國學者白魯恂的這句名言，因為一
　　個英國人將之用於關於中國的預言而變得廣為人知。參見馬丁・雅克，《當
　　中國統治世界：中國的崛起和西方世界的衰落》（張莉譯，北京：中信出版
　　社，2010）。不過，儘管都以「文明國家」一詞來指稱現代中國，二者背後

中國的表述都是基於一種判斷，即現代中國並非普通的民族國家，但它們同時又或隱或顯地具有汪著所批評的帝國／國家的二元論色彩。有論者受此概念啟發，欲保留對中國特殊性的認識，同時克服其中包含的東方主義因素，發明了「文明型國家」（civilizational-state）一詞，以此來說明中國的崛起、中國模式、中國的未來以及中國的世界使命。

按「文明型國家」鼓吹者張維為的話說：「中國崛起是一個『文明型國家』的崛起。」所謂「文明型國家」，就是「一個數千年古老文明與現代國家形態幾乎完全重合的國家」，而中國是世界上唯一一個這樣的國家[84]。換言之，現代中國既不是傳統帝國在民族國家偽裝下的延伸，也不是一般理解的民族國家，而是二者的融合，「中國首先是一個現代國家，而中華文明的種種特質又使它與眾不同」[85]。具體言之，與現代民族國家相比，文明型國家不但具有「超大型的人口規模、超廣闊的疆域國土、超悠久的歷史傳統、超深厚的文化積澱」，而且有「獨特的語言、獨特的政治、獨特的社會、獨特的經濟」，且「其中每一點都包含了傳統『文明』和現代『國家』的融合」。具有如此「超強的歷史和文化底蘊」的「文明型國家」，「不會跟著別人亦步亦趨，不會照搬西方或者其他任何模式，它只會沿著自己特有的軌跡和邏輯繼續演

所抱持的想法卻相當不同，這種不同不只是個人觀點上的，還有著鮮明的時代烙印。

84　張維為，《中國超越：一個「文明型國家」的光榮與夢想》（上海：上海人民出版社，2014），頁252-253。

85　張維為，《中國震撼：一個「文明型國家」的崛起》（上海：上海人民出版社，2011），頁64。

變和發展」[86]。張著對「文明型國家」的描述，展現了我們業已熟悉的「天下」圖景：超大規模的政治體，協和萬邦的「百國之和」；也包含了天下論述中常見的中西古今的對比式：民本對民主，民心對民意，家國—天下對國家，王道對霸道，求同對趨異等等。關於張著立足於作為「文明型國家」之中國崛起及發展提出的主張，如解構西方話語，尤其是「西方不少人堅持的所謂『普世價值』」，建構強勢的中國話語等[87]，也是許多（當然不是全部，但同時也不限於）天下論者的訴求。

張著還認為，因為其超級特性，對「文明型國家」的治理必定與眾不同，由此形成了中國「獨特的政治文化觀」，後者即是中國政權最大的合法性來源。「這種歷史合法性的最大特點就是『選賢任能』的政治傳統和『民心向背』的治國理念」。這一傳統和理念體現了中華民族的政治智慧，不但是「中國在數千年歷史的絕大部分時間內都遠遠領先西方的關鍵所在」，「也是中國模式今天超越西方模式的核心競爭力之一。」[88]

張著提到的中國政治之獨特性的另一個表現，是它「具有巨大的包容性」。中國「歷史上有朝貢制度、藩屬制度、將軍都護

86　張維為，《中國超越》，頁253。張著對文明型國家的基本描述主要由馬丁·雅克的著作鋪衍而來，其最重要的改變則是把一種對中國的外部描述和分析，變成了一套內部的敘述和主張。

87　張維為，《中國超越》，頁131、148。張著認為，執政黨提出的「三個代表」和科學發展觀都是這個話語體系的重要組成部分，但只有這些話語還不夠。「我們還需要進行話語內容和形式的創新，構建包括**民間話語**、**學術話語**和**國際話語**在內的大話語體系，構建接地氣的、有學術含量的、能與國際社會進行溝通和對話的更大規模的話語體系」。同前，頁137，粗黑體係引者所用。另外，其《中國震撼》也有專章論話語建設。

88　張維為，《中國震撼》，頁73。

府制度、改土歸流制度、郡縣制」等，這些制度在「文明型國家」的架構中「可以相處得非常自然」。今天，中國實行「一國兩制」和民族區域自治制度，同樣體現了「制度的多樣性和包容性」。而這些，「在西方現代『民族國家』的理念下是難以想像的」。[89]

　　張著的論述風格介乎媒體與政論之間，論斷多而論證少。不過在這兩個問題上，有同時代學者試圖提出更具學理性的系統論證。政治學者貝淡寧關於賢能政治的專論，就嘗試對前一問題做出系統的思考和論證。貝著先以英文出版，旋即被譯為中文印行，並在英語尤其是漢語學界引起熱烈討論[90]。像在張維為那裡一

89　同上。

90　在《文史哲》和《中華讀書報》聯合舉辦評選出的「2016年度中國人文學術十大熱點」中，「貝淡寧《賢能政治》出版，政治治理的中國模式再引全球熱議」位列第七。評選公布的說明詞如下：「改革開放以迄21世紀初期，中國經歷了一個快速工業化、市場化和城市化的進程，經濟實力高速崛起，引發國際社會的強烈關注，人們懷著濃厚的興趣，試圖一探崛起背後的根由，中國特殊的政治治理模式因之成為全球矚目的焦點。與此同時，以『普選』為特徵的歐美政治近年來出現異動，民族主義與民粹主義大行其道，一人一票的西方民主模式的正當性遭遇空前挑戰。在此背景下，加拿大籍政治學者貝淡寧所著《賢能政治：為什麼尚賢制比選舉民主制更適合中國》英文版於2015年出版，中文版也於2016年推出。作者旗幟鮮明地指出，根據廣泛認同的善治標準，選舉民主不一定比現行的尚賢制的表現更好；由傳統政治文化而來的政治尚賢制比西方民主制更適合像中國這樣的大國，它能夠有效地規避民主選舉制的缺陷。此論一出，旋即在國內外引起關於『賢能政治』與民主政治孰優孰劣的激烈爭議，中國政治治理模式的前景也因此吸引了全球更多的注意力。由於『尚賢制』的理念前提根植於深厚的儒家文化土壤，隨著《賢能政治》的熱銷，儒家學說的政治思想遺產亦引起廣泛關注。」

　　值得注意的是，該「十大熱點」的另外兩項，學術「本土化」和自由主義遇阻，既可以被視為貝著引發熱議的背景，也與本文討論的主題密切相關。

樣，「選賢任能」的理念和實踐，在這裡是作為「中國模式」的一部分和民主的替代物提出來的[91]。貝著認為，「政治尚賢制的觀

其中，位列第一的「哲學社會科學工作座談會召開，『本土化』漸成人文研究之主流取向」項下說明指出：「近四十年來，中國以獨特的道路和方式實現了大國崛起，制度安排、社會結構、發展路徑等等在很大程度上溢出乃至顛覆了基於西方歷史經驗得出的諸多以往被認為具有『普適性』的社會科學結論。伴隨著這一歷史性的變化，一方面是西學範式和框架對於中國經驗與現實的解釋效能愈見式微，中國人文社會科學各領域漸次轉向尊重自身的事實和特點，從學理上發現並闡述『真實的中國』、鍛造尊重本土經驗的理論模型；而另一方面，中國也亟需在世界範圍內形成與其經濟實力和地位相匹配的思想、學術、文化上的話語權與軟實力。2016年5月17日，哲學社會科學工作座談會在北京召開，習近平在會上強調，哲學社會科學工作要著力構建中國特色哲學社會科學體系，提煉帶有中國標識的概念範疇，集中反映出意識形態對於學術本土化的期待和推動。學術本土化思潮因此席捲當下的整個人文社會科學領域。」

位列第六的另一「熱點」是「自由主義遭遇大面積質疑，學術氣候正在發生重大變遷」，其下說明詞指「20世紀80年代起，新自由主義開始成為西方國家的主流思潮。然而，近年來以自由主義理念為根基的社會治理實踐所映射出的制度失效與合法性受損，使得自由主義價值觀在世界範圍內遭受前所未有的信任危機。……這一動向映現到國內思想界和學術界，表現為自由主義思潮在社會科學各學科的支配性影響遭遇阻遏，作為社會科學基本預設的自由主義在中國的『學術殖民』現象受到越來越多的質疑和批評。而且，這種質疑和批評正在從社會科學領域向人文學術領域延展，顯示出當下學界正發生方向性轉折，人文社會科學諸多學科也因此面臨『預設調整』和『規範重建』的歷史性任務」。https://www.sohu.com/a/134142188_661185。

91 貝著的英文書名和中文書名略有不同。前者為《中國模式：政治尚賢制與民主的限度》（*The China Model: Political Meritocracy and the Limits of Democracy*），其以中國經驗質疑民主普世性的傾向甚為明顯。相比之下，該書中文書名《賢能政治：為什麼尚賢制比選舉民主制更適合中國》則轉而向內，重在說明「中國道路」的合理性與正當性。

念和實踐是中國政治文化的核心」[92]，而一種糅合了基層民主、中間試驗和高層尚賢的國家治理方式，構成了他認為的「中國模式」的特徵，也是這種模式的優長。同樣，貝著也提到國家規模問題，認為在選擇和評判制度時，「國家規模的大小是舉足輕重的考量」[93]。這是一種注重實效的立場，而這種立場被認為更符合東亞社會的文化。因此，就像張維為用良治／劣治的分類來替換流行的民主／專制範疇一樣，貝淡寧用「善治」的概念來對抗教條主義的民主論。最後，儘管貝著並不認為中國的政治尚賢制可以被簡單地推廣到世界其他地方，但他仍然認為，這種制度對西方的民主制度構成了實質性的挑戰，因此不排除有一天，政治尚賢制「會成為全球占支配地位的政治制度」[94]。

　　就在張維為發表《中國震撼》的前一年，法律學者強世功也將其關於中國香港問題的系列文章結集出版。儘管這本書的書名是《中國香港：政治與文化的視野》，作者要回答的問題卻是「『中國』究竟意味著什麼？」[95]的確，只看目錄中的關鍵術語如帝國、主權、王道與霸道、中國、革命、政治與法律，就不難想見作者的關切所在。那麼，何為中國？強著區分了指稱「國家」的兩個英文詞：country和state。前者「是與特定的土地聯繫在一起的政治組織，強調的是國民與所居住國家的自然領土之間的內在關係，並依賴人們對土地的自然情感將國民團結在一起」；後者

92　貝淡寧，《賢能政治：為什麼尚賢制比選舉民主制更適合中國》（吳萬偉譯，北京：中信出版社，2016），頁177。

93　同上，頁XIV。

94　同上，頁XXVII。

95　強世功，《中國香港：政治與文化的視野》（北京：三聯書店，2010），頁367。

「是依賴抽象的法律制度建構起來的政治組織，更強調『公民』與『國家政體』之間的內在關係，它依賴法律將公民團結在一起」[96]。「一國兩制」的英文翻譯，「國家」一詞採用的是country而非state。強著認為，這個選擇「精確地把握了『一國兩制』思想的精髓」[97]，因為，按照基於現代國家即state構造的政治哲學來衡量，「一國兩制」這樣的國家制度安排不合法理，實踐中也存在名實不符的種種問題[98]。然而，在強著看來，這恰恰表現出中國國家形態的特異性：中國「是一個歷史上形成的『文明國家』，而不是人為建構起來的『民族國家』」。而

> 香港回歸在政治哲學上的正當性恰恰不是現代國家理論中的社會契約思想，而是歷史傳統的正當性，……由此，「一國兩制」中的「國家」，不僅在制度建構上是反現代國家的，而且其政治哲學基礎也是反現代國家理論的，而這種富有想像力的政治建構和政治思想，恰恰來源於中國古典的政治傳統。[99]

---

96 同上，頁191。

97 同上，頁200。

98 參同上書，頁192-199。有國際法學者認為，近代主權概念並不能恰當地描述實際存在的國家關係，他們舉出的例證就包括重新對香港行使主權的中國。按照其看法，作為中國一部分的香港與中央政府之間關係的情況，接近於中國朝貢關係內部的權力架構。參見汪暉，《現代中國思想的興起》上卷第二部《帝國與國家》，頁697註178。另外，馬丁・雅克也以中共處理香港問題採用的「一國兩制」為例，來說明中國作為文明國家而非民族國家的性質。參見Martin Jacques, "Civilisation state versus nation-state." http://www.martinjacques.com/articles/civilization-state-versus-nation-state-2/。

99 同上引強世功書，頁200。

這個傳統就是天下的理念。

像我們在其他天下論者那裡看到的一樣，強著也是在比較西方法政思想的基礎上來刻畫「中國」特性的。比如，他認為中國的封建制與羅馬共和國和大英帝國都遵循差異原則，但二者精神迥異。西方的差異性是基於種族，中國的差異性是基於文明與教化；西方的差異性具有強烈的斷裂性和對立性，中國的差異性則是相對的、可以相互轉化的；解決西方式差異帶來的二元對立的緊張關係，是對「他者」的改造、同化或消滅，相反，儒家文化主張的「天下大同」是包含了差異性的「和而不同」，後者「更強調差序格局中『中心』與『邊緣』之間的互惠關係，以及『中心』對『邊緣』的道義責任」[100]。這也正是「一國兩制」的精神所在[101]。著眼於這種觀念的延續、歷史的傳承，強著強調，一國兩制既不是中共出於策略考慮的臨時舉措，也不是鄧小平本人的個人創造。作為一種制度安排，「一國兩制」的原則與精神與先前中央對台政策「葉九條」和更早的作為「中央治理西藏的基本法」的「十七條協議」可以說一脈相承，而在鄧小平主政之前，毛澤東早已通過對西藏問題的處理，奠定了一國兩制的思想基礎，而這樣的構想「其實都來源於中國歷代君主治理邊疆的政治技藝」[102]。進一步說，中共處理香港（當然也包括澳門、台灣以及早先的西藏）問題的做法，「展示了中國共產黨最深層的思考實

---

100 同上，頁223。

101 詳參上引書，頁215-236。在這部分，強著還提到作為天下構造核心的「家」的觀念，作為天下治理思想的禮治和德治，以及作為天下正當性來源的「人心」。

102 同上，頁161。其實這也是國民政府處理西藏問題的基本辦法。關於「一國兩制」歷史源流的詳細論述，參見強著第7章。

際上延續了儒家傳統的天下觀念。這種『天下』觀念超越了階級和民族，也超越了主權國家的概念」，而「只有理解中國共產黨理論與傳統儒家理論在最深層次上的一致性，才能理解中國革命的特殊性。」[103]這種從鄧小平到毛澤東到儒家傳統的一致性，被甘陽用儒家公羊學的術語概括為「通三統」[104]，而且，並非巧合地，強著與甘陽所著《通三統》被列入同一套叢書《「文化：中國與世界」新論》中出版，而叢書的主編就是甘陽本人。

　　在說明其編纂旨趣的「緣起」中，甘陽著重指出了以下幾點：第一，在中國與世界的關係中，「所謂『中國』，並不僅僅只是聯合國上百個國家中之一『國』，而首先是一大文明母體」[105]。第二，「真正的大國崛起，必然是一個文化大國的崛起；只有具備深厚文明潛力的國家才有作為大國崛起的資格和條件」[106]。自

---

103 同上，頁117。強著第5章詳細講述了毛澤東及其領導下的中國共產黨的天下胸懷和天下戰略思想。儘管與馬克思主義學說不符，而且除了最近幾十年，中共建黨和建國以來一直以反傳統為己任，強調中國共產黨對中國歷史傳統的繼承，卻是當下這一派論者的共識。有人認為：「中國執政黨本質上是中國歷史上統一的儒家執政集團傳統的延續，而不是代表不同利益群體進行互相競爭的西方政黨」。（張維為，《中國震撼》，頁72。）用另一個學者的話說，西方政黨是「代表黨」，中國共產黨是「領導黨」。領導黨的責任是「要告訴這個整體，中國從哪裡來，現在何處，未來到哪裡去」，然後「引領我們走」。曹錦清，〈百年復興：中國共產黨的時代敘事與歷史使命〉，載瑪雅編著，《道路自信：中國為什麼能》（精編本）（北京：中信出版社，2014）。這類觀點的更多表述，詳見下文。

104 詳參甘陽，《通三統》（北京：三聯書店，2014）。

105 同上，「緣起」，頁1。甘陽認為，20世紀中國的中心任務是建立近代「民族國家」，但21世紀的中心任務是超越民族國家的邏輯，而自覺地重新將中國建設成「文明國家」。參見甘陽，〈從「民族—國家」走向「文明—國家」〉，載《書城》2004年第2期。

106 同上，頁2。

然，中國具有這樣的資格和條件。遺憾的是，第三，中國文明所積累的「龐大的文化資本，尚未被現代中國人好好利用過，因為近百年來的中國人基本是用西方一時一地的理論和觀點去看世界，甚至想當然地以為西方的理論觀點都具有普遍性」[107]。由此形成的對西方的看法，以及據此又形成的對中國的看法，有許多都須要加以檢討。因此，第四，今人須要「重新認識中國，重新認識西方，重新認識古典，重新認識現代」[108]。最後，第五，通過這種努力，「中國思想學術文化」將走向成熟，其標誌就是「中國文明主體性之獨立立場的日漸成熟」[109]。

---

107 同上，頁3。

108 同上，頁4。

109 同上，頁6。據甘陽自陳，他借用中國古典思想傳統中的「通三統」概念，就是想要來「討論全球化時代中國文明主體性的一些問題」。見《通三統》，〈自序〉，頁1。這裡應該提到甘陽的同道與合作者劉小楓博士。儘管其本人沒有出現在本文正文引述的天下論者之列，但他的問題意識和思考卻是圍繞其中的核心問題展開的。不僅如此，作為一個多產的著作者和諸多學術專案的組織者，他也經常扮演引領學術思潮的角色。表面上看，他為之耗費大量精力的西方古典學研究距中國現實甚遠，但實際上卻深具現實意味。在為一本題為《從普遍歷史到歷史主義》的譯文集所寫的「編者的話」中，他表明了自己的編選旨趣：「在當今世界政治格局中，我國戰略位置不斷上升，如何從中國文明的立場和角度理解世界歷史，日漸成為迫切的理論問題。我們不僅需要認識現代世界形成的歷史，也得認識西方理解世界歷史的歷史」。見劉小楓編，《從普遍歷史到歷史主義》（譚立柱等譯，北京：華夏出版社，2017）。該書列入他所主編的「經典與解釋」叢書的子序列「世界史與古典傳統」叢書出版，而在為後者所寫的「出版說明」中，他更表明了這樣的關切：「中國在世界秩序中的政治地位和文明地位果真隨著中國的經濟崛起而飆升了嗎？」答案不言而喻。因此，中國知識界要做思想文化上的努力，而這種努力可以由「理解世界」開始：「盛世之下的國朝更應知曉世界事務，世界事務的要害不在於繁瑣的國際事務，而在於理解世界本身。」這也是譯事的意義：「立足華夏大地，譯介歐美世界有關世界史的書寫與再

　　顯然，在本文已經論及的思想語境中，甘陽的上述認識與判斷具有相當的代表性，甚至可以被視為某種共識性表達。儘管上面提到的諸多學者出於不同學科，其論述方式不同，思想資源不同，關注之問題不盡同，作為其出發點的立場也有差異，但他們大都以「中國崛起」為背景，強調中國作為所謂文明國家的獨特

書寫，絕不僅是單純了解各國風俗，而是了解現代世界的生成機理，更無疑是在華夏文明又起一程的新時代使用密藏那筆墨（mise en abyme）的筆法正視我們自身。**保國、保種、保教的歷史使命必須也只能在世界敘事中完成**」。（粗黑體係引者所用。）這裡，知識的旨趣完全是政治性的。實際上，劉小楓並不諱言其政治關切。在為他與甘陽共同主編的《政治哲學文庫》撰寫的「總序」中，兩位主編把政治哲學定義為「一種超學科的學問」，因為，「政治哲學是一個政治共同體之自我認識和自我反思的集中表達。此外，政治哲學的興起一般都與政治共同體出現重大意見爭論有關，這種爭論往往涉及政治共同體的基本信念、基本價值、基本生活方式，以及基本制度之依據，從而必然成為所有人文社會科學的共同關切。」（甘陽、劉小楓主編，《政治哲學文庫》，載劉小楓，《現代人及其敵人：公法學家施米特引論》，頁2。）這段話可以很好地用來說明甘、劉二人的學術旨趣。也不妨說，他們所關注、宣導和從事的學問，都可以歸在政治哲學的範疇之下。劉小楓在政治哲學方面的最新著作，是其透過英美學界施特勞斯學派和劍橋學派的論爭對美國政制優異性提出質疑的一本新書：《以美為鑑：注意美國立國原則的是非未定之爭》（北京：華夏出版社，2017）。這裡還可以順便指出，施米特和施特勞斯正是經由甘、劉二人的大力推介而為中國學界所熟悉，不過，就像這兩位學者本人，中國語境中的施米特和施特勞斯也頗具爭議。對強世功的施米特法律觀的批評，參見陳冠中，《中國天朝主義與香港》（香港：牛津大學出版社，2012），頁118-122。對所謂「中國施派」主張的分析和批評，見王煒，〈從布魯姆對羅爾斯的誤解看施特勞斯學派政治哲學及其中國變體〉，載《天府新論》2017年第6期。最後，我們可以趙汀陽的看法來結束這段介紹。趙汀陽以政治哲學為第一哲學，並認為「『中國問題』首先是個哲學問題和政治學問題」。（《天下體系》，頁5。）在這樣的意義上，本文所討論的問題，根本上也都是政治哲學問題。

性，都認為這種獨特性及其巨大價值沒有被正確地認識，因此都主張要重新認識中國，尋回中國性，確立中國文化的主體性，並以真正屬於中國的視角去認識世界。為此，他們都對百年來支配中國思想學術的西方普遍主義話語展開批判，指出基於西方經驗的政治、法律和社會理論的局限性，以及流行的普世價值論的虛假性[110]。承載了這些含義的天下論說因此具有鮮明的本土色彩和批判性，也因此激發起眾多批評和回應。

五

根據其所採取的形式，對前述天下論說的回應大體可以分為三類。第一類是對諸天下論說的直接批評；第二類是針對此類論說的替代性理論主張；第三類則是區別於前述諸說的另類天下敘述。其中，第一類回應又可以根據其所針對的具體議題，區分為個別性的批評和總括性的批評。趙汀陽提出「天下體系」後引出的諸多評論自然屬於前一類，貝淡寧的「賢能政治」論引發的熱評和強世功的香港論述引起的批評也屬於這一類[111]。在此之外，也有人針對已經成為熱議話題的「天下」概念進行反思，或者指

---

110 有一本書的書名把這種立場表露得淋漓盡致。參見曾亦、郭曉東編著，《何謂普世？誰之價值？當代儒家論普世價值》（增補本）（上海：華東師範大學出版社，2014）。關於這本意見表達多於學理闡發的書，下文還將多次提到。

111 對趙汀陽的「天下體系」、蔣慶的政治儒學以及貝淡寧的「賢能政治」等，各方評論甚多，不贅舉。對強世功香港論述的評論似不多見，筆者看到的只有陳冠中的評論文章，該文不但極具針對性，也因為出於一位香港文化人之手而更值得注意。詳下文。

出這一概念應用上的困境，或者嘗試提出有效利用這一概念的方
法[112]。不過，鑑於本文的目的不在於探求「天下」概念原理，而
在梳理「天下」話語脈絡，我們更注意的是對於天下論說的總括
性批評。

　　韓國學者白永瑞也許是最早就當下中國的天下論說展開綜合
分析的域外學者。在其2014年初以中文發表的文章中，他以「帝
國」（不同於「帝國主義」）概念為核心展開分析[113]，而把當下流
行的諸如朝貢體制說、文明國家說和天下論都視為帝國話語。在
白文的介紹中，除了天下論者慣常引述的白魯恂和馬丁‧雅克的
說法，我們還能看到若干韓、日學者的類似觀點，如柳鏞泰關於
中華民族論具有「內化了的帝國性結構」的說法，全寅甲所謂
「帝國性國民國家」，白井聰所謂「作為帝國的中國」等，這些說
法都被認為有助於認識現代中國。不過，白文注意到，晚近一些
中國知識分子開始引入文明國家這一概念時，他們是在「用『文

112　參見崇明，〈民族國家、天下與普遍主義〉；李永晶，〈從「天下」到「世
　　界」：東亞儒學秩序原理的過去與未來〉，均載許紀霖、劉擎主編，《新天下
　　主義》。

113　白永瑞對「帝國」的簡單定義是：「擁有廣闊的統治領域，同時常常表現出
　　對外膨脹傾向的廣域國家。因為統治領域寬廣，所以帝國具有統合多種異質
　　性（heterogeneity）的寬容（或包容）原理。簡言之，帝國性的特點是寬容
　　與膨脹。當然，構成帝國的各個要素之間不可能平等地結合，（帝國的）中
　　心會對其周邊進行支配，即形成一種「中心─周邊」關係，這種中心與周邊
　　的支配─被支配關係成為帝國的基本結構」。參見白永瑞，〈中華帝國論在
　　東亞的意義：探索批判性的中國研究〉，《開放時代》2014年第1期。本文引
　　自網路版，http://www.aisixiang.com/data/72241-6.html。在這個定義中，「寬
　　容與膨脹」被作為「帝國性」的特點加以強調，這似乎凸顯了「帝國」周邊
　　國家（通常是更小的政治體）的視角，在這樣的視角裡，它們代表了正面和
　　負面兩種價值。以下引文均出自該文。

明國家』來表達在現代化與去西方化（de-westernization）取得成功後的自信及對本國文明的肯定。其代表人物是甘陽」。而人們「無法不從他的主張中感受到中國民族主義的欲望」。在「文明國家」之外，「對擴散帝國話語起推波助瀾作用的，還有『天下』概念」。在這一部分，白文主要討論的是趙汀陽的《天下體系》，也順便提到本文下面將要論及的「新天下主義」說。它對以「天下」面目出現的這種帝國話語的質疑和擔憂似乎都集中於一點，即它忽略了周邊的聲音和主張，而無法達成它所聲稱的普遍性，或者更糟，變成一種新的霸權。此外，在白文看來，這種傾向於在西方民族國家概念之外解釋中國的帝國話語雖然強調歷史傳統的連續性，卻不一定符合歷史實際，蓋因其核心在於「重思中國，重構中國」（白文引趙汀陽語），就此而言，「帝國話語應該被稱為『作為計畫的帝國』（empire as a project）」。也因為如此，白文認為學界應當採取積極態度，介入這種話語，而其介入的方式，便是提供某種「周邊地區」即它所謂「核心現場」的視角。這些「核心現場」的例證，包括了台灣、沖繩和朝鮮半島。白文便是由此「核心現場」發出的聲音[114]。

　　另一個由「核心現場」（強著所謂「邊緣」）發聲的是香港資深文化人陳冠中。他在強世功的《中國香港》一書面世後即發表長文《中國天朝主義與香港》，對強世功的香港論述展開批判。在對強文展開正面討論之前，陳冠中先對「現下某一種政治意識

---

114 白永瑞最後寫道：「面對中國崛起這一全球性難題，帝國話語中包含著一種期待，那就是『作為帝國的中國』不僅成為有利於中國人的帝國，同時成為有利於世界所有人的『好帝國』。但是為了使這個『自我實現的預言（self-fulfilling prophecy）』真正得到實現，光靠理解中國『帝國性』的歷史與現狀是不夠的。」

形態」加以概述。這種政治意識形態，據他看來，主要包括以下
內容：「一、中國不是現代（西方）意義的民族國家或帝國；
二、當代中國黨國體制是……『傳統中國政治遺產』的繼承者；
三、大清帝國是傳統中國天朝式政治視野的極致表現，也是今後
中國政治想像的模版」，他把這樣一套話語稱為「中國天朝主
義」[115]。他認為，較之「中國模式」、「北京共識」一類說法，「天
朝主義」一詞在描述中國現狀、尤其是經濟制度諸方面或有不
足，但是作為政治上「規範性、建構性的引導意識形態」，它卻
有著「更強的傳統文化內涵，地緣政治衝擊，及『大歷史』或
『長歷史』意義的企圖心」，而且，因為其中多了對既有體制「歷
史主義的解讀及國體演變的訴求，增添了中國往後政經體制變形
的不可測性」[116]。從「周邊」的立場出發，陳冠中針對強世功的中
國論述和香港論述著重指出兩點。第一，一個中央集權、自稱繼
承帝國的傳統政治理想、以超越現代主權觀念的文明國家自居的
「天朝」，難免令其周邊小國尤其是那些獲得獨立時間不長的民族
國家疑慮和擔心，而這是否真的符合當前中國的國家利益是一個
問題[117]。第二，具體到香港，儘管「天朝主義在取向上是維護
『多元一體』的一國多制格局的」，但是它傾向於把對香港的統治
視為「中央審時度勢、因地制宜的統治術」，而不是以「地方人
民的自治權利」來看待一國兩制，這使得特區自治的憲法地位受

115　陳冠中，《中國天朝主義與香港》，頁88-89。

116　同上，頁89。

117　參見上引書，頁110-113。此中涉及的「主權」問題是所有天下論者，無論
其立場如何，都必須面對的。由於強調維護國家主權是中國外交政策的一貫
主張，強世功的超主權說主張難免陷於尷尬。更多的分析，參見上引書，頁
104-116。

到貶抑，增加了中央與地方之間的猜疑[118]。另一方面，「天朝主義的論述架構還傾向於將特區『去政治化』，視特區為實現中央統治術的被動對象」，這種思路「比較不能處理特區早已形成的主體性」，不但與特區現實有著認知上的落差，削弱了其對香港現狀的解釋力或開拓力，「甚至可以造成治理策略的誤判」[119]。

　　也是在這一時期，與白、陳二人的批評相呼應，歷史學者葛兆光發表長文〈對「天下」的想像：一個烏托邦想像背後的政治、思想和學術〉，對諸天下論說進行了系統梳理和批判。該文搜羅文獻詳贍，對天下論說之主要人物、觀點及議題皆有論列，可知其非一時興發之作，而是作者對該現象持續關注和思考的結果。葛文的討論從歷史開始，這倒不完全是因為他本人的歷史學家身分，而更多是因為在他看來，眾多天下論者的「天下」論述，太無視既有的歷史研究，不過是「非歷史的歷史」，或「反歷史的歷史想像，充其量只是表現一種浪漫情懷和崇高理想」[120]，難免一廂情願之譏。同樣可以被視為歷史議題的還有近年來伴隨天下論說迅速升溫的康有為熱，以及對康有為所承接的公羊學傳統的再認識。因為這一脈思想「最能刺激現代『天下』想像」[121]，乃是後者重要的思想淵源，葛文專門拿出兩節篇幅對之詳加辨析。在葛文看來，一些當代學者（主要是蔣慶、汪暉和後來主張「回到康有為」的一眾學者）對公羊學尤其是清中葉至晚清公羊

118　陳冠中對強文國家論述的超法律性質的分析，參見上引書，頁116-122。

119　同上，頁126-127。

120　葛兆光，〈對「天下」的想像：一個烏托邦想像背後的政治、思想和學術〉，頁9。儘管葛文是在台灣的思想學術刊物上發表，其在大陸學界的傳播卻並未受到影響。

121　同上，頁33。

學諸家的解說太過現代，脫離了歷史語境，大有郢書燕說之嫌，「傳統儒家文獻中有關『天下』的一些理想型論述」，就是這樣「一步一步被詮釋為現代版的『天下主義』」[122]。

　　在學術之外，葛文還討論了天下論說興起的政治和思想背景。葛文注意到，「天下主義」最初大抵是作為相對於「民族主義」而與「世界主義」同義的理念提出來的，但是很快就轉化為「偽裝成世界主義的民族主義」。其原因，簡單說就是「所謂『中國崛起』引起的興奮與刺激」，同樣重要的，還有「這十幾年間中國大陸主流政治意識形態的變遷[123]，……中國逐漸放棄了改革開放初期『韜光養晦』或『不爭論』的策略，開始追求作為『世界大國』的所謂『中國夢』」[124]。在這樣的背景下，一些源自西方的批判理論，如薩伊德的東方主義理論和哈特與尼格瑞的帝國論，在中國廣為流行，「啟動了潛藏在中國知識界心底很久的民族主義或國家主義」[125]，以及「中國清算『百年恥辱』的情感、批判『現代性』的思潮和重建『天下』體系的雄心」[126]。於是，借助於「帝國」、「天下」、「文明國家」這樣一些沒有明確界定甚至似是而非的概念，眾多天下論者「把歷史上的中國特殊化，一方面試圖把古代中國的朝貢體系打扮得很文明，一方面讓現代中國免於接受現代制度之約束」[127]。作為一個歷史學者，葛兆光表示他「實在不能贊同這種一步一步旁行斜出的過度詮釋，也不能贊同

122　同上，頁32。
123　同上，頁19-20。
124　同上，頁23。
125　同上，頁25。
126　同上，頁26。
127　同上，頁28。

這種將概念抽離歷史語境的想像」[128]，而他最擔心的是，「古代中國『天下』秩序中原本就隱含的華夷之分、內外之別、尊卑之異等因素，以及通過血與火達成『天下歸王』的策略，是否會在『清洗百年恥辱』的情感和『弘揚中華文明』的名義下，把『天下主義』偽裝成世界主義旗號下的民族主義，在中國崛起的背景下做一個『當中國統治世界』的『大夢』？」[129]葛文自承沒有能力對「天下主義」做善惡是非的判斷，卻表達了對於「天下」觀念優異性的強烈質疑。他最後問道：憑什麼古代中國儒家提供的方案是「王道」，而現代西方思想提供的卻是「霸道」？「這使我們不得不一再地回到問題的起點：誰是世界制度的制定者？誰來判斷這個制度的合理性？」[130]

其實，歷史學家對於自己的設問並非沒有答案。在兩年後一篇針對「大陸新儒學的政治訴求」的文章中，葛兆光將前文中未曾明言的政治立場明確化了。在這篇更富挑戰色彩的文章中，本文前面提到的「當代儒家論普世價值」的討論集，因為多「率性之言」、「激切之論」[131]，而成為其痛批的對象。作者對大陸新儒家標舉政治儒學，「要從文化建設轉到政治參與」「感到愕然」，更對其「驚世駭俗的政治設想」「感到驚詫」[132]。在作者看來，在中

128　同上，頁53。

129　同上，頁54。

130　同上，頁55-56。

131　在該書的出版發布會上，編者之一的曾亦自承書中「有種種過激的言論」，出席發布會的一位嘉賓則說書中多「率性之言」。參見曾亦、郭曉東編著，《何謂普世？誰之價值？》，頁202-203。

132　葛兆光，〈異想天開：近年來大陸新儒學的政治訴求〉，載《思想》第33期（台北：聯經出版公司，2017），頁243。

國思想和自由、民主、人權這類「現代西方的普世價值」[133]之間
劃清界線，表明大陸新儒學已經走上了一條「極端主義道路」[134]。
針對論者藉由「回到康有為」提出的「如何維護這個延續自大清
帝國的多民族國家」的問題，作者回答說：「如果不是在公平、
自由和民主的基礎上，推動制度的認同，並兌現每個人的『國
民』身分，給每個國民提供安全、幸福和自尊，從而使之自覺接
受國民身分，認同這個國家，還能有什麼其他途徑呢？」[135]

六

　　毫無疑問，天下論說的出現和流行，表明了中國學術思想界
在內外刺激之下的一種衝動，反過來，這種衝動對中國學術思想
界本身也構成一種足夠強的刺激，對於這樣的刺激，即使是像葛
文這樣針鋒相對的批評顯然也是不夠的。它需要替代性的理論來
平衡。事實上，我們也確實看到了這樣一些理論主張，然而，耐
人尋味的是，這種具有與前述諸天下論說抗衡意味的主張，最廣
為人知的一種，其名稱就叫做「新天下主義」。

　　之前著有《當代中國的啟蒙與反啟蒙》[136]、對中國當代思想學

---

133 同上，頁245、250。

134 同上，頁254。

135 同上，頁261-262。

136 許紀霖，《中國當代的啟蒙與反啟蒙》（北京：社會科學文獻出版社，
　　2011）。就其內容而言，該書完全應該被列入這裡所說的對諸天下論說的批
　　判性回應，但是耐人尋味的是，這種回應最後被整合進所謂「新天下主義」
　　的主張之中。這種姿態又引起了像葛兆光這樣的天下論批判者的不滿。後者
　　的批評，參見葛兆光，〈對「天下」的想像：一個烏托邦想像背後的政治、
　　思想和學術〉，頁23。

術動向具有敏銳觀察力的許紀霖教授，顯然從一開始就關注後來變得炙手可熱的「天下」議題。2015年，許紀霖在他主編的題為「新天下主義」的《知識分子論叢》第13輯，組織了一個「新天下主義在當代世界」專號[137]，其中，他本人的文章〈新天下主義與中國的內外秩序〉列於篇首[138]。而在此之前和之後，他已經發表了一系列圍繞中國近代轉型、國族建構與自我認同的文章[139]。這些文章後來被整理、統合為一本新書，其書名為《家國天下：現代中國的個人、國家與世界認同》。

---

137 之前出版的同樣由其主編的《知識分子論叢》第10輯和第11輯，主題分別是《何種文明？中國崛起的再思考》和《多維視野中的個人、國家與天下認同》。顯然，它們關注的是同一問題。

138 該專輯的其他文章中，這裡要特別提到的是另一位主編劉擎的文章，〈尋求共建的普遍性：從天下理想到新世界主義〉（許紀霖、劉擎主編，《知識分子論叢》第13輯《新天下主義》）。劉文並不否認諸天下論者賦予傳統「天下」觀念的某些優異性質，如開放與包容，但更強調舊天下觀的現代轉化，即在他所謂的「文化遭遇」中尋求一個「共建的世界」。按照這種觀點，文化主體性並不是一個固定的概念，而是一個內、外界線被不斷破除的、變化的、生成的概念。這種「新世界主義」主張的針對性顯而易見。順便說一句，該文還以〈重建我們的全球想像：遭遇論視野下的新世界主義〉為題，收錄在一個由東亞知識分子群體共同討論和編輯的文集中。參見鈴木將久主編，《當中國深入世界：東亞視角下的「中國崛起」》（香港：亞際書院有限公司，2016）。

139 參見「愛思想」網的許紀霖專欄，其中與本文主題密切相關的文章包括：〈新天下主義：重建中國的內外秩序〉、〈現代中國的家國天下與自我認同〉、〈兩種啟蒙的困境：文明自覺還是文化自覺？〉、〈天下主義、夷夏之辨及其在近代的變異〉、〈多元文明時代的中國使命〉、〈中國如何以文明大國出現於世界？〉、〈共和愛國主義與文化民族主義〉、〈從尋求富強到文明自覺：清末民初強國夢的歷史嬗變〉、〈中國憑什麼統治世界？〉、〈普世文明，還是中國價值？〉等。

　　像趙汀陽一樣，許紀霖對「天下」問題的思考始於對現實世界的不滿，而且這種不滿也與這個時代的民族國家意識有關。不同的是，前者的不滿針對的是民族國家時代世界的無序狀態，後者的不滿卻首先指向中國，指向中國崛起過程中所面臨的日益嚴峻的內、外緊張局勢[140]。許紀霖相信，造成這種緊張局勢的根本原因，便是19世紀末由西方傳入中國而如今已成為全社會「宰制性思維」的「民族國家至上意識」[141]。而有效的對治之道，在他看來，就在於建立一種與民族國家意識對沖的思維，這種思維便是他所謂的「新天下主義」。

　　正如其名稱所示，「新天下主義」源自中國古代傳統，即今人稱之為天下主義的文明傳統。這種文明傳統的要義在於，「天下的價值是普世的、人類主義的，而不是特殊的，不是某個具體的民族或國家的」[142]。儘管古人也講「夷夏之辨」，但古之夷夏「不是固化的種族概念，而是一個相對的、可打通、可轉化的文化概念」[143]，具有這種普世胸懷的天下主義，「只關心其價值之好壞，不問種族意義上的『我的』、『你的』，只要是『好的』，通通拿來將你我打通，融為一體，化為『我們的』文明」[144]。遺憾的是，自近代中國由歐洲引入民族主義以後，其天下主義的文明氣

---

140 自然，兩位學者之間的不同不止於此，毋寧說，這兩種天下論述所由出發的基本立場相當不同，其敘述風格上的差異更大。但是另一方面，他們在關於中國文明與國家特徵方面也分享某些基本的判斷。

141 許紀霖，〈新天下主義與中國的內外秩序〉，載許紀霖、劉擎主編，《知識分子論叢》第13輯《新天下主義》，頁3。

142 同上，頁4。

143 同上，頁4-5。

144 同上，頁5。

象消失殆盡。許紀霖也引了白魯恂關於中國是一個偽裝成民族國家的文明的名言，但指出一種實際上相反的情況，即今日之中國實際上成了一個偽裝成文明國家的民族國家，「因為它是以民族國家的方式治理著一個龐大的國家，而且以民族國家至上的思維處理國家事務和調整利益衝突」[145]。如前所述，這正是許紀霖所指認的問題的癥結所在。因此，今天中國要做的，就不只是實現民族與國家的復興，而且要完成「民族精神的世界轉向」，進而言之，「中國所要重建的不是適合於一國一族的特殊文化，而是對人類具有普遍價值的文明」，這種具有普遍價值的文明，「就是以普世價值形態出現的『新天下主義』」[146]。

關於「新天下主義」之新，許紀霖強調有兩點：一是去中心和去等級化；二是創造一個新的普遍性的天下。前一點的提出自然是針對傳統天下主義以華夏為中心的等級性、差序性的「權力／文明秩序」，其方法便是要加入「民族國家主權平等的原則」，對內實現漢族與其他少數民族之間法律上的平等，對外尊重他國主權，與之和平共處。此之謂「承認的政治」。後一點的提出則是針對「民族國家利益至上的狹隘立場」，就是要用普世主義去

---

145 同上，頁17。在另一篇文章裡，這段話的表述是：「白魯恂說中國是一個用民族國家偽裝的文明國家，按照中國的本性來說，這話不錯。然而偽裝得時間長了，假作真來真亦假，今日的中國真的忘記了自己的文明本性。文明國家考慮的是天下，而民族國家想的只是主權；文明國家追求的是普世之理，而民族國家在意的只是一己之勢。自晚清之後，中國被西方列強的勢力打怕了，越來越重視勢，而不在乎理，以理化勢、勢就是理，在中國似乎成為不可逆轉的趨勢。」許紀霖，〈中國如何以文明大國出現於世界？〉，載《文化縱橫》2013年6月號。本文引自網路版，http://www.aisixiang.com/data/64681.html。

146 許紀霖，〈新天下主義與中國的內外秩序〉，頁6。

平衡特殊主義，用普世文明原則去限制國家主權。此之謂「共用的普遍性」。這樣的「新天下主義，是傳統天下主義與民族國家的雙重超克」[147]。

以主權平等原則取代等級性、差序性的「權力／文明秩序」，這種主張至少在國家間關係方面不難理解，但是基於「共用的普遍性」的「新天下主義」究竟何指？許紀霖解釋說，以往的天下的普遍性，都是由某個核心民族為中心，經由其精神的世界化轉向而成，而新天下主義所屬意的新的普世文明，「不是從某個特殊的文明變異而來，而是各種不同文明所共同分享的普世文明」[148]。它是以「各種文明與文化的『重疊共識』為其特徵」，體現了儒家「和而不同」的理想[149]。許紀霖又引用台灣學者錢永祥關於三種不同的普遍性的區分，指任何以一個國家或民族或文明為中心的普遍性均屬於「否定他者的普遍性」；而以「價值中立」相標榜的自由主義所主張的「普世價值」，因為「無視各種文明與文化的內在差異」，則屬於「超越的普遍性」；至於新天下主義的「共用的普遍性」，它「既不追求某個特殊文明的支配地位，也不輕視各大文明的特殊趨向，而是在各大文明之間尋求對話，通過平等的互動獲得共用的普遍」，即類似「承認他者的普遍性」[150]。說到這裡，人們或許想要知道，這種「天下人所共用的

---

147 同上，頁7-8。

148 同上，頁9。

149 同上，頁10。「重疊共識」的說法自然來自於羅爾斯，許紀霖對這一原則的發揮，見頁11。劉擎的新世界主義則主張超越「重疊共識」。參見劉擎，前引〈尋求共建的普遍性：從天下理想到新世界主義〉，頁61。

150 同上，頁10-11。許紀霖在這裡似乎暗示了一種超越自由主義的立場，但無論其思想資源，還是其更實質性的表述（詳下），都表明他的立場仍然是自

普遍性」，這種「不同文明與文化之間所獲得的『重疊共識』」[151]，究竟存在於何處？其具體的表現形式是什麼？對此，許紀霖也有初步的答案。在稍早的另一篇文章裡，許紀霖提到「超越於各軸心文明之上」的「近代啟蒙的普世文明和普遍人權」，認為這便是造就各文明間和諧的基礎。更確切地說，它們就是「聯合國各種宣言、決議所確定的自由、民主、法治、人權、公平正義等普世的文明價值觀」[152]。

關於新天下主義在中國內外秩序中的應用，本文不擬詳述，只引許文最後一段，以見其願景：

> 傳統帝國與追求同質化、一體化的現代民族國家不同，其內部存在著多元的宗教和治理體制，而其外部秩序則是以朝貢體系為中心的互惠、分享的國際貿易、政治與倫理複合型網路。這一傳統帝國的天下主義智慧，給今天的啟示在於：過於單一和齊整化的民族國家思維對內無法化解邊疆與民族問題，對外無助於緩和與周邊國家的主權爭端。在民族國家同一性思維之外，應該補充帝國富有彈性的多樣性和多重體制予以平衡。具體而言，在核心區域，要施行「一個制度，不同模式」；在邊疆區域，要實現「一個國家，不同文化」；

由主義的。也正是這一點，構成了「新天下主義」與前述其他天下論述的基本差異。

151 同上，頁10。

152 許紀霖，〈中國如何以文明大國出現於世界？〉。許紀霖重視文明與富強的區分，並強調前者對後者的優先性。至於文明的內涵，按照他的解釋，則是「自由、民主、平等、公正」這些「現代文明的普世價值」。許紀霖，《家國天下》，頁220。

在港澳台地區，要試驗「一個文明，不同制度」；在東亞社
會，要承認「一個地區，不同利益」；在國際社會，要適應
「一個世界，不同文明」。如此乃能建立新天下主義的內部秩
序與外部秩序，創造中華內部各民族、東亞社會各國家的並
存共贏局面，並且為未來的國際秩序創造一個新的普遍性。[153]

　　需要指出的是，儘管表面上許文並未針對其他天下論者的觀
點展開論辯，但實際上，許文立論具有極強的針對性。比如，許
文強調文明與文化的區別，認為前者關心「什麼是好的」，甚至
什麼是普遍好的，而後者只關注「什麼是我們的」，針對的就是各
式各樣的中國特殊論[154]；他又特別區分晚清強國夢的兩個目標：
文明與富強，認為文明包含了特定的價值目標和理想，如自由、
民主、平等、公正這類普世價值，而富強之為目標則不具任何價
值關懷，純粹是技術性的，這針對的是風行不輟的國家主義[155]；
他還指出傳統天下主義的不足，尤其是通過主張秉承天命構建中

---

153 刊載於《知識分子論叢》第13輯的這篇文章被刪去了自「具體而言」至
　　「不同文明」一段。本文這裡引用的是網路完整版，文章標題為：〈新天下主
　　義：重建中國的內外秩序〉，http://www.aisixiang.com/data/91702.html。對許
　　紀霖宣導的「新天下主義」的批評，參見白永瑞，〈從核心現場重思「新的
　　普遍」：評論「新天下主義」〉，載《開放時代》2016年第1期。從「新天下
　　主義」涉及的內部秩序的角度看，白永瑞提出的主要問題仍然同主權有關。
154 許紀霖，〈新天下主義與中國的內外秩序〉，頁5-6。
155 許紀霖在另一處指出：「富強是中性的、去價值的，從世界實踐來看，可以
　　與各種不同的意識形態嫁接，產生不同的現代性制度類型。而文明則有著確
　　定的價值內涵：自由、平等、民主，以及相應的制度建構，包括現代的法
　　治、責任制政府等等。」（許紀霖，〈中國如何以文明大國出現於世界？〉）
　　關於富強與文明這兩個觀念在清末民初的變化，以及其中所反映出的中國人
　　思想的改變，詳參許紀霖，《家國天下》第八章和第九章。

心／邊緣的等級性關係，這樣的時代已經過去，讓我們不能不想到如今又甚囂塵上的各種天命論[156]。他更明白宣稱，新天下主義要超越「各種各樣的華夏中心論」和歐洲中心論，「它不預設任何一種文明代表21世紀」；「一個康德式的普遍、永久的和平秩序與世界秩序之普遍規則，不能以西方文明的遊戲規則為準繩，更不能從對抗性的反西方邏輯之中獲得」[157]。這些宣示明顯指向那些常見於天下論述中的立場、觀點和說法。

　　同樣值得注意的，是中國在此新天下主義建立和實現過程中可能扮演的角色。在〈中國如何以文明大國出現於世界？〉這篇文章裡，針對姚中秋教授提出的「世界歷史的中國時刻」的論斷，許紀霖問道：「當世界歷史中的中國時刻呼之欲出的時候，中國自身準備好了嗎？中國將以什麼樣的姿態出現於世界？是西方文明的追隨者、挑戰者，抑或發展者？再進一步追問：那又是誰之世界歷史，何種中國時刻呢？」根據其觀察，「21世紀的世界面臨著一個幾百年來從未有過的多元格局，它將改變和結束西方統治世界的歷史」，當然這並不意味著中國會成為世界歷史的中心。儘管如此，「以中國的天下智慧，來重新構建未來世界的多元文明秩序，將是一個可欲的方向」。因為，在這個所謂「後軸心文明」的時代，以往由歐美主導的一神教文明秩序將被新的

156　參見許紀霖，〈新天下主義與中國的內外秩序〉，頁7-8。天、天命、天道等語詞，可以被視為傳統天下觀念中的有機成分，因此，隨著天下觀念的再度興起，這種或那種天命論的流行也在意料之中。不過，比較早已日常用語化的「天下」一詞，「天命」一詞的含義和用法顯然更特別，更容易讓人聯想到諸如天子、帝君或某個王朝。當代天命論通常與被聲稱的政黨或國家的「歷史使命」有關。詳下文。

157　同上，頁10。

多神教文明秩序所取代，而「中國儒家文明中的和諧觀念，將為世界的多神教新秩序之建立，提供重要的東方智慧」。這就是所謂的「中國時刻」，而這個中國時刻的出現，「不是僅僅參與現存世界秩序，而一定是以中國的智慧重新定義世界歷史，改變世界秩序的時刻」。問題是，在過去一個多世紀追求富強的過程中，中國丟失了「文明」。「到目前為止，中國的崛起只是富強的崛起，還不是文明的崛起」。而「要進一步發展，成為改變天下的世界民族，下一步則是文明的崛起」。不過，這種文明崛起並不是另行一套，而是要「順應主流文明」，吸納「各軸心文明和民族國家所公認的普世價值」，並在此基礎上「有所創新、有所發展」。如此，「中國才能真正成為一個世界民族，中國文明對全人類才有偉大的貢獻」[158]。

該文最後以「中國準備好了嗎？」之問結束。顯然，作者並不認為中國已經準備好了，因此，文章關於「中國時刻」的界說，表達的更多是一種期許和指引。儘管如此，像我們在其他天下論述中看到的一樣，許紀霖對具有深厚文明底蘊的「中國」深具信心。因為「中國不是一般的民族，盤古以來就是一個世界性的民族，是有著天下主義胸懷、對世界精神有擔當的民族」。因此也是具有「義不容辭的世界歷史使命」的民族[159]。關於這種對於中國或中華民族的自信和期許，我們在最新的天下論述中可以

---

158 以上引文均見許紀霖，〈中國如何以文明大國出現於世界？〉。

159 同上。這段關於「中國時刻」的論述，尤其是其中諸如世界精神、世界秩序、世界民族、世界歷史使命一類說法，不能不讓人想到黑格爾。事實上，許文在討論「中國時刻」概念時，也確實提到黑格爾。借助於黑格爾來界定中國的世界歷史地位，在後來施展的《樞紐：3000年的中國》一書中有系統的展現。詳見下文。

看到兩種截然不同的「回應」。

2017年6月，具有廣泛影響的《外交事務》雜誌刊登了美國社會學家Salvatore Babones的一篇文章。文章標題是：〈美國的天下：當中國哲學遇到美國的力量〉[160]。Babones在文章中把中國學者們熱議的「天下」（Tianxia）概念移用於美國主導的世界秩序[161]。照他的說法，今天的美國（America）已經不僅僅是一個國家（The United States），「它還是它部分地照自己的樣子再造的那個世界的文化、經濟與制度的中心」。Babones認為，西方世界還沒有找到一個合適的詞來描述這樣一個擴展意義上的美國，因為現代西方還從未見過一個像當今美國這樣的國家。而上一次世界像這樣組織在一個單一的核心國家周圍是在15世紀，當時，東亞就是以明代中國為中心組織起來的。而那時的中國並不只是東亞的首領或霸主，它是從緬甸延伸至日本的政治與文化王國的核心國家。當時的那個世界就被叫做「天下」。本文提到的天下論者大概都會對Babones以明代中國為「天下」範例不以為然，但他的這種做法也許只是表明，他所持的是一種更具現實色彩的天下觀。對於一些中國學者提出的指向21世紀的新天下論，Babones直截了當地提出了誰為天下共主的問題[162]。儘管中國崛起是一個

160　Salvatore Babones, "American Tianxia: When Chinese Philosophy Meets American Power," in *Foreign Affairs*, 2017-06-22. https://www.foreignaffairs. com/articles/2017-06-22/american-tianxia?cid=int-lea&pgtype=hpg，以下引文均出於該文。

161　Babones在文章中特別提到趙汀陽，作為他所說的「一些倡言天下觀念的中國學者」的代表。

162　對於主張21世紀是中國的世紀的人來說，這當然不是問題。但在趙汀陽那裡，這個問題被有意無意地迴避了，卻又被他的對話者抓住不放。在同趙汀

不可改變的事實，但在Babones看來，21世紀的天下共主肯定不是中國，而只能是美國。因為美國占據了世界所有網路系統的中心位置（centrality），由此產生的一個結果便是，美國不但是世界上最受人青睞的資金匯集地，更重要的是，它還成了世界人民（當然也包括中國人民）最心儀的目的地。那些居住於美國的天下的來自中國和其他地方的跨國精英都有著與美國的共同紐帶，並由此形成了共同的價值，其中最重要的，正是個人自我實現（individual self-fulfillment）的美國價值。Babones寫道：「『生命、自由和追求幸福』均為不可讓渡的權利，這一理念是美國所特有的，但它已不再是美國獨有的了。如今，全世界的精英都認識到，把他們自己的幸福置於傳統的民族和宗教信仰之前是正確的甚至道德的。」正因為存在於全球無數個人（尤其是其中的精英）與占據中心位置的美國之間的這種內在聯繫，美國的天下便

陽的通信中，法國哲學家雷吉斯·德布雷對天下體系所設想的「普世政權」的可行性表示懷疑：「它將由誰選出？它對什麼人負責？它的法律將來自哪一種啟示？它對人民的宣言將用拉丁字母還是漢字？還是兩個都用？但是如是這樣，那麼義大利文或者德文又如何？因為如果是這樣的話，又將是一個統制現象，一種勢力輕重的體現，一種特殊性對其他特殊性的勝利。」雷吉斯·德布雷、趙汀陽，《兩面之詞：關於革命問題的通信》（張萬申譯，北京：中信出版社，2014），頁56。他接著又說，在這個未來的「人類大家庭」裡，「問題不僅是根據各種文明和人口狀態而有著多種家庭形式（夫系、核心系、單家長系、擴大系等），還需要確定誰是『家長』，或說怎樣來指定『家長』？」（同前，頁57。）對於這個問題，趙汀陽承認自己十多年來「一直為這個問題大傷腦筋，至今想不出最佳答案」。（同前，頁76。）跟趙汀陽不同但又類似，許紀霖聲稱新天下主義所追求的普遍性突破和超越了各種各樣的中心論，從而取消了這一問題。但對Babones這樣的人來說，這恐怕還是一種迴避。因為在他看來，一個真正的天下必得有一個使之和諧的核心國家，明代的天下就是如此。

超越了民族國家，而變得無遠弗屆。最後，當天下統一於一個分級系統時，人們關心的便是在系統中向上攀爬，而不是推倒這個系統。「這令美國的天下比世界上任何系統都更穩定，包括中國明代的舊的『天下』。這個系統也許並不總是公平的，卻是和諧的。它會就這樣存在下去」[163]。

與Babones的「美國的天下」形成鮮明對照的，是在幾乎同一時間出現的一部結構宏大的中國史著作。在這部雄心勃勃的著作中，年輕的中國學者施展試圖以一種黑格爾的方式重新講述三千年的中國歷史。

施著一開始就提到包括趙汀陽、許紀霖、葛兆光在內的一批學者的著作，作為他所謂近年來出現的「歷史熱」的一個表徵，而「歷史熱」的出現，在他看來，則是「一種深刻的身分焦慮」的反映，這種身分焦慮的出現，是因為中國崛起帶來了其自身以及周遭環境的深刻改變，以至於它過去習慣的參照系不再有效，基於這個參照系設定的國家目標也失去了方向。中華民族走到了「沒有路標的十字路口，不知何去何從」[164]。於是，從這個民族的精神內部，產生了一種對於新的歷史敘事或說新的歷史哲學的渴求，這種新的歷史敘事或歷史哲學並不是要簡單地再現過去，而

---

163 上述各種論點在作者同一主題的專書中有更詳細的表達。詳見Salvatore Babones, *American Tianxia: Chinese Money, American Power, and the End of History*（Bristol, UK: Policy Press, 2017）。趙汀陽認為，Babones所說的美國的天下仍然是帝國，而非天下。美國體系所奉行的源自基督教一神教的單邊普世主義和個體理性，都與「天下」理念不相容，它們是造成衝突的原因，而不是消弭衝突的方案。就此而言，「『美式天下』不是未來的一個可能世界，而是一個不可能世界」。趙汀陽，〈天下究竟是什麼？〉未刊稿，博古睿研究院中國中心「什麼是天下：東亞語境」工作坊。

164 施展，《樞紐：3000年的中國》，〈導言〉，頁2。

是「要提供一種精神秩序，為過往賦予意義，為當下確定座標，為未來勾勒方向」。它要「幫助一個民族通過過去看到未來，它會在最深刻的意義上，告訴一個民族，究竟我是誰、我想要什麼、我應到哪裡去」[165]，一句話，它要回答「何謂中國」這個具有根本性的問題。

施著的討論由中國歷史的特殊性入手。在施著看來，「中國歷史的根本特殊性」體現於兩點：其一，中國是一個軸心文明的載體；其二，中國具有超大規模。第一個特點與普遍性相關：「軸心文明的特徵在於其普世主義取向，絕不自囿於一族一地，而是以天下為思考單位；對應地，軸心文明不會設定自己由某一特定族群擔綱，它所關注的只是文明本身是否獲得普遍傳播。軸心文明的這一特徵，使得中國的精神結構中天然地有著普遍主義的衝動。」[166]至於第二個特點，即中國的超大規模，不但表現在人口和財富方面，也表現在地理以及帝國內部秩序的複雜性方面。這兩個特點相互交織著在歷史中展開，表現為一種特殊性不斷被轉化為普遍性的螺旋上升過程。因此，

> 新的歷史敘述必須能夠在以下諸方面發現特殊性之上的普遍性和多元性之上的一致性：在空間意義上，發現中原與非中原地區的內在一致性，以及中國與世界的內在一致性；在時間意義上，發現古代歷史與近現代歷史在精神現象學邏輯上的內在一致性。如此，則內安邊疆，外安四鄰；如此，中華民族潛意識當中的普世主義衝動、直觀可見的超大規模屬

---

165 同上，頁2。
166 同上，頁3。

性，以及其中隱含的世界歷史民族的潛力，才能真正地獲得釋放和通往建設性的方向。[167]

　　施著為自己提出的任務是否成功地完成了，這個問題可以交給讀者去判斷，這裡要做的是簡略勾勒出其基本思路，以便更好地理解對於這種新的歷史敘述至關重要的「特殊性之上的普遍性和多元性之上的一致性」。

　　首先，如前所述，這是一部黑格爾式的歷史敘事，其中許多關鍵概念帶有明顯的黑格爾色彩。其中最重要的是，歷史被理解為自由精神的展開和自我實現過程，並表現為一種特殊性不斷上升為普遍性的辯證運動。

　　其次，中國歷史的發展被認為服從於這一精神運動，然而，這一特殊性轉化為普遍性、重新成為特殊性、再轉化為普遍性的不斷上升的複雜過程止於清代，且陷入一種歷史循環的困境，僅憑其自身的精神資源無法脫困。這時，與西方文明的相遇使中國文明新的超越成為可能。

　　再次，20世紀的革命和改革將中國帶入一個新的發展階段，其精神特徵是以共產主義為仲介的「全球視野」的展現，「這種全球視野是中國幾千年歷史上前所未有的一種宏大格局的表達，是傳統中國所謂普遍主義理想的一個升級版」，它為中國再次超越自我「提供了必需的精神容量」[168]。

　　最後，展望未來，「源自西方的現代法權—價值觀念與法律技術〔將〕內化於中國的精神當中」，從而實現「個體的特殊性

---

167 同上，頁7-8。
168 同上，頁34。

與普遍性」的「合題」，最終化解中國傳統帝國所面對的困局。在此過程中，西方文化也得以「突破局限，真正獲得其普遍性」[169]。

顯然，對於這部洋洋50萬言的大書來說，以上概括太過簡略和抽象，其含義不易理解。因此，作為一種補充，下面僅就施著的歷史論述與本文主題關係最密切的部分，再稍加說明。

第一個問題：「天下」。毫無疑問，施著並不以「天下」觀念為其討論對象，甚至「天下」一詞在書中出現的次數也不多，然而，將「天下」列為施著的核心概念當不為過。因為，「天下」觀念被認為具有「普世主義取向」，而這正是中國作為軸心文明載體的基本特徵，體現了一種「中國歷史的根本特殊性」。自然，視中國為「一個軸心文明的載體」，也可以被看成是一種「文明國家」論。

第二個問題：民族主義。相對於「天下」之類觀念，民族主義無疑屬於特殊性範疇，因此，即使在特定歷史條件下民族主義不可避免且具有正當性，終究是需要超越的對象。這種超越在今天表現在兩個層次上：一是超越漢民族主義以達成「中華民族主義」；一是超越「中華民族主義」以達成「普世民族主義」，最終實現「中國的世界歷史使命」[170]。

第三個問題：中國。施著中有關中國的簡略說法包括：「一個軸心文明的載體」、「超大規模國家」、「世界歷史民族」、「海陸仲介／樞紐」、「世界秩序引數」等等[171]。這些說法當中，「世界

---

169 同上。以上概括，參見頁19-34。

170 同上，頁29。

171 同上，頁8。

歷史民族」最具黑格爾色彩：「所謂世界歷史民族，不在於對世界的征服或控制，而在於該民族能夠通過自身的精神運動而把握世界歷史的命運，從而引領人類精神的普遍自覺。」[172] 今天，「歷史內在地要求著中國的崛起進入一種精神自覺，主動擔當起推動世界秩序再均衡乃至重構的使命」[173]。

第四個問題：世界秩序。施著認為，「自地理大發現以來，……世界秩序便是西方秩序的外化」。這一世界秩序「在原則上來說是為全人類的，但西方的主導又使其所承諾的形式正義不夠『形式』，更使得西方的實質正義對其他文明的實質正義形成一種壓制」[174]。比如，美國主導的世界秩序，就因為「現實中欠缺對唯一霸權國自利傾向的制衡機制，而使其普遍主義遭受質疑」。於是，「真實的普遍主義世界秩序」被寄望於「一個開放的未來」。通過「可能是幾種彼此差異的普遍性理想」的持續交往，「逐漸演化出超越於任何一個理想之上的普遍秩序」。其具體樣態「無法預先判斷」[175]。只能說，其最終目標應該是「讓形式正義成為真正的形式正義」，「讓實質正義各得其正」[176]。

---

172 同上，頁34。

173 同上，頁36。楷體係原文所有。顯然，施著對作為「世界歷史民族」的中國在世界歷史中的地位的理解與黑格爾截然不同。

174 同上，頁38。

175 同上，頁36。儘管施著認為「真實的普遍主義世界秩序」將產生於不同的普遍性理想的交往，但它對非西方文明的普遍性理想語焉不詳（其說法是：「包括中國在內的其他文明地區在當下所提出的普遍主義主張，則有待進一步完善」），這與它關於西方的普遍性和普遍主義具體內容的明確表達恰成對照。

176 同上，頁38。施著這類說法給人的印象是，作為西方秩序外化的世界秩序，至少就其理念而言，體現了真正的普遍主義，就此而言，這種理念的充

　　在結束對當代天下論說的簡略考察之前，還應當提到兩本風格迥異的著作。第一本是前數年的一部暢銷書——吳稼祥的《公天下》。這部著作的標題很容易讓人想到黃宗羲，想到蘊含於古代天下觀中的批判傳統。事實上，透過「公天下」的理念來檢視和評估中國歷代政制，也的確是該書的一條主線。不過，吳著的關注點毋寧是這樣一個更具功能性的問題：一個超大規模的政治共同體，如何能夠既保持穩定，同時又不失活力？

　　與前面提到的天下論述不同，吳著所謂「天下」雖然內在於中國歷史，卻不是中國獨有之物。因為，按其定義，「天下」首先與規模有關：「所謂『天下』，就是具有不確定邊界的大規模和多民族政治共同體。」[177] 進一步說，如果國家與文明一體，政治體與文明體相重疊，這樣的「『國家—文明統一體』就稱之為『天下』」[178]。按照這樣的定義，世界歷史上可稱為「天下」的政治共同體並非只有中國或華夏文明。不過，歷經內外各種衝擊而延續至今的，卻只有中國。這也意味著，中國數千年來始終面對上述問題，而在吳稼祥看來，這也是自帝禹至今四千年來中國一直沒有擺脫的一個政治困境。換句話說，中國歷史上的各種政制安排，都是處在穩定與活力之間的某個點上，而始終沒有達至最佳

分實現，包括將所有非西方文明完全納入其中，讓它們在其中實現自己的普遍性，就是「真實的普遍主義世界秩序」的真正實現。施著出版後，《探索與爭鳴》雜誌社曾就該書組織了專門的學術研討會，並以單行本形式出版了完整的討論記錄。參見《探索與爭鳴》編輯部，《優秀青年學人支持計畫》第二輯《重述中國：從過去看見未來》。

177 吳稼祥，《公天下：多中心治理與雙主體法權》，頁32。他又說：「這樣的共同體，在世界史上就是世界性帝國。」同前。

178 同上，頁41。

平衡。區分不同的政制安排，測定它們各自距離穩定與活力之間最佳平衡點的位置，並為之排序，探究和闡明其中的原理、機制，進而找到解決這一難題的有效辦法，這些，便構成了吳著的基本內容。那麼，這樣一種「歷史政治學」[179]的分析與「公天下」的理念有何關係？吳著認為，「中國政治的活力與穩定問題，從政治操作層面來看，其實是個分權與集權問題」[180]。其歷史的表現，便是數千年來不絕於耳的郡縣與封建之爭，「公天下」的理想則是制度論爭與批判後面的價值依據。

　　毫無疑問，「公天下」之說來自於《禮記·禮運》的「天下為公」，吳著稱之為「公天下之理」，其核心包括：第一，國家最高權力不專屬於一人且終身占有，故而有「禪讓」；第二，國家並非一家之私產，故謂「天下為公」，而非「天下為家」；第三，無論最高權力還是地方統治權，均非世襲，是謂人「不獨子其子」[181]。這樣的理想便是古人所說的「道」、「大道」，它是「華夏民族最大的祖宗成法，或者說，是不成文憲法」[182]，即令在實行家天下的後世，仍被懸為理想，且不同程度地體現於國家制度。具體地，吳著將家天下的政體形態分為五種，即平天下、兼天下、霸天下、分天下、龍天下，而根據理念、結構、壓力三要素評判其優劣。比如，根據理念看「家」的大小。「『家』越大，越接近於華夏民族最高政治理想：天下為公」。在結構方面，多中心治

179　這是姚中秋的說法。詳見姚中秋，〈超大規模與中國治理之道〉，載《讀書》2013年第5期。吳稼祥自己則表示他做的是政治理論研究，意不在歷史。參見「共識書會」第十期：「吳稼祥談《公天下》」。

180　吳稼祥，《公天下》，頁19-20。

181　同上，頁2。

182　同上，頁112。

理優於單中心治理，以其能夠緩解規模壓力；而在壓力方面，非高壓優於高壓，因為後者意味著個人自由和地方自治的喪失，以及社會活力和創造力的窒息。據此，由文、武、周公創制而實行於西周、春秋的政體「兼天下」，便因為其「多中心治理」、「單一封建制」和「負壓政治」而被列為最優；嬴政及秦國歷代君主創制而實行於秦帝國的政體「霸天下」，則以其「單中心治理」、「單一郡縣制」和「高壓政治」被列為最劣，如此等等。問題是，華夏歷史上最優良的政體不但距今遙遠，而且不能保持穩定，傳之久遠。即使天下論者津津樂道的漢、唐、尤其大清，按吳著的排序，也只有其初期可列為次優政體，漢武帝以後之兩漢、中唐、宋、元、明及中晚清的政體，皆屬最劣，與實行霸天下的秦同列[183]。儘管如此，華夏治理之道的機理與機制既已被探明，走出困境的路徑也就顯現出來，就如吳著副標題所示，那就是「多中心治理與雙主體法權」。

儘管在副標題中並列，「雙主體法權」卻是在吳著最後一章才出現的新概念，而且，對於這一新的概念，吳著的解釋也極盡簡略。若以人們較熟悉的概念解釋，「雙主體法權」就是「公民法權」和「地方法權」，前者是「新的權威形式」，後者是「新的多中心治理」。「這種雙主體法權體制，在美國，就是一人一票（選舉權）和一州一長（民選）以及一州兩票（在參議院的席位）；在西方政治學裡，這被稱為「複合共和制」，或「聯邦制民主」[184]。這樣的「雙主體法權，對於大規模政治體而言，不僅具有

---

183 參同上書，頁320-322。吳著的論證由許多自撰的概念、分類和定理完成，本文不能詳述。

184 同上，頁329-330。

解壓功能和均壓功能，在結構上，還具有穩壓功能」[185]。同時實現這些功能，可以「使公天下理念、大規模統一和創造性活力兼得」[186]。這裡，吳著還以「雙主體法權」去直接定義作為政治體制概念的「大公」。在他看來，唐虞之世的「讓天下」和西周的「兼天下」，仍然只是「小公」，行之於當世的「選天下」才算是真正的「大公」[187]。吳著寫道：「多中心治理的雙主體法權制，就是本書所謂的『大公天下』，其目的，……就是兼得規模與活力，遠超堯舜，近趕美歐」[188]。

關於吳稼祥的「公天下」論，還可以補充說明兩點。

其一，關於軸心文明。吳著兩處談及軸心文明，所費篇幅雖簡，其重要性則無可置疑。這一方面是因為，雅斯貝斯的「世界歷史軸心」說所列的四大文明，中國文明居其一；另一方面也是因為，「『軸心期』是人類文明精神的重大突破時期」，它實現了人類精神「從神話到理性、從超驗到經驗、從特殊性到普遍性」的轉變[189]。並非巧合地，作為雅斯貝斯認定的軸心民族之一的華夏民族，其歷史上最優良的政體也出現在這一時期。不獨如此，吳著還發現，軸心期的另外三大文明：古希臘、以色列和古印

185 同上，頁331。

186 同上，頁333。

187 同上，頁335-336。

188 同上，頁334-335。

189 同上，頁17。楷體係引者所用。不過，「『漢民族』作為一個世界性民族開始形成並登上歷史舞台」，按吳稼祥的看法，卻是在西漢文景之治時期。這時期的中國，「創造了人類歷史上一個新的文明模式——黃河流域地區多民族、超大規模的政治統一與小農經濟結合」。其內容包括：「第一，締造了一個以大規模的政治體作為承擔該文明的核心國家；第二，提供了超民族的文化認同。」同前。

度，當時也都處於「多中心政治時期」，也都追求「『普世性』的
理性」。相反，「在大規模帝國時代，〔人類〕精神反而龜縮於神
話和迷信的『特殊性』」。吳著認為，這或許是因為，「專制需要
神話和鬼話，而自治需要理性和反思」[190]。

　　其二，關於未來世界文明。儘管也涉及其他文明，但是與多
數天下論述不同，吳著的論述對象基本限於中國，因此，「未來
世界文明」並非其範圍內的議題。儘管如此，吳著末章兩段引文
卻為我們了解其基本立場提供了一點線索。這兩段引文均出自吳
稼祥本人。一段是關於中西文明「基因」的比較，其基本看法
是：西方文明的基因是來自古希臘的「邏各斯」，華夏文明的基
因則是「道」。二者的根本區別，一是前者尋求自我確定，後者
則處在動態之中；二是前者只有一種衝動，即「外化」和「客觀
化」，後者則總是兼具「外化」與「內化」兩種衝動。「如果把外
化看作是傳播與擴張，把內化看作是吸收與生養，那麼，西方文
明則是一個直線擴張的文明」，而「外化或擴張『過度』，就是這
種文明的常態。」[191]另一段講「道基因外化為太極」所具有的擴展
性，這種擴展中的太極圈有三個特點，即完善、非敵和包容。太
極圈沒有缺口，也不以任何東西為敵，更不怕接觸和異己，相
反，「它的發展是靠把碰撞的異己轉化為相容的成分而實現
的」[192]。「因此，以道為基因的東方文明完全可以包容西方文明，
成為一種東方特色的世界文明。你可以將之稱為『新大同文

---

190 同上，頁326。

191 吳稼祥，〈兩次大呼吸：東方文明的大成與文明國家的使命〉，載《戰略與
　　管理》2009年（內部版）3、4期合刊。轉見上引書，頁337。

192 吳稼祥，〈兩次大呼吸〉，同上，頁338。

明』。」[193]顯然，「文明」是諸天下論說的核心觀念之一。但令人
費解的是，天下論者雖喜用這一概念，對其含義卻多不加細究。
這可能是因為，一方面，晚清以降，文明一詞被廣泛使用，其含
義似乎已不言自明。另一方面，諸天下論者論及「文明」，大多
重在其歷史的、哲學的宏觀層面，或不覺有深入考辨其含義及流
變的必要。然而，這並不意味著對文明概念的這種處理總是恰當
的。事實毋寧正好相反，既然中國是一種文明的載體，文明是中
國的某種屬性，對於何為中國、何為天下、何為良好秩序或優良
政制一類問題的回答，就在相當程度上取決於論者對何為文明這
一問題的理解。著眼於此，本節將以介紹一位人類學家對「文明
與中國」的思考作結。

　　本文前面曾提到列文森關於中國近代思想轉變的著名論斷，
即「近代中國思想史的大部分時期，是一個使『天下』成為『國
家』的過程。」正如我們所見，在許多天下論者看來，這一不得
不然的歷史轉變，同時也是一個「削足適履」的過程。這一過程
造成了今日中國面臨的某些具有根本性的問題，而要解決這些問
題，首先要回到「文明」的立場上去重新認識中國。在抱持這種
看法的人當中，就包括了人類學家王銘銘，只不過，他所遭遇的
這個問題，具有特定的學科背景和知識脈絡。簡單地說，近代社
會科學原本是為了滿足近代民族國家需要而在此國家的框架之下
發展起來的，當此特定知識體系傳入中國，更因為要服務於「強
國」目標而成為所謂「國族主義社會科學」。然而，作為一種認
識工具，這套以民族國家為基本單位建構起來的知識體系並不能
很好地說明中國的現實。因為，中國並不是近代國家理論奉為典

---

[193] 同上，頁338。

範的那種nation（民族）與state（國家）一一對應的國家，而仍具
有「文明體」的特徵：一個包含許多社會的社會，一種囊括多種
文化的文化，一個多民族的國家。前輩學人吳文藻名之為「一國
多族」，費孝通稱之為「多元一體」，王銘銘的說法則是「超社會
體系」[194]。所謂「超社會體系」，根據其文章中的用法，不過是
「天下」和「文明」的另一種說法，是這兩個概念的人類學表
達，而中國之所以被視為一個「超社會體系」，正是因為中國人
保有天下觀念，因為中國始終是一個文明體。著眼於這一點，王
銘銘提出了認識中國的「三圈說」，即傳統上有明確編戶紀錄的
「熟」的「核心圈」，具有「半編戶格局」，介乎文、野之間的
「中間圈」，和被視為「生」、「野」的「外圈」[195]。此所謂「三
圈」，客觀上是「中國的世界秩序」，主觀上是「中國的世界智
慧」，以此為「天下」「文明」「超社會體系」的「代名詞」和
「論述綱要」，重新認識和講述中國，固然「是因為不滿足於國族
時代社會科學對社會、文化、民族、國家給予的割裂性定義，及
這些割裂性的定義衍生出來的種種關於社會實體中心與邊緣的二
分法」[196]，如「經濟基礎／上層建築」「中央／地方」「大／小民
族」「中／外」等等，更是為了「將非西方社會內部秩序的複雜
性之理解深入地推進到它們的歷史和方法基礎本身，在於對不同
於孕育社會科學的近代西方文明的『其他文明』『其他世界』『其

194　參見王銘銘，《超社會體系：文明與中國》（北京：三聯書店，2015），頁
　　316-319、426、113、330-334等處。該書收錄了王銘銘的15篇文章，涉及主
　　要觀點多有重複，故本文這裡和下面引述的觀點多散見於全書。筆者感謝三
　　聯書店的馮金紅女士，她提醒我注意王銘銘的研究並提供了該書。

195　參見上引書，頁143-145。

196　同上書，頁145。又參見頁148和162等。

他視角』的求索」[197]。就此而言，「作為『中國問題』的『超社會體系』論，是對作為文明體的『國家』的某種歷史回歸，這一回歸的宗旨在於使生活於國族時代的社會科學研究者在重新體會『社會』的多層次化中，修訂其『社會秩序原理』」[198]。

　　王銘銘的上述論述固然頗具人類學特色，但是到此為止，其理路與其他文明中國論者無大差異。接下來的部分則有所不同。這種不同主要表現在以下幾個方面。首先，儘管「超社會體系」論是針對「中國問題」提出的，但「超社會體系並非『中國特色』」，因為，「沒有一個社會不包含內部的多樣性和廣闊的對外關係視野」，在這意義上，「任何一個社會都是超社會的」。換言之，「超社會體系」說不是一種「中國特殊論」[199]。其次，與此社會觀相對應，其文明觀也是如此。具體說，王銘銘把文明衝突論者所強調的文明間關係內化，使之成為文明內關係，從而大大增加了文明圖景的複雜性，同時也令經常被人們視為固化實體的「文明」變得流動不居，富有彈性與變化。他提出的所謂「三圈」本身也是如此[200]。最後，就如他喜歡引用的法國人類學家莫斯的說法：「文明的歷史，就是不同社會的各種物品和成就之間迴圈流動的歷史」，他強調文明是「互為主體、互為文化轉譯的不同

---

197 同上書，頁162。

198 同上書，頁133。對王銘銘來說，這意味著重新獲得中國「自己的世界」，即「自己賴以處理社會間、文明間、民族間關係的世界智慧」，而這個「自己的世界」，在中國受另一個「天下」的誘惑與壓迫，甘願或不甘願地投身於國族營造運動時已然失去。參見前書頁160。

199 參同上書，頁127。

200 關於內化的文明觀，參見上引書，頁418-426；有關「三圈」的相對性，參見上引書，頁144-145。

版本」，一方面各有其體系，「你我有別」，另一方面又「你中有我、我中有你」[201]。因此，要真正「理解中國」，就必須「超出中國」[202]。而「通過接受交流來糾正國族的文明自戀」，才是「通向希望的必由之路」[203]。

　　王銘銘的文明—中國論述富於學理性，其思想學術淵源主要有三：一是西方19世紀以來的人類學、社會學理論；二是以吳文藻、費孝通以及弗里德曼和施堅雅等人為代表的中國研究；三是王銘銘本人躋身其中的中國人類學、民族學學者所做的田野研究和理論思考。由此理論的、經驗的和反思性的背景出發，王銘銘注意到，相對於學界邊緣的考古學、民俗學、民族學、宗教學等學科，處在「學術言論中心」的所謂「思想界」，對於前述學科學者所看到的「中心與邊緣定義的相對性及文明的多種可能性」不甚關注，「而沉浸在內部均一的『民族文化』的想像中」[204]。在一篇追述其本人與學界同人交往、並對本文提到的部分天下論者的觀點加以介紹的文章末尾，王銘銘給出了這樣的觀察：「中國當下的思想界，急切地在單線時間的脈絡上重建自我認同，無論是『自由派』，還是『新左派』，抑或是『新儒家』，為使論述富有邏輯，都在時間上清晰地區分出國家的過去、現在與未來。」

---

201 同上書，頁99。後面這種說法出自費孝通。

202 王銘銘的說法是「超出中國而理解中國」。參見上引書，頁156。

203 同上書，頁100。漢語學術界近年有影響的文明論研究還有劉禾主編的《世界秩序與文明等級：全球史研究的新路徑》（北京：三聯書店，2016）。該書作者和編者的視角與王銘銘的相當不同，但是同樣富於反思性和批判性。此外，儘管它不是本文所討論的天下論的一種，但在天下論的知識圖譜中也據有一席之地。

204 同上書，頁445。

與之相應，無論其立場如何，論者均傾向於「將『中國文明』規定成一個內在單一化並與外部空間存在截然差異的領域」。對於這類觀點，王銘銘顯然不以為然。最後，他以下面這句話來結束全篇：「文明的自我認同，不僅仰賴祖先遺留的傳統，而且也仰賴文明之外的文明。」[205]

七

　　以上關於諸天下論說的個案式梳理，若著眼於文獻搜羅，則遠非完備，但若旨在追蹤思想脈動，察知其中透露出來的時代消息，卻有相當的代表性。誠然，這些有關天下和中國的敘述，不但學科背景、論述風格、文體式樣等各不相同，其中所包含的學術旨趣、現實關切乃至政治立場也不盡相同（有的甚至嚴重對立）。然而，它們同時又分享著某些興趣、關切和思想資源，都接受某些預設，甚而表現出某種相近的姿態。這主要是因為，這些論述同出於一個時代，它們表達了生活在這個時代的中國人思想上和情感上的衝動。這種衝動，簡單地說，是一種試圖通過確立自我尋獲主體性的衝動。表現在認識上，這種努力便是要，借用趙汀陽的話說，「重思中國」。「重思中國」的說法暗示，之前

---

205 同上書，頁459、460、462。在同一篇文章中，王銘銘提到兩位法律學者之間的分歧：一方主張「走中國道路」，運用毛澤東時代的歷史資源；另一方主張「走西方道路」，用源自「西方的法權來約束政權」。王銘銘認為，二者的分歧涉及對文明的不同定義，前者把文明視為對歷史的延續，而在後者，「文明作為以優秀的西方文明為模式對法制上『未開化』的中國加以改造」。同前書，頁447-448。前者觀點的最新表達，參見蘇力，《大國憲制：歷史中國的制度構成》（北京：北京大學出版社，2018）。

關於中國的種種認識是可疑的乃至錯誤的，基於這種認識所建立的自我認同或者主體性是虛假的，因此，確立真實自我主體的第一步，就是要清除各種錯誤的和虛假的認識，探知其思想根源並予以清算。於是，一些流行的歷史、社會、政治和法律理論受到質疑，基於這些理論建立起來的中國認識和中國敘述受到批判，其深埋於歷史中的思想根源也被揭露出來。與此同時，某種為建立真實的自我認同和主體性所需的歷史的和理論的聯繫也被建立起來，其中最突出的也許是這樣一種嘗試，即通過對中國歷史、文化與文明的重新認識和肯定，建立起一個具有深厚歷史底蘊和文明內涵的新的主體。這一新的主體具有獨特面貌，其獨特性源於一個古老而常新的文明。而在另一方面，作為創造和承載這一文明的主體，它又是一個具有「普世主義衝動」的「世界歷史民族」（前引施展語），注定要承擔其歷史使命，扮演參與乃至引領創造普遍世界秩序的角色。古代「天下」觀的再發現，就發生在這樣一種思想運動中，而它吸引眾多關注，甚而成為這一思想運動的一個標誌，應該也不難理解。因為，作為古代中國思想世界中的大觀念，古代中國人對於一種普遍的道德—文明秩序的想像，「天下」觀被認為展示了一種闊大的胸懷和視野，一種令人讚歎的政治哲學和實踐。更重要的是，這一有如文明基因、即使遭遇文明斷裂也不絕如縷、傳承至今的觀念，兼具獨特性與普遍性，能夠滿足當下人們對於中華民族現在與未來的刻畫和想像。只是，回顧歷史，即使不提清季的「天下」崩解，五四運動的反傳統狂飆，甚至以文化大革命而登峰造極的旨在毀壞一切舊事物的各種政治、思想和社會運動，只要想想1980年代以批判傳統和擁抱現代化為基調的「文化熱」，對「黃色文明」的輓歌和對「藍色文明」的頌揚猶在耳際，今日的情形不能不讓人有隔世之

感。人們自然要問，這一切究竟緣何而變？這種變化究竟有何意味？回答這樣的問題，可以寫成系列的文章和著作，囿於篇幅，本文只能以簡略方式提及以下幾點。

　　毫無疑問，導致前述改變的最顯見、也是最重要的原因之一，就是1980年代開啟的改革開放為中國帶來的變化。尤其是進入新的千禧年之後，中國藉著全球化大潮，加速融入世界經濟秩序，成為世界工廠。中國經濟的連續高速增長，不僅在短時間內積累了大量財富，極大地改變了中國社會的面貌，也提升了中國的綜合國力，改變了中國在世界上的地位。鑑於其人口和國土的超大規模、龐大的經濟體量和在世界分工體系中的位置，這種變化從一開始就具有世界意義。中國開始成為世界的焦點，其世界影響力有日益增長之勢。如此劇烈且巨大的歷史變遷不可避免地帶來心靈的衝擊，它改變了人們以往的思想和觀念，刺激了人們對於中國、世界以及二者關係的重新想像。人們開始探求「大國崛起」之謎[206]，求解「中國奇蹟」的秘密，甚至開始談論作為成

206　由中央電視台製作並播出（2006）的12集大型電視紀錄片《大國崛起》是一個具有象徵意義的事例。此後，一系列有關「大國」的電視節目被相繼推出和熱播。其中，既有講述中國歷代王朝盛衰的百集大型歷史紀錄片《中國十大王朝》，也有記述當代中國發展業績的系列紀錄片，如記述中國企業成長的52集大型紀錄片《大國重工》，記錄中國裝備製造業發展的系列紀錄片《大國重器》，還有講述中共十八大以後外交新理念、新思想、新戰略的《大國外交》。後者通過系統闡述「中國特色大國外交」，「充分展現我大國領導人風采和當今中國『世界和平建設者、全球發展貢獻者、國際秩序維護者』形象」。其中第三集「聚焦黨的十八大以來，以習近平同志為核心的黨中央積極參與和引領全球治理體系變革，提出構建人類命運共同體的宏偉藍圖」。引自愛奇藝節目說明，http://www.iqiyi.com/a_19rrhd0ydp.html。

功典範但有別於西方發展模式的「中國模式」[207]。與之相伴，中國人的民族自豪感和文化自信心與日俱增，他們開始重新審視和界定自我，重新思考中國在世界上應當扮演的角色，並以不同方式表達他們的想法。

　　與上述改變同時發生且與之相互作用的，是這一時期知識與思想及其生產及傳播方式和內容的改變。儘管其外部影響有限，遠未達到可以同中國經濟與社會方面的改變比肩的程度，但是這種改變本身同樣驚人。對於這一點，經歷過從文革到後文革時代轉變的人感受最深。套用當時流行的說法，這一代人經歷了一個在知識、思想乃至心靈和精神方面從「禁錮」到「解放」、從「萬馬齊喑」到「百花齊放」的轉變。就知識生產和傳播而言，這種轉變有兩條相互關聯的線索。首先，1970年代末開始的改革，其政策效果主要表現為恢復社會生活的常態，在此過程中，民族的歷史記憶開始慢慢浮現，曾經被作為消滅對象的各種舊事物，有形的和無形的，也開始逐漸復歸。儘管這種恢復和復歸既不完整也不徹底，它們還是成為日後更大範圍內文化復興的一個重要基礎。與此相比較，開放政策帶來的知識和思想方面的改變更加顯見。自1980年代始，中國迎來了百年歷史上的第二次「西學東漸」，源於西方的人文與社會科學知識、思想、方法大規模地傳入中國；新一輪留洋熱潮再起，至今不衰。這種改變，對於

---

207 對中國經驗、中國模式和中國道路的討論，主要由經濟學開始，逐漸擴展到政治、社會和文化等領域。這方面的討論極多，且觀點歧異。除了本文前面提到的一些，這裡隨機列舉幾種：姚洋，《中國道路的世界意義》（北京：北京大學出版社，2011）；黃亞生，《「中國模式」到底有多獨特？》（北京：中信出版社，2011）；丁學良，《辯論「中國模式」》（北京：社會科學文獻出版社，2011）；瑪雅編著，《道路自信：中國為什麼能》。

剛剛走出知識與文化荒漠的中國人來說，同樣具有震撼人心的效果。它改變認知，重塑心靈，催生出新的思想和想像。在這裡，我們無須細述1980年代以來中國社會的知識與思想生產、傳播的方式和途徑，以及這種發展所經歷的各個階段，只需指出一點，即這種發展既是中國經濟與社會變化的一部分，折射出其變化的軌跡，也是其中的一個重要動因，推動並且試圖引導其方向。隨著「大國崛起」及其內外效應的漸次顯現，國內思想、學術方面相應的改變也極為顯著。就如我們已經看到的那樣，在不同思想角逐、競勝的過程中，業已積累、豐富的多樣化的知識、理論、視角和研究方法發揮了基礎性的作用。知識為思想所用，思想為「政治」服務，知識生產、學術建設和思想競爭在此過程中也顯得日益發達。

　　促成前述思想轉向的第三個因素是執政黨的意識形態轉變。

　　眾所周知，中共以源於歐洲─蘇俄的共產主義意識形態立黨、建國，儘管這種意識形態傳入中國後經歷了本土化，但它自始就採取了敵視中國傳統思想、價值的激進立場，並將其歷史正當性建立在這種立場的基礎之上。在長達半個多世紀的革命和社會改造運動中，反傳統文化的原則和政策被大規模實施，及於社會各個領域和所有方面，因而造成前無古人的傳統斷裂和文化滅絕。文革結束後，隨著國家戰略重心由階級鬥爭轉向經濟建設，以往崇尚革命的意識形態也不可避免地發生改變。在此過程中，執政黨對傳統文化的立場也逐漸地改變，從最初對民間文化復興的默許，到後來有意識地利用歷史文化因素以推動地方經濟發展和城市建設，再到把促進傳統文化納入國家的文化與政治發展戰略，對內凝聚人心、強化民族認同，對外抵禦和平衡西學，同時提升中國在世界上的影響力，到最後將之整合為「中華民族偉大

復興」不可缺少的一部分，執政黨不斷釋放對傳統文化的善意，推高其位置[208]。相應地，後者也由過去備受正統意識形態摧抑的「封資修」遺存，轉化為具有積極意義的文化和精神資源，繼而由邊緣向中心移動，登堂入室，地位日尊。不誇張地說，執政黨的意識形態轉變不僅為學界以及民間的「國學熱」和儒學復興一類運動提供了發展的空間，事實上也刺激和引導了這類運動的發展[209]。進一步說，儘管到目前為止，本文還沒有正面討論執政黨

---

208 對中共意識形態轉向的性質、原因、策略及行動的簡要描述和分析，參見康曉光，〈當代大陸傳統文化復興現象研究〉，http://www.chinakongzi.org/rjwh/guoxue/lzxd/201112/t20111227_6839178.htm。

209 2011年召開的以文化發展為主題的中共十七屆六中全會是這一過程中的一個重要事件。該次全會肯定了文化在綜合國力競爭中的重要地位和作用，認為「增強國家文化軟實力、中華文化國際影響力」是當前一項緊迫要求。為此，它提出要「發展面向現代化、面向世界、面向未來的，民族的科學的大眾的社會主義文化，培養高度的文化自覺和文化自信，提高全民族文明素質，增強國家文化軟實力，弘揚中華文化，努力建設社會主義文化強國」。（《中國共產黨第十七屆中央委員會第六次全體會議公報》）會議通過的〈中共中央關於深化文化體制改革、推動社會主義文化大發展大繁榮若干重大問題的決定〉宣稱，「文化是民族的血脈」，因此，文化建設對於「實現中華民族偉大復興具有重大而深遠的意義」。該決定又稱，「中國共產黨從成立之日起，就既是中華優秀傳統文化的忠實傳承者和弘揚者，又是中國先進文化的積極宣導者和發展者」。此外，這份決議還提出要「繁榮發展哲學社會科學」，「使之更好發揮認識世界、傳承文明、創新理論、諮政育人、服務社會的重要功能，……建設**具有中國特色、中國風格、中國氣派的哲學社會科學**」。（粗黑體係引者所用。）此類「戰略部署」不僅決定了官方意識形態建設和宣傳的取向、規模和表達形式，對於思想、學術以及知識生產的內容和方式也具有直接的促動、引導作用。前文（註90）提到的「哲學社會科學工作座談會召開」與人文及社會科學研究的「本土化」轉向就是一個典型事例。自然，在更微觀的層面上，這種促動、引導作用是政府通過多種形式和層次的項目資金投入來實現的。

的意識形態重建運動，後者卻不是某種外在於本文主題的背景或條件，它就是這個主題的一部分，而且是其中的一個核心部分。正如本文開篇提及的現象所表明的那樣，這種意識形態重建本身就提供了一種「天下論述」，而與其他天下論述相比較，執政黨的天下論述顯然更具分量。關於執政黨的意識形態重建及其與諸天下論說的關聯，本文結尾處會有更多討論，而在此之前，我們不妨就上面勾畫出來的思想圖景作幾點更切近的觀察。

　　縱觀當代天下論說及其思想背景，人們可以強烈地感覺到某種歷史與思想的連續性。在規範意義上，古代「天下」觀念代表了一種政治正當性的理念。一方面，天下為公，天下乃天下人之天下，非一家一姓所得據有；另一方面，受天命者有天下，得民心者得天下，天下得失，端看民心所向，天命所歸。近代以降，這套意識形態隨傳統帝制解體而失去效力，取而代之的是一整套源自西方的現代政治理念。儘管這種新舊轉換，如我們之前已經指出的，並未完全改變意識形態的深層結構，但在相當一段時期內，舊的意識形態至少在表面上被徹底摧毀，退出了歷史舞台。然而，在與「大國崛起」相伴的意識形態重建和文化復興運動中，一些久已消失的傳統政治理念重又浮出水面，融入流行的政治、思想和學術話語之中。隨著各類「民生」議題被置於政治事務中最博人眼球的位置上，一方面，「全面建設小康社會」[210]，進

210 儒家經典中的「小康」是次於「大同」的盛世。當下語境中的小康一詞依然帶有這樣的印記，同時又被轉換成一系列關乎「民生」的經濟與社會指標。最早在國家戰略目標層面使用這一概念的是鄧小平（1979），而自中共十五大開始，這一概念便正式進入中共歷次黨的代表大會報告，並作為「兩個一百年」目標之一，成為「中華民族偉大復興」的一項重要內容。可以注意的是，從中共十七大報告開始，出現了關於「小康社會」的另一種表達，即

而實現「以人為本」的「和諧社會」，被宣示為國家的基本戰略目標；另一方面，「立黨為公、執政為民」一類民本色彩濃郁的口號也流行於世，成為執政黨自我界定的標準表述[211]。與此同時，一些學者把現行的最高權力繼替機制說成是「禪讓」[212]，把執政黨的「歷史使命」解釋成「天意」和「天命」[213]。當然，也像在古代一樣，這類旨在強化權力正當性的宣示都具有雙面效果，因為其中隱含了批判意識。比如，人們可以說，背公求私，「不守護這個民族，那就是背離『天命』」[214]。問題在於，怎樣做才算是「守護這個民族」？在前面提到的一位學者那裡，基於「公天下」理念展開的批判最終導向對民主共和制度的訴求。循著同樣的理路，它也未嘗不可以導向人們所熟知的「普世價值」主張。而在

〔讓全體人民〕「學有所教、勞有所得、病有所醫、老有所養、住有所居」。中共十九大報告更在原句首尾各增加一句：「幼有所育」和「弱有所扶」。這種句式立即讓人想到《禮記‧禮運》中的名言：「老有所終，壯有所用，幼有所長，矜寡孤獨廢疾者，皆有所養」。

211 類似的表述還有「權為民所用，情為民所繫、利為民所謀」等。它們取代了人們過去熟悉的「為人民服務」的口號，成為更流行的說法。

212 大陸新儒家的代表性人物之一康曉光就認為：「執政黨現在施行的就是禪讓制度。天下為公。」儒家網專訪之九，〈專訪康曉光：中國必須走向「儒家憲政」〉，http://www.360doc.com/content/18/0619/22/38817422_763682457.shtml。

213 參見曹錦清，〈百年復興：中國共產黨的時代敘事與歷史使命〉，頁253-262。強世功在其論述「習近平時代」的文章裡也屢屢以「天命」一詞指稱中國共產黨的歷史使命。詳見下。

214 曹錦清，〈百年復興〉，頁258。這樣說的理由是：「這個天下不是你的，你是代天下守天下。」同前，頁259。按照曹錦清的看法，中國共產黨的天命包括：「民族團結、社會穩定和經濟可持續發展」，「完成社會轉型」，「恢復和我們的人口、國土以及我們的歷史記憶相稱的亞洲大國地位」。同前，頁262。

另外一些學者那裡，天下理念被置於當代世界場景中，成為民族國家／帝國主義批判的概念工具。

傳統的天下觀包含並強調內外之分，後者也是當今諸天下論說的核心議題，只不過，因為立場及關注點不同，諸天下論者或偏重於外，依據天下理念構想合理的世界秩序；或聚焦於內，以天下概念解釋中國古今秩序原理。然而，這種研究取徑上的分別只具有限的意義。對世界秩序的研究可能包含了對內部秩序的構想，對內部秩序的論述也可能只是對外部秩序想像的投射。重要的是，傳統天下觀構想的世界，儘管有內外等差的分別，卻是基於一套普遍有效的秩序原理，如此，以中馭外，才能夠「修文德以來之」。這裡的核心問題是，什麼是普遍有效的優良政體？面對這一問題，諸天下論者所見不同，或主張社會主義，或強調儒家本色，或堅持自由主義，然多雜取諸義，為己所用。於是，有人堅守儒家中心的華夏文明主體，嚴夷夏之辨，痛批假普世價值之名行世的西方話語霸權[215]；有人主張以開放胸懷吸納百川，融入「主流文明」，先承繼而後超越；有人徑以古代畿服制度為範本，「內本外末」，勾畫當代以中國為中心的「新五服制」[216]；也有

215　參見曾亦、郭曉東編著，《何謂普世？誰之價值？》，尤其第五章〈夷夏之辨與民族、國家問題〉。可以注意的是，在為其新書發布召開的研討會上，書中嚴夷夏之辨的觀點並不為同為儒學中人的一些資深人士所贊同。參見該書〈附錄〉所載陳來、郭齊勇等人的發言。當然，視普世價值論為西方國家利益的表達，此類觀點並不限於一些儒家人士。比如，看上去距離各種「主義」最遠的趙汀陽就認為，普世主義與多元主義是當今世界上最通行的意識形態，「前者作為絕大多數發達國家從國家利益出發的占優策略，其本質上是侵略性的民族主義；而後者作為欠發達國家從本地利益出發的現實主義策略，其本質則是抵抗性的民族主義」。趙汀陽，《天下體系》，頁81。

216　參見齊義虎，〈畿服之制與天下格局〉，載《天府新論》2016年第4期。上引

人主張「以中國為基地，以中華文明為軸心，建立人類世界新文明」[217]。然而，無論其取徑為何，偏重所在，尊奉何種主義，諸說皆以「天下」觀念為華夏文明智慧的結晶，後者集包容、廣被、至公諸特性於一身，既是克服狹隘民族主義的法寶，也是中華民族實現其世界歷史使命的指引。回首清末民初，國人皆云民族與國家，棄「天下」如敝屣，再看「天下」觀今日的榮寵，能不令人感慨！然而，從歷史上看，類似這樣的變化既非鮮見，也不難理解。「天下」原本有廣狹二義，其為開放的、進取的、擴張的，還是封閉的、保守的、收縮的，繫於國勢，定於國力。清季，國勢困蹇，國力衰頹，民族國家不立，故而在時人心中，「天下」思想非徒無益，甚且有害。如今，中國國運逆轉，「大國崛起」勢不可當。「一帶一路」聯通歐亞，昔日天下隱約可見[218]。

《何謂普世？誰之價值？》第五章〈夷夏之辨與民族、國家問題〉對此問題也有討論。有趣的是，Salvatore Babones 所勾畫的美國的天下，也仿照明代的天下格局，由近及遠，列出與五服相對應的秩序格局，其具體內容為：華盛頓特區─紐約─波士頓軸心、美國其他地區、盎格魯撒克遜聯盟、非盟友國和敵國。轉見趙汀陽，前引〈天下究竟是什麼？〉未刊稿。

217 康曉光語，見前引〈專訪康曉光：中國必須走向「儒家憲政」〉。康還斷言：「成功完成國家轉軌的中國〔引者按：指實現了儒家憲政〕，不僅可以憑藉其硬力量，改變現有的全球權力分配格局；還可以憑藉其獨特的軟力量，改變人類世界的發展方向和生存秩序。」那時，「中國〔將〕領導世界建設一個普世性的新文明」，「建立人類世界新秩序」。同前。

218 事實上，從「天下」理念來理解作為現實中的國家戰略的「一帶一路」構想的不乏其人。比如《天下》一書的作者姚中秋就認為，「一帶一路建設就是天下秩序」，而後者又是「中國有可能給面臨困境的世界提供〔的〕另一種世界秩序藍圖」。自然，就如「天下」觀念源自古代，「一帶一路方案之提出，本身就是文明自我連續而催生之政治決斷」。只是，他又認為，這一戰略的提出並非出於自覺，以致其研究者和實踐者沒有恰當的話語，令此一戰

此時，人們驀然發現，民族─國家的框架，裝不下文明中國，適

略構想明晰有力，「具有道德感召力」。解決這一問題，需要人們有文化、
觀念和理論上的自覺。參見秋風，〈從天下秩序角度看一帶一路戰略〉，
https://www.rujiazg.com/article/id/8281/。又見保建云，〈論公共天下主義：概
念體系與理論框架〉，載《天府新論》2016年第5期。該文係政府資助的某
個名為「一帶一路國家金融合作機制研究」的階段性成果。最近的事例是，
安樂哲教授嘗試從中西比較哲學的角度闡釋「一帶一路」倡議背後的理念，
其入手處也是中國的「天下」觀念。他贊同趙汀陽的天下體系論，並把包括
趙汀陽和干春松的著作在內的注重「天下內關係」而非「國家間關係」的各
種論述，視為「一帶一路」倡議的先聲。詳參安樂哲，〈傳統天下理念，當
今一帶一路倡議與變化的世界地緣政治秩序〉未刊稿，博古睿研究院中國中
心「什麼是天下：東亞語境」工作坊。不過，在之後對該文的評論中，評論
人阪元弘子著眼於「一帶一路」實施過程中「大資本」的介入，對安教授認
為是該倡議所奉行的「兩大基本價值觀」之一的「共贏」構想提出質疑。參
同前。
　　其實，即使不提「大資本」，對於隨中國崛起而隱現的「天下」遠景，中
國周邊國家的疑慮和不安已多有表露。已故新加坡總理李光耀認為，「在中
國人的思維中，處於核心位置的是他們淪為半封建半殖民地之前的世界以及
殖民者給中國帶來的剝削和羞辱」。他又說「中國」的意思就是「中央王
國」，它「讓人回想起中國主導東亞的時代，當時其他國家是中國的附屬
國，紛紛前往中國進貢」。李光耀口述，格雷厄姆・艾利森、羅伯特・D・布
萊克威爾、阿里・溫尼編，《李光耀論中國與世界》（蔣宗強譯，北京：中信
出版社，2013），頁5。那麼，中國崛起意味著什麼？李光耀的回答更為直
接：「一個工業化的、強大的中國會不會像美國1945年之後那樣友好地對待
東南亞國家呢？新加坡不確定，汶萊、印尼、馬來西亞、菲律賓、泰國和越
南等國都不確定。我們已經看到一個越來越自信並且願意採取強硬立場的中
國。……亞洲很多中小型國家也對此表示擔憂，它們擔心中國可能想恢復幾
個世紀前的帝國地位，它們擔心可能再次淪為不得不向中國進貢的附屬
國。」最後，李光耀現身說法：「隨著中國的影響力越來越大，中國希望新加坡更
加尊重它。中國告訴我們，國家無論大小，都是平等的，中國不是霸權國
家。但是，當我們做了中國不喜歡的事，他們就說你讓13億人不高興了……
所以，請搞清楚你的位置。」（同前，頁6。）另一個事例是中國與蒙古國的

合表達這個軸心文明視野和使命的概念，只能是「天下」。這或許也可證明，「天下」注定是內在於華夏文明的一種特性，對「天下」的記憶從未離開「我們」遠去。

八

　　然而，人們也必須承認，中國的近代遭際有其特殊性質，「天下」隱顯，亦非舊日王朝盛衰循環的簡單重複。今昔比較，最根本的不同就在於，近代中國所遭遇的挑戰，套用顧炎武的名言，不只是「亡國」，更是「亡天下」。事實上，傳統意義上的「天下」也確實亡喪了，而且，更重要的是，它不但亡於「外夷」之手，更是亡於「炎黃子孫」之手。清季以降，時人棄「天下」

政治與經貿關係。有評論家指出：中國對蒙古的戰略盲點在於高估經貿影響，低估蒙古內部的複雜性。關特勤碑文裡有兩種不同的中蒙關係想像，而中國還停留在千年前的王朝心態。詳參林正修，〈蒙古是中國和平崛起的試金石〉，載英國《金融時報》中文網，http://www.ftchinese.com/story/001057996?archive。最後一個事例來自韓國。在2016年中國官媒公開批評韓國決定部署薩德之後，韓國政府反應強烈。韓國韓神大學政治哲學教授尹平重在《朝鮮日報》發表文章稱，「中國在薩德問題上對韓國的高壓態度令人聯想起舊韓末時期的噩夢」（指袁世凱駐韓期間——引者按）。又說「通過新絲綢之路『一帶一路』戰略走向世界的中國夢碰到了巨大的暗礁」。文章提及在亞洲實現威斯特伐利亞秩序的「美國式世界秩序」及其競爭者「伊斯蘭世界秩序和中華世界秩序」，認為「威斯特伐利亞秩序有著中華秩序所完全無法比擬的人類普遍號召力和正當性」。而在韓國部署薩德問題上〔中國〕「把韓國視為屬國的粗暴中華主義證明了中國還遠未達到大國境界」，http://www.sohu.com/a/110010455_463234。有意思的是，前引姚中秋文章所說的陷於困境的世界秩序，正是威斯特伐利亞體系和一神教普世秩序以及混合了二者的美國式秩序。詳參前引文。

而崇「國家」，求富強而賤仁義，再往後，則一準於西學，全盤反傳統，以舊禮教、舊文藝、舊制度、舊風俗、舊思想為敵，必欲除之而後快，從而掀起了歷時百年的自我否定的「檢討中國」（還是借用趙汀陽的說法）運動[219]。這些，在今日諸天下論者看來，正是中國人迷失自我、喪失主體意識的表現。於是，擺在中國思想界面前最急迫、最重大的任務，便是尋回自我，確立中國的主體性。這項任務首先要求，如前所述，回到中國歷史，在歷史中重新理解中國。而這意味著，人們要重新講述中國歷史，提供新的歷史敘述，並在此基礎上重新連接歷史與當下。因為，以往的中國敘述無不是「檢討中國」的產物。為此，人們需要全面清理「檢討中國」運動的歷史根源和理論基礎。這時，批判的鋒芒自然會指向近代以來傳入中國的各式西方理論，其中，首當其衝的就是建立於18和19世紀的西方啟蒙主義知識體系。因為，近代以來中國人的自我認識就建立在這些理論和知識的基礎上。這裡，一個不容迴避的問題是，如何處理基於正統意識形態的官方標準的歷史敘述？

　　近代傳入中國並主導「檢討中國」運動的啟蒙理性，並非只表現為自由主義，也體現在源於歐洲而經蘇俄傳入中國的共產主義上面。儘管今天很多人把共產主義看成是完全不同於自由主義

---

219 趙汀陽注意到，與其他非西方國家不同，在接受西方現代物質文明和制度文明之外，「只有中國進一步發生了文化最深層的、釜底抽薪式的文化革命，……可能沒有別的國家像中國這樣推翻了自己傳統的意識形態和價值觀，而代之以『他者』的意識形態和價值觀」。具有諷刺意味的是，如此劇烈的文化革命背後的「宏大思想根據」，在他看來，恰是他竭力闡揚的中國傳統的「天下」觀念：「正是天下概念決定了中國沒有文化邊界」。趙汀陽，《天下體系》，頁41。

的另一種意識形態，但自中國文化的立場觀之，二者之間歷史、文化以及理論前提諸方面的共同性顯然更加突出。最重要的是，在過去幾近一個世紀的時間裡，「檢討中國」最強有力的推動力，正是來自於發生在這片土地的上的共產主義運動。簡略地說，通過確立作為科學真理的唯物主義史觀，把被奉為歷史發展規律的歷史發展五階段論運用於中國歷史，中共提出了一套完整的關於中國的歷史敘述，從而回答了何謂中國、我們是誰、我們從哪裡來、將去往何方等關涉自我認同的根本問題。只是，在這樣一個真理性、普世性的歷史敘述中，傳統與現代是斷裂的、對立的，被歸入落後的、壓迫的、剝削的、腐朽的封建範疇，必須被徹底清算和埋葬。有人認為，這一新史觀的建立，令中共在同國民黨爭奪天下的過程中占據了「意識形態的制高點」[220]。事實上，無論在其建政之前還是之後，這套馬克思主義歷史敘事都是中共意識形態的核心，是其執掌政權的政治正當性來源。然而，當後文革時代來臨，中國開始融入世界秩序，中國社會在開放和市場化過程中變得日益世俗化[221]和多元化時，曾經有說服力的正統意識形態失去了對歷史和現實的解釋力，成為受教育階層批判和普通民眾嘲笑的僵化思想體系。這種意識形態的危機具有雙重結果：一方面，它造成了中國社會意識形態的空缺，導致人心渙散，也使得各種不同思想和學說爭奪新的「意識形態制高點」的競爭變得不可避免；另一方面，包括前面這種現象在內的情形直

---

220 曹錦清，〈百年復興〉，頁254。受訪者對史觀及重建史觀之重要性的強調貫穿於整篇訪談。

221 此處所謂「世俗化」，主要是相對於早前在意識形態強勢支配下具有軍事化色彩的革命化的半禁欲社會而言。事實上，日常生活中的去意識形態化可以被看成是過去40年裡中國社會變遷的一個重要方面。

接危及中共作為唯一執政黨的統治合法性，亟需給予有效應對。中共改變其對於傳統文化的立場，致力於將植根於中國歷史文化的思想、觀念和價值納入到其思想體系之中，就出現在這樣的背景下。關於中共此種意識形態轉向的具體表現，前文曾提及若干事例，然尚不足以呈現其概貌，故此還需在這裡略綴數語。

　　中共自提出小康社會、以德治國、以人為本、和諧社會等發展理念，強調「立黨為公，執政為民」諸原則，其由傳統文化中汲取思想資源的取向即已顯露無疑。而自2012年習近平就任中共中央總書記之後，此種態勢不但愈加明確，而且迅速加強和擴展。作為中共最高領導人，習近平本人在黨內外及國內外多種場合，頻頻引用各類古代典籍，力圖將中國古代政治、法律、社會、修身等多方面的思想、觀念融入當代社會生活和中共的執政理念[222]。與之相呼應，新編「四書五經語錄」一類古代經典選本

222　例見《習近平用典》。該書分敬民、為政、立德、修身、篤行、勸學、任賢、天下、廉政、信念、創新、法治、辯證十三篇，共收錄其在各種場合援用的古代典籍語錄297條。詳見《人民日報》評論部，《習近平用典》（北京：人民出版社，2015）。2018年10月8日至19日，央視在其綜合頻道晚8點黃金檔播出《百家講壇》特別節目：《平「語」近人：習近平總書記用典》。該節目由中共中央宣傳部和中央廣播電視總台聯合制作，分為《一枝一葉總關情》、《治國有常民為本》、《國無德不興》、《國之本在家》、《報得三春暉》、《只留清氣滿乾坤》、《絕知此事要躬行》、《腹有詩書氣自華》、《惡竹應須斬萬竿》、《天下之治在人才》、《咬定青山不放鬆》、《天下為公行大道》計12集，每集均由「原聲微視頻」、「思想解讀」、「經典釋義」、「現場訪談」、「互動問答」、「經典誦讀」六個環節構成。「節目從習近平總書記一系列重要講話、文章、談話中所引用的古代典籍和經典名句為切入點，旨在推動習近平新時代中國特色社會主義思想的生動闡釋與廣泛傳播」。http://tv.cctv.com/special/pyjr/index.shtml。

也被大量印行，擺上了萬千黨政幹部案頭[223]。而最引人注目的是，習近平上任伊始即提出了作為國家發展「兩個一百年目標」的「中國夢」[224]，其核心就是「實現中華民族偉大復興」。有人認為，「兩個一百年」是一個新的歷史敘事，作為其核心[225]的「中華民族偉大復興」的夢想，「對於依然保留著民族復興情懷的人們，包括兩岸三地的中國人和海外華僑，是有感召力的」[226]。不

---

223 見比如中華文化促進會主持編纂，《四書五經語錄》「黨政幹部誦讀本」（北京：人民出版社，2013）。過去10年，在政府大力資助下，為推廣「中華優秀傳統文化」而編選的這類書籍大量出版，充斥坊間。其中的一些被作為學習材料下發至各級政府機構及事業單位工作人員。

224 在百度上輸入「中國夢」一詞，可得11600000個結果。根據百度百科，「中國夢」的概念最初由中共中央總書記習近平2012年11月29日在國家博物館參觀「復興之路」展覽時提出，並於次年3月17日在十二屆全國人大一次會議閉幕會上發表的就任國家主席的首次演講中正式加以闡釋，其具體內容是最初於中共十五大提出的「兩個一百年」的發展目標，即2021年中國共產黨成立100年時「全面建成小康社會」，2049中華人民共和國成立100年時建成「富強民主文明和諧的社會主義現代化國家」。歸結為一句話就是「實現中華民族偉大復興」。也是在這次閉幕演講中，習近平明確說明了實現「中國夢」的前提條件，那就是：「必須走中國道路，必須弘揚中國精神，必須凝聚中國力量」。此後，據百度百科，「全國各地紛紛作出回應，相繼推出了行業夢與各地的地方夢，掀起了夢想熱潮。夢想系列分別有：強國夢、強軍夢、體育強國夢、中國航太夢、中國航母夢、河南夢、四川夢、貴州夢、湖北夢、湖南夢、重慶夢、吉林夢、廣東夢、江蘇夢、江西夢、雲南夢、陝西夢、甘肅夢等等」。https://baike.baidu.com/item/%E4%B8%AD%E5%9B%BD%E6%A2%A6/60483?fr=aladdin。

225 「實現中華民族偉大復興」的口號最初由時任國家主席的江澤民於1992年在其哈佛大學的演講中提出。江澤民執政期間還提出了「三個代表理論」和「以德治國」等口號，由此可知，執政黨重建意識形態的方向那時就可以說已經十分明確了。

226 曹錦清，〈百年復興〉，頁253。

過，我們須要看到，新的歷史敘事並不是否定和替換了舊的歷史敘事，毋寧說，它只是改造並包納了後者。在新的歷史敘事中，曾經是截然對立的過去與現在和解了，貫通為一體，而一個最初是信奉外來學說的政黨也洗去鉛華，認祖歸宗。於是，中共不僅代表了當今中國的全體人民，而且領導了一個作為偉大文明「擔綱者」（用天下論者喜用的說法）的民族去實現其歷史的和文明的使命。在這樣的視野裡，中共將其歷史的正當性嫁接到了歷史悠久的中國文明上面。關於這一點，最好的例證來自中共最高領導人自己的表述。

2014年4月1日，習近平在比利時布魯日歐洲學院的演講中向他的聽眾解釋「中國是一個什麼樣的國家」。他的介紹從歷史開始，因為「歷史是現實的根源，任何一個國家的今天都來自昨天。只有了解一個國家從哪裡來，才能弄懂這個國家今天怎麼會是這樣而不是那樣，也才能搞清楚這個國家未來會往哪裡去和不會往哪裡去」。根據習近平的說法，中國的顯著特點包括：首先，「它是有著悠久文明的國家」，中華文明是世界幾大古代文明中唯一沒有中斷、延續至今的文明，其精神世界獨特而悠久，中國人看待世界、社會和人生，有自己獨特的價值體系。其次，「中國是經歷了深重苦難的國家」。中國曾長期領先於世界，但在近代由盛而衰，遭受外國列強侵略和奴役，淪為半殖民地半封建社會。中國人民經過逾百年前仆後繼的不屈抗爭，終於掌握了自己的命運。第三，中國是實行中國特色社會主義的國家。近代以降，中國人曾「苦苦尋找適合中國國情的道路」。嘗試過包括議會制、多黨制、總統制在內的多種制度，結果都失敗了。「最後，中國選擇了社會主義道路。獨特的文化傳統，獨特的歷史命運，獨特的國情，注定了中國必然走適合自己特點的發展道

路」。「總之」，習近平總結說：「觀察和認識中國，歷史和現實都要看，物質和精神也都要看。中華民族5000多年文明史，中國人民近代以來170多年鬥爭史，中國共產黨90多年奮鬥史，中華人民共和國60多年發展史，改革開放30多年探索史，這些歷史一脈相承，不可割裂。脫離了中國的歷史，脫離了中國的文化，脫離了中國人的精神世界，脫離了當代中國的深刻變革，是難以正確認識中國的。」[227]

　　這一歷史敘述的特點，也像我們提到的諸天下論述一樣，不但強調歷史的重要性，而且強調其獨特性。然而，如果止步於此，這種歷史敘事就還算不上是一種天下論述，甚至不能說是一個切合當今時代需要的合格的中國敘事。因為，「天下」是普遍的，秉持「天下」視野和胸襟的「中國」，其特殊性本身就包含了普遍性。當年，主張泯滅國界以求大同的康有為仍以救中國為意，就是因為中國「是一種文化的象徵和載體」[228]，承載了大同理想。後之學者接續這一思路，有人以「中國」之「中」「作為一個文化國度的國家靈魂的直接展現與直接詮釋」，而把「做中國人」理解為貫通天地、上下通達，「從而使個人矗立在天地之間，頂天立地地成為真正的人」[229]；也有人強調開放、包容和吸納他者，「以己化他而達到化他為己」，正是「中國的精神風格」[230]。同樣，在中共當下的政治話語裡，對中國歷史、文化及國情獨特性的強調並不是普遍性之外的另一個選項，相反，正因為獨特的

227 〈習近平在布魯日歐洲學院的演講〉，引文中的楷體均引者所用，http://www.xinhuanet.com/politics/2014-04/01/c_1110054309.htm。

228 汪暉，《現代中國思想的興起》上卷第二部《帝國與國家》，頁783。

229 陳贇，《天下或天地之間》，頁107。楷體係引者所用。

230 趙汀陽，《天下體系》，頁9。

國情根源於獨特的歷史和文化，其普遍性才得到保障，得以彰
顯。具有獨特性的所謂「中國智慧和中國方案」被認為有助於
「解決人類問題」[231]，其思想文化根源在此。換言之，要說明和確
保這種植根於特殊性中的普遍性，尤其需要建立起現實與歷史的
聯繫[232]。關於這一點，強世功教授不久前發表的由中共十九大報
告解讀「習近平時代」的長文〈哲學與歷史〉[233]，可以被視為一個
很好的例證。

　　在強文的敘述中，哲學和歷史可以被理解為普遍性與特殊性
的兩個符碼，而此二者的交織融合，又可以被看成理解從中共十
九大報告到「習近平時代」、從馬克思主義中國化的實踐到中國
文化精神的關鍵。強文認為，「十九大報告在寫法上就是將哲學
與歷史交織在一起，從而把普遍主義的哲學思考與具體實踐的歷
史行動聯繫在一起」。比如，「十九大報告不再用代際政治的自然
時間來建構中國共產黨的歷史，相反是從歷史天命的角度，按照

231　中共十九大報告。

232　在過去一百年的中國，政治與文化思想受普遍性與特殊性兩種話語的交替支
　　　配。近代中西文明碰撞的一個重要結果是，中國文明喪失了其曾有的普遍
　　　性，蛻變為西方啟蒙理性光照下不具普遍性的蒙昧落後之國。共產主義進入
　　　中國改變了這種情形，它讓（新）中國重新奪回普遍性話語。但是在後文革
　　　時代，中國再一次失去了主張普遍性的自信，退而強調中國國情。這種情況
　　　今天正在改變，不過，這一輪的普遍性主張是在堅持「國情」和「特色」的
　　　基礎上，通過重新引入中國文明和文化的普遍性因素展開的。關於發生於清
　　　末的普遍主義與特殊主義之爭以及這兩種話語後來的社會轉換，可以參見梁
　　　治平，《禮教與法律：法律移植時代的文化衝突》（桂林：廣西師範大學出
　　　版社，2015），頁105-123、134-139。

233　強世功，〈哲學與歷史：從黨的十九大報告解讀「習近平時代」〉，載《開放
　　　時代》2018年第1期，http://www.aisixiang.com/data/107999.html。以下引文
　　　皆出自該文。楷體係引者所用。

特定的政治時間節點開闢的新的政治空間，將中國共產黨的歷史劃分為『站起來』『富起來』和『強起來』三個階段」。這是一種「經史結合、以史解經的敘述方式」。如此，一個當代政黨的特定政治表達就被賦予了具有深厚意蘊的文化意義。強文接著指出，中國文明傳統中沒有彼岸和此岸的割裂，二者「消融在天人合一的完整世界中」。中國人的人生要落實在「『家國天下』的歷史進程中」，在那裡「找到普遍永恆的意義」。因此，中國的史學也不是單純的事實紀錄，而是「在事實紀錄中包含著對普遍價值和意義的哲學探索」。與此文化精神相對應的，是「一種普遍主義的天下秩序觀」，其制度化的體現便是朝貢體系，它構成了「一個普遍主義的多元一體系統」。正因為具有此種獨特的文明性格，「中國崛起」便成就了「一種獨特的『中國例外論』」。不同於總想「在二元對立中最終克服矛盾對立而追求絕對的同一」的西方文化，「中國文化始終強調對立中的統一與包容，從而形成多元一體的和合理念」。因此，「中國方案」的要義就在於，立足於中國文明，取世界上各文明之長，「推動中國文明傳統的現代性轉化，最終建立超越西方文明並包容西方文明的人類文明新秩序」。於是，有「習近平時代」之稱的「中國特色社會主義新時代」，「不僅給中國迎來了新時代，而且也給世界歷史開闢了新時代」[234]。

---

234 在「中國崛起」的世界意義這一問題上，比較一下美國著名鷹派人物、前白宮首席戰略師班農對中共十九大的解讀會很有意思。在其2017年11月26日發表於日本東京的演講中，他首先提示聽眾注意當下這個「獨特的全球階段」，其標誌「就是中國的崛起」。接著，他提到剛剛結束的中共十九大，特別是美國主流媒體都很少注意的十九大報告，因為這個「長達三個半小時的講話，涉及了中國領導將把中國引向何方」。在班農看來，這個「講話中

　　強文類似的論述還有很多，如謂新中國秉持的「和平共處五項基本原則」與中國傳統文化中的「王者不治化外之民」是一脈相承的；而習近平為構建新的國際治理體系提出的「共商共建共用」思想，也是「來源於中國傳統文化中『天下為公』思想與『和而不同』的和合理念」，體現了「中國智慧對全人類的貢獻」；同樣，習近平在其講話中選擇「中國智慧」和「中國方案」而不是流行的「中國模式」概念，也被認為體現了作為中國智慧的真正的天下主義。這樣一來，中華民族偉大復興就「不是民族主義的，而是世界主義的」。「這種世界主義精神一方面來源於中國儒家的天下主義傳統，亦即黨的十九大報告最後援引的『大道之行，天下為公』；另一方面來源於解放全人類的共產主義信念。」

　　像在其香港論述中一樣，強世功試圖為中共的共產主義理論和實踐提供一種中國文化的解釋，在他看來，「中國共產黨始終紮根本土大地，其政治性與其說來源於其階級性，不如說來源於其本土性和民族性，是地地道道的中國品格」。在談到中共的鬥爭哲學時，他說：「中國共產黨所具有的這種鬥爭品格，不僅來源於馬克思的主體哲學，更是來源於『天下興亡，匹夫有責』『君子自強不息』的中國文化精神。」[235]甚至中共對共產主義的理

道出了他們未來全球霸權統治的計畫」，那就是「在2035年成為世界第一大經濟勢力，2050年成為主導國家，換而言之就是成為世界的領袖」。而這將是「儒家重商主義的權威模式」對「猶太基督教的自由民主、自由市場、資本化的西方」的勝利。班農也提到中國的「一帶一路」戰略，他把這個戰略說成是「中國真正大膽的地緣政治擴張」，是中國稱霸全球的構想中的一個重要部分。http://www.360doc.com/content/18/0406/03/22466642_743194192. shtml。

235　不過，在強世功看來，改革開放以後，「中國學術界和思想界在逐漸淡忘矛盾學說、鬥爭學說和實踐學說」，他把這種令人憂慮的變化歸咎於「對文革

解，也「不再是馬克思在西方理論傳統裡構想的、沒有被社會分工『異化』的人類伊甸園狀態，而更多地與中國傳統文化中『天下大同』的理想緊密聯繫在一起」。強文的這套敘述固然不同於以往的正統意識形態，卻符合後文革時代中共意識形態轉向的大方向。對強文來說，這種轉向乃是基於這樣一種態勢和判斷，即在經歷了與社會變遷相伴的意識形態式微之後，正是「中國文化為『共產主義』理念注入了新的精神能量」，「中華文明幾千年輝煌的政治想像成功地填補了共產主義願景弱化所留下的信仰真空」。這裡，如果我們把強文的陳述句讀為祈使句，肯定更為恰當。因為，「中國文化」並非「共產主義理念」當然的精神資源，「中華文明幾千年輝煌的政治想像」更不會自動去填補「共產主義願景弱化所留下的信仰真空」。要在二者之間建立起強文所主張的那種聯繫，首先需要一種新的政治想像。毫無疑問，強文所提供的這套對馬克思主義中國化的「中國文化解釋」，就是這種新的政治想像的一部分。而這種政治想像本身，正可以被看作一種新的天下主義建構[236]。

的否定」，以及「在與西方接軌過程中」形成的「經濟學和法學主導的、以中立性和非政治化為特徵的新政治話語」。

236 參與建構這一新的政治想像的是一個引人注目的知識群體，其中既有頗具影響力的資深學者，也有一批活躍於當下的青年學人。本文前面提到的若干著者及其著作就出於這個群體，這裡要提到的是另一本著作：《大道之行：中國共產黨與中國社會主義》。該書由5位留學歸國的青年學者集體撰寫而成，作者們的「政治想像」從該書書名便可以大體了解。下面是由該書卷一引錄的一段內容：「中國共產黨的這種學習風格、實踐與機制，既是馬克思主義政黨本質的體現，更是中國政教文明傳統的延續與發揚，是以傳統儒家士大夫為代表的中華文明先進性團隊在現代境遇中的自我改造與新生。**在此基礎上的黨建，既是作為中國革命與建設的領導核心的政治主體建設，也是**

作為中華道統之承繼者的文明主體建設；在中國共產黨領導下進行的革命建國實踐，既是中華政治共同體的重構，同時也是中華文明的重建」。而「中華人民共和國的誕生⋯⋯既是古老歷史的延續展開，又是全新歷史的開端與起點；既是現代民族國家的創建，同時又是對民族國家的超越⋯⋯它賦予了中國這個有著五千年歷史的『舊邦』以『新命』，讓中華文明在現代性境遇中重新獲得現實性。**它讓中國既成為具有強大的動員協調能力的現代民族國家，又仍是保留著天下關懷與視野的『華夏』，⋯⋯在此意義上，當代中國始終是民族國家、政黨國家和文明國家的有機整體**」。鄢一龍、白鋼、章永樂、歐樹軍、何建宇，《大道之行：中國共產黨與中國社會主義》（北京：中國人民大學出版社，2015），頁31-33，文中粗黑體字為原文所有。為該書作序的兩位資深學者，王紹光和潘維，自然也屬於這一群體。兩人的基本觀點，參見王紹光，〈中國的治國理念與政道思維傳統〉；潘維，〈中國模式與中國未來30年〉，均載瑪雅編著，《道路自信：中國為什麼能》。出於該群體的另一位學者稱，因為秉有天下傳統，「中國將通過不斷以『回到未來』（back to the future）的方式，為發展提供遠景和動力，而這裡的未來，既包括三代之治，也包括『康乾盛世』的發展模式，既包括共產主義的遠景，也包括毛澤東的思想和實踐」。見韓毓海，《天下：包納四夷的中國》（北京：九州出版社，2011），頁330。對歷史與現實關係的重新定義，引出儒學與社會主義的舊話題。相關的討論，參見《開放時代》2016年第1期「儒學與社會主義」專號。對歷史上儒學與馬克思主義關係的梳理，參見任劍濤，《當經成為經典：現代儒學的型變》（北京：社會科學文獻出版社，2018）。這裡可以提到一個小插曲。在以「馬克思主義、自由主義與儒家」為主題的一場討論會上，兩位持馬克思主義／社會主義立場的所謂儒家社會主義學者堅持認為，中國的馬克思主義「是立足於中國的實際情況，充分吸取了傳統文化的再創造」，無論毛、鄧，都力圖「聯繫中國的傳統來構建新的價值」，「他們都有中國關懷，有中國立場」，而這個〔現代〕中國，「既是一個民族國家，又是一個政黨國家，還是一個文明國家」，「是三種國家形態的共同體」。這種說法當場受到儒家方面學者的反駁，被斥之為「完全不顧事實的胡說」。見曾亦、郭曉東編著，《何謂普世？誰之價值？》，頁48-49。不過，當時的論辯是在友好的氣氛中進行的，這部分是因為，雙方有一個共同的「敵人」，那就是自由主義。這次討論會組織者之一的曾亦事

九

　　把執政黨的意識形態重建視為一種新的天下主義建構，並將其置於當代中國思想學術的大背景下觀察，可以為我們把握當下中國的思想脈動提供一個新的視角。由此出發，最可注意的也許是下面兩個相互關聯的問題，即一，作為一種官方意識形態的天下主義與其他各種天下論說之間的關係；二，諸天下論說同意識形態之間的關係。

　　關於前一個問題，最顯見的一點便是官方意識形態的支配性地位。這種支配性地位以國家權力為基礎，通過國家對教育、思想、文化、學術以及大眾傳媒等領域的制度性控制得以實現。事實上，無論其原因為何，在一個不但強調意識形態的重要性，而且注重思想、資訊和言論控制的體制下，如果沒有前述國家意識形態的轉向，以及由此而來的國家親善「傳統文化」的種種舉措，人們今日所見的傳統文化復興，以及作為其標誌之一的諸天下論說競勝的情形，都是不可想像的。因為同樣的原因，官方意識形態有能力且實際上也一直試圖對全社會施加其影響。然而，這並不意味著國家意識形態因此能夠貫徹於全社會，收獲民心，尤其是在思想文化領域。相反，若著眼於思想的內在關聯，人們不難發現，同樣是轉向歷史文化，官方意識形態與其他天下論說之間的關係則遠為複雜。這種複雜性主要表現於兩個面向。

　　在一個較為淺顯的面向，人們可以根據論說者的政治立場和

　　後總結說，「我們的見解主要有兩個：其一，對自由主義道路的警惕和反思。其二，對中國文化本位的自覺意識」。（同前，頁202。）因此，回到論辯現場，細察其中立場、觀點上的差異，以及由此而形成的思想上的緊張，人們可以很好地了解當代中國不同思想派別之間複雜微妙的關係。

構想來了解這種關係。簡單地說，在這種關係的一端，論者基於
對現行體制及其歷史的充分肯定展開論述，意在為之提供更具說
服力的歷史和理論的正當性論證。此類論證或者採取直截了當的
和通俗的形式，或者採取繁複乃至深奧的知識闡釋方式；或者著
眼於內，致力於發掘當代政治實踐的理論意義，同時溝通古今，
將執政黨的政治正當性放置於更久遠也更深厚的中華文明的基礎
上，或者著重於外，通過對西方政制及其原則、原理的重新認識
和批判，為拒斥此類西方價值的「中國道路」提供知識上和理論
上的依據[237]。而在另一端，對中國歷史文化的強調和對中華文明
的推重導向了不同的方向。因為可以理解的原因，這類論述均避
免同官方意識形態發生正面衝突，這令它們很難保持其應有的完
整性和可能的透徹性。儘管如此，它們各自的基調和主旨仍不難
辨識。總的來說，這些論說者不認同或不完全認同官方的意識形
態主張，但他們都自覺利用官方意識形態轉向帶來的機會，去發
展適合其政治構想的中國─天下論述[238]。在這樣做的時候，他們
中的一些人對現行體制和政策傾向於採取更友善的態度，或者對
此種意識形態轉向給予充分肯定，或者努力從中發現彼此的一致
性，或者把現行體制看成是達成其發展目標的必經階段而加以接

237 當然，採取這種立場的學者並不止於亦步亦趨地追隨執政者的決策，完善其
　　說。其中最有抱負之人更希望並試圖為後者提供理論上的指引。
238 強世功在其闡釋「習近平時代」的文章中，就以其政治敏感指出，隨著中華
　　民族偉大復興口號的提出，自由主義內部分化出「大國派」，「迅速擁抱國
　　家崛起這個政治主題」，而「主張只有採取自由民主憲政才能真正實現民族
　　偉大復興」。與此同時，由「文化保守主義中發展出了一種復古派，主張
　　『儒化共產黨』」。在他看來，這些思想和主張，都「對中國共產黨領導國家
　　的政治權威和政治體制構成挑戰」。

受[239]。此外，思想文化領域內的論壇和媒介總是「與時俱進」，選擇那些既反映最新意識形態動向、又多少具有思想學術色彩的議題展開討論[240]。這類言說或可以被看成是介乎上述兩端的中間形態。

　　在另一個面向，官方意識形態與諸天下論述的關係更加複雜和微妙。首先，如前所述，天下論說的興起所折射出的，實際是一種深刻的自我認同危機或說主體性焦慮，這種危機的源頭可以追溯到近代的中西文明衝突，其近因則是後文革時期中國社會所

---

239 這主要表現在儒學中人的回應上。比如有人把中共十七屆六中全會前後執政黨政治文化的變化視為「再中國化」，認為「今天在中國環境裡面討論中國問題，必須跟中國特色的社會主義理論和實踐相結合，……積極參與到裡面去，推動政治文化的再中國化。前引《何謂普世？誰之價值？》，頁210。也有人認為，中華民族偉大復興就是當年康有為創辦「強學會」時提出的「保國保種保教」的升級版。所謂「勿忘初心」，其含義也應當在這樣的意義上去體認。參見陳明，〈康有為視域中的大陸新儒學〉，載任重主編，前引《中國儒學年度熱點》。還有人把現體制視為通向儒家憲政的中國大轉軌的一個階段，同時對「當政者」的主張和舉措有以下描述和評價：〔當政者主張〕「進一步完善市場經濟制度；積極維護官方意識形態，同時大力推動儒家文化復興；強化權威主義政體；與此同時，大刀闊斧整治各類不法精英。顯然，當政者拒絕了各派的完整主張，但又接受了各派的部分主張，以我為主，兼收並蓄，做了一個『拼盤』。這個拼盤自有章法，既是回應各種訴求的權宜之計，也順應了中國轉軌內在邏輯的必然要求。把『現實狀態』與『理論藍圖』做一比照就可以對當政者的所作所為做出評價。總的來看，與各派民間勢力的主張相比，當政者的主張和作為更為周全，也更為符合大轉軌理論的階段性要求。因此，當政者的作為可以說是『基本恰當』。」前引〈專訪康曉光：中國必須走向「儒家憲政」〉。

240 這方面較為活躍的刊物有比如《文化縱橫》、《開放時代》、《文史哲》、《天府新論》、《學習與探索》等，本文引用的許多文章和論點也出自這些雜誌。自然，它們各自的背景、風格、內容側重點乃至編輯立場並不相同。

經歷的巨大變遷。只不過，這場危機的含義因人而異。對執政黨
來說，危機之象，是以往正統意識形態的日漸式微，為此，需要
立即修復和更新意識形態，如此，方可對內收拾人心，強化其正
當性，對外確立其新的大國地位。而對另一些人來說，這場百年
危機從未被真正地克服，要尋得自我，建立中國的主體性，需要
接續其他傳統，從頭來過。這意味著，包括中共意識形態在內的
諸多思想和理論，都是清理和批判的對象。其次，作為一種話
語，無論其具體主張如何，天下主義共用某些思想要素，比如都
強調歷史在中國人精神生活中的重要性，都把在歷史中確立中國
的自我認同視為正途，都注重文明的概念，都重視中國的軸心文
明特質，都把中國視為中華文明的載體，都強調中國歷史和文明
的連續性，並據此解釋今天的中國，也都把天下主義看成華夏文
明的精神特質，並相信這種精神特質至今猶存，而且是克服當今
世界若干重大弊害進而解決人類問題的不可替代的精神資源。誠
然，這些思想要素在不同的論說者那裡意義不盡相同，而且被賦
予了不同的權重，有不同的組合，指向不同的方向，但是客觀
上，它們之間又存在某種相互支援的關係，因為，它們都強化了
天下主義的話語。再次，論者圍繞認識中國展開的論述雖然各有
其指向，但他們所調用的理論並非涇渭分明，而多具交叉性。比
如，運用後現代、後殖民和東方主義理論來質疑和顛覆啟蒙理
性，實際上可以滿足不同的政治訴求。揭露西方普世價值的虛偽
性也是如此。更不用說，被置於「重思中國」思想運動旗幟下面
的，可以是形形色色的人物和主張[241]。這種理論的交叉性和多重

---

241 趙汀陽就提到包括從梁漱溟、現代新儒家、李澤厚，到1990年代以後遍及
　　經濟學、社會學、人類學、法學、哲學、政治學、文化理論諸領域乃至民間

含義，令諸天下論述之間的關係愈形複雜。

　　然則，諸天下論說同意識形態的關係又如何？到現在為止，本文言及意識形態時一直沿用習慣說法，即主要在官方意識形態的意義上使用這一概念，並將此一現象視為當然，而沒有細究意識形態的性質、形態、生長條件等。然而，要回答上述問題，停留在該詞的習慣用語上是不夠的，我們需要對相關問題稍加分析。為扣合本文主題而不至歧出，這裡僅引據兩位學者的相關意見展開討論。

　　政治學者鄭永年在其新近出版的《中國的文明復興》一書中，對中國轉型過程中的意識形態建構、話語體系建設、文化創新和文明發展等問題做了集中而簡要的討論。他把意識形態區分為國家的和社會的兩個部分，認為現在中國亟需建設「國家意識形態」。新的意識形態應該能夠「客觀地反映中國各方面實踐的開放性、包容性和進步性」[242]，超越社會上非左即右的各種論述（意識形態），凝聚國內共識，同時尋求和吸納共用價值，為國際社會所認可。另一位學者，香港大學的慈繼偉教授，在其討論「天下」的文章中，引據葛蘭西、阿爾杜塞等人的觀點，分析了意識形態的性質及生長條件。在他看來，「天下」觀念屬於葛蘭西所謂（文化）「霸權」（hegemony）的範疇，古今天下論述也

　　方面的諸多現象，把它們都視為「重思中國」思想運動的表現。參見《天下體系》，頁4-8。

242　鄭永年，《中國的文明復興》（北京：東方出版社，2018），頁80。鄭永年對這一議題有長期的關注，並在其多部有關中國的著作中有所論述。參見鄭永年，《中國模式：經驗與困局》（杭州：浙江人民出版社，2010）；《改革及其敵人》（杭州：浙江人民出版社，2011）；《為中國辯護》（杭州：浙江人民出版社，2012）等書。

都具有意識形態性質。然則，「霸權」有別於赤裸裸的「支配」（domination），即使是國家主導的意識形態，要有效發揮其作為意識形態的作用，也不能直接表現為政治權力。他引述法國馬克思主義哲學家阿爾杜塞關於鎮壓性國家機器（Repressive State Apparatus）和意識形態國家機器（Ideological State Apparatuses）的區分，尤其是其視前者為由單一中心掌控的集權體，後者則是具有相對獨立性的多元物質存在的觀點，將「自由」看作成就「霸權」／意識形態的必要條件。此種「自由」，在本文討論的語境中，即是「文化中國對於政治中國的相對自主性，而意識形態則是此文化中國得以在由此創造的空間裡依其本性運作的方式」[243]。基於這樣的視角，中共今日所面臨的所謂意識形態危機，甚而不是能否更新和如何強化其意識形態，而是能否在「鎮壓性的國家機器」之外，創造條件，促生「意識形態國家機器」，簡言之，就是能否擁有「意識形態」。循此思路，我們在觀察作為意識形態建構的當代中國各種天下論說時可以注意以下兩點。

　　第一是權力在其中的位置和作用。根據上面對意識形態的界說，即便是討論所謂「國家意識形態」，也並不是假定國家憑藉其政治權力就可以創建意識形態（無論其好壞），更不用說國家可以獨自做到這一點。相反，只能在相對自主的自由條件下生長的意識形態，需要社會的充分參與才可能發展起來，如此產生出來的意識形態也必定是複數的。這意味著，在國家方面，需要分別政治與文化，尊重文化領域的自主性，而要做到這一點，國家

243　Ci Jiwei, "Tianxia as Hegemony" 未刊稿，博古睿研究院中國中心「什麼是天下：東亞語境」工作坊。楷體係引者所用。

首先要有充分的政治自信[244]；在社會方面，參與構建意識形態的
各方也要「從政治權力中解放出來」[245]，即擺脫或者一味為現有體
制辯護、或者一味反體制的圍繞政治權力的論爭，轉而關注事
理、學理，通過各自獨立的知識創造和理論實踐，來彰顯和捍衛
思想的尊嚴和知識的自主性。而這恐怕應當成為「知識倫理學」
的第一條要義[246]。由這裡，我們可以引申出值得注意的另一點，

---

244 中共十八大報告提出了建設中國特色社會主義的「三個自信」，即「道路自
　　信」、「理論自信」和「制度自信」。中共十九大報告在此基礎上又增加了
　　「文化自信」。這裡，「文化自信」的提出顯然是要為包含了「道路」、「理
　　論」和「制度」在內的政治自信提供支援。在這樣的背景下，指明文化發展
　　以真正的政治自信為前提這一點尤為重要。鄭永年指出：「如果政治上的自
　　信不能達成，文明的復興和新文明的形成就會困難重重。如果因為政治上的
　　不自信而實行這樣那樣的控制政策，那麼文明不但不能復興，而且還會衰
　　落。很顯然，確立政治上的自信乃是中國今後相當長歷史時期的要務」。鄭
　　永年，《中國的文明復興》，頁157。關於中國「文化軟實力崛起」的制度障
　　礙，又參見該書頁193、196。

245 鄭永年，《中國的文明復興》，頁198。在「從政治權力中解放出來」之外，
　　鄭永年認為要實現文化創新，還需要「從『思想和思維』的殖民地狀態中解
　　放出來」和「從利益狀態中解放出來」。詳參該書頁196-208。

246 趙汀陽區分了「知識的政治學意義」和「知識的倫理學意義」。前者指向
　　「知識／權力」的關係，後者則指向「知識／責任」的關係，並認為二者都
　　強調：「知識不能被簡單地理解為一個單純的認識活動，真理並不是一個最
　　高的判斷，真理必須是好的，真理必須負責任」。前引《天下體系》，頁4。
　　與此同時，他也強調，在具有責任意識的「以中國為根據去思、去說、去
　　做」的思想運動中，「如果沒有形成謹慎嚴密的思考，不進入深刻的理論分
　　析，而僅僅滿足於寫作另一種敘事，就非常容易變成膚淺的話語」，同樣是
　　不負責任的。事實上，今天中國的知識人面臨的是較此更為複雜的局面，因
　　為不僅人們對「真」的理解不同，對「善」的理解分歧更大。如何在真與
　　善、知識與權力、知識與責任、學術與政治、意識形態與理論之間判斷取
　　捨，求得平衡，是他們必須不斷面對並做出選擇的難題。

即意識形態建構過程中的說理、論證和說服，以及建立在此基礎上的意識形態主張的說服力和可信性。

　　無論何種意識形態，要有效發揮其作用，都必須具有說服力，不僅對其自己可信，對它希望影響的其他人也必須是可信的。為此，任何意識形態的主張都必須建立在能夠被廣泛接受的說理的基礎上。對於主張其普遍性的各種天下論說而言，這種要求尤其突出。在其關於「天下」的評論文章中，慈繼偉教授指出，無論過去還是現在，也無論以何種名義（比如古代的「天下」或今天的自由主義全球秩序），人們所聲稱的普遍性（universality），不過是他們關於普遍性的主張或宣稱，而非普遍性的事實本身。而讓人們相信和接受這種或那種關於普遍性主張的，絕非強力，而是聽上去有理的一套說辭。這裡，plausibility的有無和程度高低至為關鍵。慈文寫道：「當今世界，只有出自實力者的主張，人們才會注意並認真聽取。但正因為如此，提出主張的一方需要滿足更高的以理服人的要求。」[247] 這無疑是擺在所有天下論者，無論官方的還是民間的，面前的一項挑戰。而在中國今天的思想和制度條件下，要成功應對這樣的挑戰並不容易。一方面，執政者痛感意識形態闕失之害，力圖通過整合、吸納中國古代思想文化資

247　在言之成理這一點上，慈繼偉對其文章中討論的兩部天下論著，干春松的《重回王道：儒家與世界秩序》和趙汀陽《天下的當代性：世界秩序的實踐和想像》，有不同的評價。他認為前者沒有滿足說理的基本要求，對其圈內人之外的其他人沒有說服力。後者則不同，它提出了一套不失為合理的哲學論證。雖然，趙著執著地主張其所謂「以世界觀世界」立場，並將文化隔絕於政治，實則放棄了對實踐天下理念的有效論證，也有說服力不足的問題。在慈繼偉看來，對於那些天下論者來說，真正的挑戰在於，要找到一種合理方式令政治中國成為實踐新的天下理念的主體，同時又讓世界上的其他國家和民族覺得這個天下理念合理可信。

源，拓寬基礎，豐富、更新和強化其固有的意識形態。這一轉變不能說毫無意義和效果，但它為此運用國家權力控制輿論、壓制異見的習慣作法，卻有將文化轉變為政治、令說理成為無用之虞，從而削弱甚而消解了對其生存至關重要的「意識形態國家機器」的基礎。另一方面，面對這樣的轉變，思想、學術和知識領域的回應也日見分化。有人應聲而動，為之提供概念闡釋和理論說明，張大其說；也有人附和跟風，為「大國崛起」鼓吹造勢；有人擁護並利用這種轉向，欲藉其勢力發展自身，同時抑制其他對手；也有人針鋒相對，介入其中，爭奪對歷史文化的解釋權。在如此背景下登場的各式天下論述，有多少聽上去思慮周全，理據充分，令人心悅誠服，誠為一問題。

如前所述，本文無意對諸天下論說逐一做內部的分析，也不打算一覽無遺地羅列相關文獻，而是滿足於對這一方興未艾的思想運動做概覽式的觀察，追溯其緣起，勾畫其面貌，知其所以，明其所以然，並對這一運動的性質和條件稍加探究。此刻，在本文結束之際，我只想指出一點，那就是，無論諸天下論述以怎樣的面貌呈現於世，也無論其思考深刻還是膚淺，它們背後的問題很大程度上是真實的，因為意識到這些問題而產生的集體性焦慮也是容易理解的。經歷巨變而崛起於世的中國，驀然發現自己身處陌生之境，為一系列問題所困擾。然而，回顧歷史，人們或不難發現，這種困擾的精神根源是自我認同的迷茫，而這不過是肇始於清末的中國文明的「整體性危機」[248]的延續，是這一深刻危

---

[248] 這裡借用了伯爾曼取自艾利克森的說法。在後者那裡，「整體性危機」是個人生命歷程中一個特殊階段的經驗，這種經驗與精神的「秩序和意義」有關，而「整體性」則與個人所從屬的文化或文明有關。伯爾曼把這種說法引申至社會和文明，因為他相信，「整個社會可能經歷與在個人生命歷程中相

機在當下這一特定時刻的表現。在這一重要的歷史時刻，重返歷
史、接續傳統以尋回自我，不失為一種順應文明內在驅動的合理
選擇，而從理論反思開始，重新認識中國，確立新的主體意識，
也有其不得不然的必要性。雖然，這樣的努力並非當然地具有正
當性，也不必然地具有建設性，相反，在一個如此喧囂浮躁的時
代，一個各種利益交織纏繞的情境中，如果沒有宏大的視野、開
闊的胸襟、深邃的反思意識和獨立不羈的批判精神，此類嘗試，
即使出於真誠，也很容易變成盲目自大的自我標榜和情緒宣洩，
甚而淪為權力的附庸，服務於偏狹的利益，終無益於文明的重
建。當代中國知識人尤須記取這一警示，因為，知識人在此過程
中扮演著關鍵性的角色。他們是理論和意識形態的製造者，也是
這種或那種意識形態的批判者，而無論他們扮演哪種角色，也無
論其觀點為何，作為知識人，他們首先要努力做到的，恐怕都應
該是守護其職分，專注於真知，致力於說理，不昧於良知，不蔽
於私利，儘量不受偏見和一時情緒的左右，遵循知識的傳統和規
範，忠實地呈現自己的想法。因為，真正的意識形態建設需要與
政治權力保持距離，真正批判性的思想需要對各種各樣的意識形
態建構保持清醒的和批判的意識[249]。只有做到這一點的時候，他

　　似的發展階段」。見伯爾曼，《法律與宗教》（梁治平譯，北京：商務印書
　　館，2012），頁13。有意思的是，另一個出於艾利克森但卻更廣為人知的概
　　念是「認同危機」，它主要與個人從青年轉向成年的經驗有關。本文討論天
　　下論興起背景時也多次提到「認同危機」，但這個詞卻只能在整個生命歷程
　　「終結」（伯爾曼語，同前）之後文明再生的意義上來理解，在這個意義
　　上，它指的就是「整體性危機」。

249 學術與政治、理論與意識形態之間的關係複雜而微妙，前者不能免於後者的
　　影響，後者需要前者的支援。然而，泯滅二者間的界線，直接以政治統御學
　　術，以意識形態替代理論，則不但取消了學術和理論，也把意識形態降格為

們的主張和敘述才有可能聽上去更有說服力。

（原載於《思想》第36期）

梁治平，中國藝術研究院藝術與人文高等研究所高級研究員，主要研究領域為比較法律史、法律與社會、法律文化，近著包括《法律史的視界》、《法律何為》、《禮教與法律：法律移植時代的文化衝突》等。

赤裸裸的政治宣傳，而令政治權力失去因「軟實力」支持而成就的權威。一位美國中國研究領域的資深學者曾以其個人經歷，對在中、美兩種（尤其是後者）不同語境下學術、理論與意識形態的關係做了生動的說明。參見黃宗智，〈學術理論與中國近現代史研究〉，載《學術界》2010年第3期。

異想天開

近年來大陸新儒學的政治訴求

葛兆光

引言：從2014-2016年的三個事件說起

最近幾年，在中國大陸思想文化界有三個事件相當引人矚目。*

第一個事件，是2014年某次群賢畢至的座談會，有人在會上聲稱「現代中國的立法者，既不是孫中山，也不是毛澤東，也不是章太炎，康有為才是現代中國的立法者」，並強力論證康有為對現代世界與中國各種問題的先知先覺，從而激起一種「回到康有為」的潮流[1]。第二個事件發生在2015年，原來還是同盟的大陸新儒家與台灣新儒家之間，出現了深刻分歧和激烈論戰，這場論戰先在新聞媒體上掀起，接著2016年初兩岸儒門學者在成都又舉辦了一個「兩岸會講」，從事後發表的長達81頁的紀錄來看，唇槍舌劍很有火氣[2]。第三個事件是2016年，大陸新儒學的五大「重鎮」連袂出演[3]，在新加坡出版了一本號稱是「重拳出擊」著作的《中國必須再儒化：「大陸新儒家」新主張》，全面提出當下大陸

---

*　這是2017年3月在哈佛大學召開的一次「當代中國思想」討論會上的發言。需要說明的是，本文概括和分析的是當前某些急於介入現實政治的大陸新儒家呈現的整體取向，並沒有著意區分大陸新儒家內部的差異，也不涉及對儒家思想有認同或同情的其他學者，請讀者明察。

1　甘陽、唐文明等〈專題一：康有為與制度化儒學〉，《開放時代》2014年第5期，頁12-41，特別是頁16；又，可參看〈東林會講：康有為與大陸新儒學〉，《天府新論》2015年第5期，頁55-76。

2　參看〈專題：首屆兩岸新儒家會講〉，載《天府新論》2016年第2期，頁1-82。

3　即被稱為「大陸新儒家精神領袖」的蔣慶、作為「大陸新儒家發言人」的陳明、號稱「著名社會活動家」的康曉光、被譽為「道德文章韓潮蘇海大氣磅礴」的余東海和「當世通儒」的秋風（姚中秋）。

新儒學的政治訴求與文化理念[4]，不僅試圖給執政黨重新建立合法性，而且提出關於未來中國的「通盤構想」，據稱這是「儒家自『文革』後第一次集體發聲，吹響了復興儒學，回歸道統，儒化中國的集結號」[5]。

　　從2014年、2015年到2016年，所發生的這些事件自有其內在脈絡，它們至少可以象徵三點：第一，大陸新儒學已經脫離港台新儒家的影響；第二，大陸新儒學關懷的中心，已經從文化轉向政治；第三，大陸新儒學的領袖們，不再甘於在寂寞的學林中「坐而論道」，而是要從幕後走到台前，挽袖伸臂參與國家政治與制度的設計。換句話說，就是中國大陸新儒學不再滿足於「魂不附體」，而是要「借屍還魂」。

　　這當然並不奇怪。自古以來，儒家都希望在廟堂裡為「帝王師」，在政壇上「以經術緣飾吏事」，至少也要在祭禮中「端章甫為小相」。只是近百年來，隨著新儒家漸漸融入現代社會，接受多元理念和現代制度，不再提「罷黜百家」，也無法直接操控政治或者制度，因此，這種直接「干政」或者「干祿」的意欲，在第一代、第二代甚至第三代新儒家那裡，表現得並不明顯。可近些年來，大陸新儒家高調宣布[6]，要從心性儒學走向政治儒學，要從文化建設轉到政治參與，這讓很多學者感到愕然。當然，更讓人感到驚詫的，乃是他們提的那些頗為驚世駭俗的政治設想：比

4　蔣慶、陳明、康曉光、余東海、秋風，《中國必須再儒化》（新加坡：世界科技出版社，2016）。特別參看頁162。

5　見《儒家郵報》264期（2016年6月19日）。

6　這一新儒學的政治轉向，最早當然是蔣慶提出來的，但在1990年代他提出這一點的時候，尚未成為新儒學的潮流與共識，只是到了近些年來，才越來越明顯。

如，他們提出大陸現政權要有合法性，就必須要確立儒教為國教；又比如，他們認為現代國家體制不合理，應當建立通儒院、庶民院和國體院；又比如，要改變來自西方的政治意識形態，代之以儒家的「王官學」；再比如，要求政府恢復儒家廟產，恢復儒家祭祀，把儒家經典閱讀作為中小學教育基本內容等等。歸納起來，就是力圖建立一個政教合一的「儒教國」。這些從口號、觀念到制度的論述和設想，改變了現代以來新儒家──1949年以後是海外新儒家──的基本理念和追求方向，使得大陸新儒家與自由主義、社會主義等一道，成為中國大陸思想文化論爭，甚至是政治制度設計中的一個重要參與者。

「冰凍三尺非一日之寒」，回顧這一劇烈變化，我總覺得這一現象並非突然出現；也許，它自有它的社會背景和歷史邏輯。為了下面的討論更加簡明和清晰，我想把1980年代海外新儒家進入大陸，到1990年代大陸新儒家與海外新儒家開始「分途」並「判教」，2004年大陸新儒家終於乘勢崛起，差不多前後三十年的這幾段歷史一筆帶過，直接從近年來海外新儒家與大陸新儒家的分歧，以及分歧的焦點開始說起。

一、「從思想立場上分道揚鑣」：嚴分夷夏的大陸新儒學

毋庸置疑，大陸新儒學是1980年代之後受到海外新儒家的啟發，才逐漸滋生起來的。過去，他們曾把海外新儒家稱作自己的「接引者」，所以，無論在思想資源還是學術脈絡上，應當說他們都是一脈相承，也是同氣相求的。可是，在2011年的一次座談會中談到普世價值的時候，一位大陸新儒學的學者卻激烈地抨擊海

外新儒家，說他們「很糟糕，沒思想，沒勇氣，沒出息」[7]。

　　他用這樣決絕的語氣表達他的不屑和輕蔑。然而，這種不屑和輕蔑卻讓台灣的新儒家學者相當反感，覺得這簡直是「沙文主義情緒」。台灣新儒家學者李明輝不僅在大陸新聞媒體上發表談話進行批評，並且在後來的兩岸儒家對話中當面質問，「用這種口氣談問題，誰能同你對話呢？」[8]可是，其實這些台灣學者並不明白，正所謂「舍筏登岸」或「得魚忘筌」，這時的大陸新儒學，已經不需要靠他們接引，也不需要與他們對話了。大陸新儒學要對話的「對手方」已經轉移。他們不像過去海外新儒家那樣，需要借助西方哲學解讀儒家思想，也不需要認同「普世價值」和「民主制度」了，因為他們覺得，過去的啟迪者們「有太多這類普遍主義的話語，總是強調儒家與西方文化共通的哪些方面」[9]，這是有害的，而儒家就是要「攻乎異端，斯害也已」。所以，他們的口號是「拒斥西方，排斥異端」[10]。

　　從努力發掘傳統中國的儒家思想與現代西方的普世價值之間的共同點，到竭力劃清中國思想和西方價值之間的界線，這是一個很大的轉變──我的一個年輕朋友形容，這是從宣稱「你有的我也有」到自誇「你沒有的我有」的變化──甚至可以說是基本立場的轉變。在這裡，仍需簡略回顧兩岸新儒家幾十年來的演變

7　曾亦、郭曉東編著，《何謂普世？誰之價值？當代儒家論普世價值》（上海：華東師範大學出版社，2013），頁21。

8　〈專題：首屆兩岸新儒家會講〉，頁9。

9　《何謂普世？誰之價值？》，頁8。還有一位學者說，海外新儒家的問題，就是把儒家理想「僅僅放在內聖的層面來考慮，而且認同西方那套自由、民主的價值」，頁51。

10　同上，頁17。

過程[11]。關於1980年代以來新儒家在大陸的曲折演進，有很多學者的回顧和敘述，這裡不妨省略[12]。只是需要重複提醒的是，1980年代重新進入中國大陸的海外新儒家，一方面肯定現代價值，一方面推崇傳統意義，因此與當時中國大陸剛剛改革開放時的「文

11　我看到一個相當全面的綜述，是胡治洪〈近三十年中國大陸現代新儒家研究的回顧與展望〉，載郭齊勇主編，《儒家文化研究》（北京：三聯書店，2012）第五輯，頁289-345。當然，這篇長達56頁的回顧，只追溯到2012年以前，沒有涉及最近三四年相當劇烈的變化。

12　這裡簡單作一個回顧。眾所周知，大陸文革在1976年終於結束，為了糾正文革對傳統文化的全面否定，也為了改變曾經的「批孔」做法，1980年代初，在政府的默許下，大陸學界開始重新評價儒學。由於學術界對文革中破棄傳統的逆反，也由於需要確立中國追求現代化特殊道路的合法性，思想界和學術界的總趨勢是對儒家重新評價，從文革中的「否定」變成「肯定」，這一點得到中國官方的支援，其重要標誌，是名譽會長谷牧（時任副總理）為首的孔子基金會成立（1984）及《孔子研究》的創刊（1986）。特別值得注意的是1986年，這一年也許可以說是中國新儒學重回公眾視野的標誌性年頭。這一年，美國哈佛大學教授杜維明以「富布萊特訪問學者」的身分，在北大哲學系開設了「儒家哲學」課程，在上海、北京、武漢等地與大陸老中青三代學者廣泛交往，對推動儒學復興有很大作用。同樣是在1986年，中國的重要報刊上，發表了三篇有關新儒學的文章，它們是：（1）李澤厚〈關於儒學與現代新儒學〉，載《文匯報》1986年1月28日；收入李澤厚《走我自己的路》（北京：三聯書店，1986年12月）；（2）方克立〈要重視對現代新儒家的研究〉，載《天津社會科學》1986年第5期；（3）包遵信〈儒家思想和現代化〉，載《北京社會科學》1986年第5期；又《知識分子》1987年冬季號。同樣值得注意的是，新儒家的研究正式列入官方學術計畫中，1986年秋冬之際在北京召開全國哲學社會科學「七五」規劃會議，「現代新儒家思潮研究」被列為重點研究課題。在這樣的背景下，1987年，由孔子基金會與新加坡東亞哲學研究所合作召開了規模很大的「儒學國際學術討論會」。參看李宗桂〈「現代新儒家思潮研究」的由來和宣州會議的爭鳴〉，載方克立、李錦全主編，《現代新儒學研究論集》（一）（北京：中國社會科學出版社，1989年4月），頁332-340。

化熱」，也就是追求現代化的大趨勢並不根本衝突。尤其是，帶有深刻社會批判和傳統關懷，又有康德等西方哲學作為解釋的新資源，加上從海外與港台的「進口」，並且還有「亞洲四小龍」成功經驗作為實踐證明[13]，1980年代海外新儒學特別受到一部分大陸學者，也包括現在與海外新儒學分道揚鑣的大陸新儒家的歡迎，很多人都在積極擁抱這一「舶來思潮」[14]。

應當看到，在海外傳續不絕的新儒家，無論是唐君毅、牟宗三、張君勱，還是尚有爭議的錢穆，也包括在大陸儒家思想傳播中很有影響的杜維明，儘管對中國傳統文化的花果飄零痛心疾首，但至少他們對現代價值如民主、自由、人權等等還是基本肯定的。同時，他們對於儒家思想的闡發也依賴兩方面學理支持，一方面是來自對西方思想（如康德哲學）的理解，一方面是來自對中國歷史（道統與政統）的發掘。因此，他們確實主要把精力放在社會倫理、人文精神和思想資源的闡發上，正如有學者說，當時「主張新儒學的都是一些學者、教授，他們的職責是研究學術，他們也希冀他們的學術能夠對現世有些微補益。但這種補益

13　方克立，〈第三代新儒家掠影〉中說，第三代新儒家在1980年代的崛起有兩個原因，一是「世界正處在一個由現代化向現代以後轉型的時期，西方文明的偏失和局限似乎為中國儒家傳統的重估和再生提供了機會」，二是「中國面臨著更加迫切的現代化問題，100多年來中國現代化的屢次挫敗，促使人們重新思考實現現代化的模式、道路問題的討論上來，而且『亞洲四小龍』近20年的發展也提供了一種參照，使『儒家資本主義』的理論在今天有了更加廣泛的市場」。見《文史哲》1989年第3期；收入文史哲編輯部編，《儒學：歷史、思想與信仰》（北京：商務印書館，2011），頁414。

14　蔣慶，《再論政治儒學》（上海：華東師範大學出版社，2011）的〈序〉中說，自己是1983年看了唐君毅的書，才知道有個港台新儒家的，然後去看熊十力、梁漱溟、牟宗三、徐復觀的書，開始認同新儒家。

主要是作用於知識分子的心靈，在傳統文化與現代世界激盪、交會、融合的時代氛圍中對其立身行事方面指點一二。他們從未奢望，他們的思想學術能像後來居於意識形態的學術那樣武裝群眾，產生『不可估量』的現實作用」[15]。

　　顯然，這種可以視為「溫和」或者「融合」的路徑，大體上還是理性的思想文化學說[16]。在他們心中，儘管擔心中國文化精神的衰落和飄零，但是仍然要尊重現代世界的普世價值或者國際秩序；儘管這些強調民主、自由和平等的普世價值確實最先倡自近代西方，而以民族國家為基礎的國際秩序，也確實最早奠定於近代歐洲，但這並不妨礙中國人接受這些「好東西」。用一個簡單的比喻說，就是如今世界像一部宏大的交響樂，中國是要加入這個交響樂樂隊，用自己的政治和文化給這部樂曲增加複調、豐富聲部，使它顯得更豐富和更華麗？還是用不和諧的節奏、韻律甚至音量，壓倒它並且取代它？這是兩種根本不同的進路。應該說，海外新儒家基本上採取的是前一種方式，而後來的大陸新儒家則試圖採取後一種方式。正是因為如此，後來，前面那種「坐

15　張學智，〈包打天下與莫若兩行〉，原載《文史哲》2003年第2期，收入文史哲編輯部編，《儒學：歷史、思想與信仰》（北京：商務印書館，2011），頁44。

16　但是，也並不是沒有人看到其中潛在的問題，有人也注意到了新儒學內在理路中隱含「反現代」和「反民主」的基因，因此對它略有警惕。這裡不妨講一段與我個人有關的往事。大概是1988年，已故學者包遵信曾經特意跑到中國文化書院，交給我一篇用舊式打字機打出來的論文，題為〈再論儒家思想和現代化〉，其中，非常憂慮新儒學對於八十年代剛剛興起的傳統批判與現代追求有抵消的作用，對於政治改革和制度建設也有保守的傾向。我當時覺得，中國從文革批判孔子的取向中剛剛掙脫出來，提倡一些儒家思想並無大錯，也可以糾偏矯枉，不免認為他有一點兒反應過度，雖然把這篇文章仔細拜讀一遍，但是並沒有把它當一回事情，以至於現在已經無法再找到這篇文章。

而論道」的書齋儒學，才被試圖「建立制度」的大陸新儒家看成是「紙上談兵」，他們甚至覺得，承認普世價值不僅過於「西化」而且「有害」[17]，本質上就是「自我夷狄化」。

　　什麼是「自我夷狄化」？要知道，「夷狄化」是一個非常嚴重的指控，因為它把分歧不僅看作是價值觀的差異，而且提升到了文明與野蠻的衝突，甚至變成種族與文化之間的絕對對立。為什麼新儒家的思想會從中外一家，變成嚴分華夷？難道僅僅是大陸新儒學為了在海外新儒家之外別求新聲嗎？看上去似乎不像。應該說，擺脫海外新儒學的思想籠罩，另立山頭和開宗立派的想法，當然在1990年代以後，就在大陸儒家學者中逐漸滋生了[18]。1995年，蔣慶的《公羊學引論》出版，更明確宣布自己的「政治儒學」與海外的「心性儒學」分手[19]，這似乎也是大陸新儒學正式告別學院學術，進入政治領域的宣言書。2003年，蔣慶的《政治儒學》出版，更宣稱理想政治「就是體現禮樂精神、王道理想、大一統智慧、三世學說以及天子一爵等儒家思想的政治制度」[20]，

---

17 《何謂普世？誰之價值？》，頁8、20-21。

18 如果說，1989年蔣慶在《鵝湖》雜誌發表〈中國大陸復興儒學的現實意義及其面臨的問題〉，還承認大陸新儒學是在海外新儒學如杜維明、劉述先等人的「反哺」下，一些「青年學者在港台及海外新儒家的影響下，能夠自覺地認同中國儒家文化的精神價值，並且能夠自覺地承擔儒家文化的精神生命」，見《鵝湖》十五卷第二期，頁33；那麼，到了1991年發表〈從心性儒學走向政治儒學：論當代新儒學的另一發展路向〉，則明確批評海外新儒家落入「極端個人化傾向」、「極端形上化傾向」、「極端內在化傾向」、「極端超越化傾向」，宣告了彼此的分道揚鑣。見《深圳大學學報》1991年第1期，頁81-83。

19 蔣慶，《公羊學引論》（瀋陽：遼寧教育出版社，1995）。

20 蔣慶，《政治儒學》（北京：三聯書店，2003），頁126。

只有儒家的政治理念和政治制度，才能讓東亞各國人民「安身立命，生息繁衍，過著儒家式和諧而穩定的政治生活」。

　　但耐人尋味的是，這種腔調在近幾年，越來越激烈，越來越熱火，也越來越極端。他們批評他們的新儒家前輩，從五四以來就「再也沒有這種尋求制度基礎的抱負了，因為他們眼中只有這套西方制度，所以他們的全部勇氣就是，如何重新闡發儒學，以便與西方制度相適應而已」[21]。並且斷言，「無論是梁漱溟和熊十力，還是張君勱和錢穆，都致力於把中國引導到西方科學與民主的道路上去」，這個道路「對於儒家來說，則完全是一種失敗主義」[22]。

　　更嚴重的是，他們把這種思想路徑的分歧，提升到種族和文明差異上，把這種本可討論的分歧，變成絕對不可通融的立場。眾所周知，批評「普世價值」，把自由、民主與人權統統棄之如敝履，並送還給「西方」的論調，在中國大陸一直不罕見；不過，把這種思路引上「華夷」之辨，大陸新儒家倒是獨一份。一個自稱儒家的學者說，如果我們把外來的價值「普世化」並且尊奉它，那麼，就「意味著我們是自我夷狄化」[23]。

21　《何謂普世？誰之價值？》，頁114。說得比較理智和客氣的，如「制度儒學」的提倡者干春松，他在《制度儒學》（上海：上海人民出版社，2006）〈前言〉中說「在某種程度上，『制度儒學』可以看做是與『心性儒學』相對的儒家的另一面」。在下面的注釋中，他又說明這是「不得不然的做法」，因為「近代以來的文化衝擊，導致儒學退卻到『內在超越』的境地，而現代新儒家又致力於將儒學與傳統政治相分離，導致儒學之心性與制度被分成兩橛」，頁9。

22　張旭，〈我為什麼提出「新康有為主義」〉，載〈東林會講：康有為與大陸新儒學〉，頁60。

23　《何為普世？誰之價值？》，頁132。

　　為什麼贊同普世價值就是「夷狄化」？難道說，僅僅是因為現在的普世價值來自西方？讓人很難相信，有人居然至今還抱持「中國戎夷，五方之民，皆有性也」即所謂「非我族類，其心必異」這種觀念[24]。更讓人難以相信的是，他們一方面依據傳統中國的華夷之辨，一方面又加上了西方的叢林法則，提出一個很有顛覆性的觀點：過去的新儒家之所以不得不接受普世價值，是因為這些普世價值來自西方，為什麼呢？因為近代以來西方強大，因而它成為世界不能不遵循的原則。但是它與中國傳統價值根本抵觸，只是由於西方現在仍然強大，所以我們暫時沒有辦法。他們說，儒家也並不是不講普世價值，只是要讓我們東亞儒家成為普世價值的「制定者」。

　　怎樣成為價值的「制定者」呢？有的新儒學學者更有驚世駭俗的說法。一方面，他們把中國和日本連接起來，不惜借助二戰時代日本的「大東亞共榮圈」的說法。他們說，這個大東亞共榮圈，「理論依據確實是《春秋》那套夷夏理論」，東亞「同文同種」的說法，不僅是汪精衛這麼講，孫中山、康有為也都這麼講，所以，它「不是漢奸理論，其本意是宣導中日聯合起來對抗西方夷狄」[25]。另一方面，他們也援引古代東亞的歷史，說過去東亞儒家價值，就曾經是通行天下的普世價值。為什麼？因為「當時中國周邊都是些小國，打也打不過中國，罵也罵不過中國，這樣，中國的價值就成了普世價值」。他們把價值之爭變成了種族之爭，更從種族之爭引申成了力量較量，看上去，他們毫不在意

<hr />

24 《禮記‧王制》，《十三經注疏》（北京：中華書局，1980），頁1338。
25 《何為普世？誰之價值？》，頁147-148。

「民族主義」這種政治忌諱[26]。有一位學者居然說，只是因為現在「中國還搞不過美國」，所以我們還不能對外講「夷夏之辨」，但是，將來中國強大了，「沒人打得過我們」，這個時候，我們也要普世遵循我們的價值，這叫「以夏變夷」。他們說，「一旦中國成了老大……真正有了自信的底氣後，就可以大講夷夏之辨了」[27]。

　　「如欲平治天下，當今之世，舍我其誰」（《孟子‧公孫丑》）？儒家歷來口氣很大，氣魄不小，這也是新儒家的一貫家風，從二程、朱熹、陸九淵一脈宋代新儒家，到梁漱溟、熊十力、牟宗三以來的現代新儒家，都有很大的勇氣和抱負。正如余英時先生所說，「從新儒家第一代和第二代的主要思想傾向來看，他們所企圖建立的是涵蓋一切文化活動的至高無上的『教』，而不是知識性的『學』；他們絕不甘心僅僅自居於哲學的一個流派。這個『教』的地位在歷史上大概只有西方中古的神學曾經取得過，中國傳統的儒教都沒有達到這樣的地步……新儒家雖然在現實上距離君臨天下的境界尚遠，他們的君臨心態卻已牢不可破」[28]。但是，我們也應當承認，從第一代到第三代新儒家，畢竟還能理性思考世界大勢，分析思想價值，對來自異域的西方文化，能夠採取吸收和融合的姿態。他們無論如何也想不到，他們原本只是做「素王」，在文化和思想上重建國人信仰，這在想像力上遠遠比不

26　唐文明就針對李明輝對民族主義的擔憂說，「中國的民族主義有了儒家的成分，是中國人之福，也是世界之福」，載〈專題：首屆兩岸新儒家會講〉，頁11。

27　《何為普世？誰之價值？》，頁24-25、152。

28　余英時，〈錢穆與新儒家〉，載《錢穆與中國文化》（上海：遠東出版社，1994，1996），頁88。

了他們的後輩。大陸新儒家要做的是「帝師」，是要在政治和制度上重構國家與世界秩序。用他們特別喜歡比附的「西漢一朝」來說，也許前輩新儒家們，還只是「說稱《詩》、《書》」，寫寫《新語》，「遊漢廷公卿間名聲籍甚」的陸賈，而後輩大陸新儒家要做的，卻是能「與時變化」，懂「當世之要務」，在廟堂中指點皇帝「定漢諸儀法」的「聖人」叔孫通[29]。

因此，大陸新儒家才說海外新儒家們「沒出息」。他們批評牟宗三等前輩新儒家與李明輝等同輩新儒家，指責他們在這一點上發生根本謬誤。他們也坦承，這是因為中國大陸近年來的崛起，導致現在的語境發生變化。也有的大陸新儒家學者說得比較客氣，「唐、牟、徐代表的現代新儒家他們的人格和成績雖然堪稱里程碑，但在今天，在新的問題浮出水面可以看得很清楚的時候，儒學確實要嘗試開闢新的進路」[30]。那麼，究竟是什麼新的進路呢？據他們說，是「回到康有為」，在政治和制度上給中國立法。按照他們的說法，「近百年來居於主流地位的現代新儒學，主要是由熊十力、牟宗三等人開闢的，因此我們現在講『回到康有為』，實際上是在探索能否找到另一條現代新儒學的道路」[31]。據說，這個現代新儒學的道路有三個步驟：首先，繞開或者超越牟宗三等人的路徑，從心性儒學轉向政治儒學；其次，否定西方的普世價值，確立中國儒家的絕對意義；再次，要提出一整套儒家

---

29 叔孫通身段柔軟很有策略，被稱為「漢家儒宗」，參看《史記》（北京：中華書局，1961）卷九九，〈劉敬叔孫通列傳〉，頁2722-2726。

30 陳明，〈超越牟宗三，回到康有為〉，載〈專題：首屆兩岸新儒家會講〉，頁20。

31 〈專題：首屆兩岸新儒家會講〉，頁14。

有關政治和制度的設計，並且落實到現實之中。

　　應該說，這種「走自己的路」的想法，最初自有其特殊背景。我們應當注意到1989年天安門事件的震撼和刺激。這一事件以及引出的中國政治狀況，不僅是引發中國大陸思想界激烈動盪的原因，也是引發大陸新儒家與海外新儒家分道揚鑣的原因之一。由於大陸政治狀況與台灣不同，處在這個政治權力極其強大、意識形態籠罩一切的政治化背景中，所有的思想學說也都不得不隨之政治化。大陸的一些儒家學者面臨嚴峻的政治壓力，試圖表達一種與主流政治意識形態不同的立場和路徑，不能不拋棄溫和的或理性的學院化方式，這毫無疑問表明了一種反抗絕望的勇氣。在這一點上，我們注意到1989年天安門事件之後僅僅幾個月，蔣慶就在台灣的《鵝湖》月刊發表長達35,000字的〈中國大陸復興儒學的現實意義及其面臨的問題〉，這篇被視為「大陸新儒家宣言」的論文，其實也可以看到大陸新儒家試圖在政治上不認同主流政治意識形態，在思想上另尋立場和起點的意圖。也正是因為如此，這篇論文才被認為是一個象徵，象徵著大陸新儒家「在中國大陸已作為一個學派而存在」[32]。

　　但是，經過1990年代、2000年代，到了2010年代，與海外新儒家分道揚鑣之後的大陸新儒學，雖然確實已經另起爐灶開宗立派，但是，卻在百年歷史的悲情記憶、當下崛起的亢奮情緒和思想論述的邏輯慣性的驅動下，走了一條他們可能自己也沒有想清楚的極端主義道路。

---

32 《鵝湖》第170-171期（1989年8-9月）。方克立對此文有激烈批判，參看方克立，〈評大陸新儒家「復興儒學」的綱領〉，載《晉陽學刊》1997年第4期。

二、政治方案加文化藥方？大陸新儒學為當代中國設計的政治制度

　　用大陸新儒學自己的說法，他們和海外新儒家的不同，是從「內聖」到「外王」。什麼是「從內聖到外王」？就是說大陸新儒學不再拘守於思想上「坐而論道」的空談，而是要進入政治上「體國經野」的行動。有學者批評說，過去海外新儒學，只是三五個大學教授個人玩好和自言自語，雖然這使得儒學「得到形而上學的保存」，但也使得「原來制度化存在的儒學，現在已被撕成碎片，它基本上已失去了成建制的存在形式」[33]。而他們則完全不同，他們要從文化與思想領域進入政治與制度領域，實踐從「修身齊家」到「治國平天下」這種自內向外的儒家邏輯。可問題是，從「內聖」到「外王」說說容易，一旦進入實際操作領域，習慣於道德倫理教化，最多能夠提出禮樂制度的儒家往往措手無策，無奈之下，他們往往只能移形換位，改弦易裝，由公開的儒家變成隱藏的法家，或者乾脆從法家那裡挪用資源[34]。當年海外新儒家的所謂「開出」說，始終是過去新儒家面臨的窘境或門檻，但是，這一次大陸新儒學卻決心開始邁出自己的一步[35]。

33　彭永捷，〈論儒教的體制化和儒教的改新〉，載干春松主編，《儒教、儒家與中國制度資源》（「東方文化叢書」，江西人民出版社，2007），頁100。

34　有的新儒家學者論述儒家對古代中國政治實踐的影響，就把（1）大一統、（2）三綱論，和（3）封建郡縣之辨端出來。其實，在這三項中，大一統與郡縣制，都未必是儒家的專利，反而有可能是法家的東西。見唐文明，〈政治儒學復興的正當性問題〉，載范瑞平等編，《儒家憲政與中國未來》（上海：華東師範大學出版社，2012），頁94-95。

35　劉澤華曾經批評「新儒家以及傾心於新儒家的學者，多半繞開儒術與帝王的關係來論述儒家的主旨」，見《中國政治思想通史（綜論卷）》（北京：中國

　　他們的論述策略大致如下。

　　依照「夷夏之辨」，他們認為，中國應當捨棄自西方舶來的民主制度——儘管現實中國並沒有西方式的民主制度——而是要為現在的中國政權建立中國式的天地人「三重合法性」。他們批評「民意合法性獨大」的西方民主制度，用蔣慶的說法就是，這種經由選民選舉出來的政府，只有「一國國民此時此地的現世民意認同」。請注意，他的意思是說，這種民主制度選出的，是「一國國民」而不是「世界人類」，是「此時此地」而不是「天下萬世」的政權。他認為，一個「為萬世開太平」的政府，不止需要民意，還需要「超越神聖」、「歷史文化」、「人心民意」也就是來自天、地、人的三重合法性。

　　很可惜，這只是烏托邦的想像或者是「被發明的傳統」。在歷史上，我們很難找到一個具有理想中三重合法性的王朝，無論是「益干啟位，啟殺之」的夏，殺得「血流漂杵」才建立起來的周，還是「楚漢相爭」打得一塌糊塗的漢，還是「玄武門之變」才穩定權勢的唐，或是靠欺負孤兒寡母「黃袍加身」最終還得「斧聲燭影」的宋，成就王朝的合法性，一半要靠槍桿子。在現實中，我們也很難要求全球專為中國進行選舉，也無法讓現實政權符合過去、現在、未來的各種訴求，更無法照顧到想像中的非「現世」的所謂「永恆」民意。因為政治合法性如果不經由現存國民的意志表達，那麼，有誰能證明那個既超越現世現存的人心民意，又賦予當下政權合法權力的「天地人」，有永恆性、絕對

　　人民大學出版社，2014），頁134。這裡「新儒家」大體上是指海外新儒家，可是現在大陸新儒家已經不再繞開這一點，乾脆直接提「政治儒學」，把儒家與皇權直接連接起來了。

性或神聖性呢？除非你再次搞出「天授神權」的老辦法來，把執政者說成是奉天承運的天子或聖人。我們知道，傳統政權合法性之建構，通常是通過以下途徑[36]：一是獲得天或神的超異力量的護佑，二是依靠官僚管理的系統的有效統治，三是依靠統治者個人力量。古代中國的皇權雖然有其特殊性[37]，借助了很多儒家資源，較一般意義上的王權更強大，可以把政治統治、宗教權威與文化秩序都集於一身，但它的合法性仍無非是這些來源，即借助儀式獲得天地宇宙神鬼的確認、依賴權力重新建構和書寫歷史，倚仗軍事力量的有效控制。也就是說，它的合法性仍是權力自己賦予自己的，並不像大陸新儒家渲染的那樣永恆，也不像他們自己說的那麼道德[38]。盧梭曾說，沒有任何執政者「強大得足以永遠做主人，除非他把權力轉化為權利，以及把服從轉化為義務」[39]。可是，大陸新儒家卻想像出來一種既代表宇宙的永恆真理又代表全人類利益的政治體制，他們認為，這就可以讓執政者「把權力轉化為權利」，讓民眾「把服從轉化為義務」[40]。

---

36 關於這一點，參見韋伯《支配的類型》，見《韋伯選集》III（康樂譯，台北：允晨文化公司，1985）；鄂蘭（大陸譯漢娜·阿倫特），《極權主義》（蔡英文譯，台北：聯經出版公司，1982，1992）。

37 即林毓生所說的「普遍王權」（Universal Kingship），參見其《思想與人物》（台北：聯經出版公司，1983），頁149。

38 參見葛兆光，《七至十九世紀中國的知識、思想與信仰：中國思想史第二卷》（上海：復旦大學出版社，2001），頁267-268。

39 盧梭，《社會契約論》（何兆武譯，北京：商務印書館，2001），頁12-13。

40 蔣慶，〈儒學在當今中國有什麼用〉（2006年7月15日鳳凰大講堂演講）中，他提出儒學的八項作用。其中第五項是重建中國政治秩序的合法性，第六項是建立具有中國文化特色的政治制度。他認為，「合法性解決的是權威與服從的關係問題，是實現政治穩定與執政能力的根本，解決了合法性問題，用盧梭的話說，就可以『把統治變成權利，把服從變成義務』」，怎樣建

　　那麼，這個美妙的方案怎樣具體落實呢？按照蔣慶的構想就是建立通儒院、庶民院和國體院。他說，應該由普選與功能團體選舉的代表建立「庶民院」，由儒家學者選舉和委派「精通儒家經典」的學者建立「通儒院」，由歷代君主後裔、歷代名人後裔，再加上各種政府官員、宗教領袖和大學教授，由衍聖公作為議長，通過世襲和指定來建立「國體院」。據他說，庶民院屬「人」，代表了現實現存的人心民意；通儒院配「天」，是（儒家）知識精英的意志，國體院屬「地」，代表了（貴族）政治傳統的精神[41]。

　　可是我們要問，儒家經典就一定是真理，並且可以治理好國家嗎？四書、五經在現代，仍然可以作為考試與任職的依據嗎？儒家精英就天然是一個國家的最高立法者嗎？孔子後裔憑著血緣，就可以天然擔任國體院的議長，並有權指定國體院的成員嗎[42]？按照他們的說法，「合法性解決的是權威與服從的關係」，有了合法性就有了「權威」，就可以讓民眾「服從」，而民眾的

立合法性呢？他的建議非常簡明，就是「通過復興儒學建立具有中國文化特色的政治制度」，而中國的政治制度，就是「建立在儒家文化上的『大一統禮樂刑政制度』」。見任重主編，《儒學復興：繼絕與再生》（北京：中國政法大學出版社，2012），頁11-13。

41 與大陸新儒家有較密切討論的學者如王紹光，他也質疑，這種制度設計，一言以蔽之是「以儒士為核心的精英主義」，但是，他說，這種精英主義的兩個假設（一個是中國與西方現行體制都不夠精英主義，二是只有儒士精英才能洞悉政道、通曉治道、代表天道和地道）都不能成立。見范瑞平等編，《儒家憲政與中國未來》，頁27。

42 參與他們討論的一位學者曾提問，「權力使人腐敗，那麼蔣慶先生有什麼法寶，可以確保進入議院掌握立法權的這些大儒不會腐敗？」這確實是一個問題。同樣的問題是，在進入議院前，憑什麼證明這些大儒自身具有高人一等的真理性或純潔性。見〈專題一：康有為與制度化儒學〉，頁23。

「服從」，當然就可以讓社會有「秩序」。可問題是他們的「權威」仍然來自他們自說自話的儒家領袖、儒家精英和儒家經典。他們也曾非常熱心地向政府提出「維穩」的策略，他們說中國不能僅僅「靠經濟增長來支持政治穩定」，現在的政府雖然在經濟上有效率，但在政治上還「沒有為現存秩序提出一套能夠自圓其說的東西」，所以不能使秩序穩定，這是因為政府還缺乏儒家提供的「合法性」[43]。可是，非常弔詭的是，從學理上說，這個所謂「合法性」必須有不言而喻的來源，只有這個來源具有權威，它才能成為合法性依據。遺憾的是，儒家學者無法自我賦予儒家的合法性，貴族精英也無法自我證明擁有天然的合理性。就像俗話說的，「皇帝輪流做，明年到我家」，誰是天生的統治者呢？就連古代皇帝，也要通過歷史（論述前朝弊政和本朝德政）、封禪（祭天祀地祈求上天護佑）、符瑞（發現象徵天意的祥瑞符璽）、德運（比附五德始終），甚至神話（皇帝的出身傳說）等，來證明自己的合法性，那麼需要追問的是，儒家設計的這個「建立在儒家文化上的『大一統禮樂刑政制度』」，它本身的合法性來源究竟在哪裡？它會不會就是傳統時代那個披著儒家外衣的君主專制體制？[44]

也許，他們不需要這樣追問，作為信仰者，信仰總是不需也不能質疑的，但是作為思想者，思想卻是隨時要追問的。其實，即使是古代的儒家學者，他們對於宇宙、社會與政治終極依據的

---

43 《中國必須再儒化》，頁142。

44 最近已有人指出，「『政治儒學』說到底是一種『政治神學』，即政治與儒學的親密聯盟。……所謂『儒家式秩序』、『中國式政治』其實是一種『儒教士集團專政』」。然而，「用儒家文化壟斷政治合法性資源，讓儒教士壟斷政治權力，絕不可能再像古代社會那樣是不證自明的了」。見楊子飛，〈政治儒學抑或政治的儒學〉，載《武漢大學學報》2016年第4期，頁53。

追問，仍然必不可少。當年，程頤問邵雍時曾說，「此桌安在地上，不知大地安在何處？」[45]幼年的朱熹也曾問父親說，頭頂上是「天」，「天之上是何物？」[46]天和地也不是最終可以自我圓成的終極依據，那麼我們也想追問，誰來賦予三重合法性？憑什麼它們就是合法性？毫無疑問，「通儒院」、「國體院」和「庶民院」，並不完全來自古代儒家的範本，似乎也暗度陳倉，偷偷地參考了西方政治制度的設計，「三位一體」即道統（儒家政治哲學）、政統（政府）和學統（儒士共同體）之間，也曾借鑒了西方政治設計中的三權分立，即互相監督與彼此牽制[47]。但是，他們怎麼就敢於拍胸脯保證，只要進行這樣的制度安排，就可以「實現中國人所說的『長治久安』，就不會有『穩定壓倒一切』的焦慮？」[48]

　　儘管我理解，這是對當局懇切的進言，但這仍然是一廂情願的想像，它並不能自我證明它必然是一個良好的政體，那麼，保證這個政體具有天地人三重合法性的證明在哪裡？或者說，那個隱匿在雲端之上的神聖權威在哪裡？他們沒有細說，這裡請允許我做一些推測。我注意到，在大陸新儒家學者那裡，有的話，過去講起來多少有些遮掩，近年來，卻開始清晰而且大聲地說出來了。有一位學者說，在政治方面，儒家的制度基礎中「君主制」相當重要，「君臣之倫作為儒教之政治性倫常，在門外之倫中最

45 《伊洛淵源錄》卷一，《遺事》（北京：商務印書館，「叢書集成初編」本），頁3-4。

46 王懋竑，《朱熹年譜》（北京：中華書局，1998）卷一，頁2。

47 康曉光認為，「這是中國古代政治的軸心，也是中國古代政治哲學的精華」。《中國必須再儒化》，頁152。

48 蔣慶，〈儒學在當今中國有什麼用〉，頁11。

為重要。」[49]

　　那麼很好，難道要讓中國回到帝國時代，重新恢復君主制嗎？正如前面我提到的，一些大陸新儒家學者終於拿出手中的王牌，原來，他們認為中國思想與政治，應當回到被他們稱為「現代中國立法者」的康有為那裡，然後再從康有為那裡重新出發。據他們說，「回到康有為」有著非常深刻的原因，最主要的原因是因為現代中國是在大清帝國「疆域規模」和「族群結構」基礎上形成的，要維持清朝的而不是明朝的疆域、族群，並「實現其向現代共和國過渡轉型」，只能採取康有為的「保救中國之亟圖，先求不亂，而後求治」。那麼，怎麼能夠不亂呢？他們說，康有為已經想到了「外力衝擊，少數族群主政，地域廣闊，族群複雜」這些因素[50]，同時也想到了由於從清代中國到現代中國，疆域、族群那麼龐大和複雜，因此，缺乏一個國家認同的基礎便無法凝聚人心。所以，康有為才提出「君主論」和「國教論」。說得明白些，也就是一方面，君主作為各族共主，可以維繫多族群的帝國，另一方面，儒教作為國家宗教或者公民宗教，正好可以「形成一個代表國家凝聚和民族認同的符號」[51]。特別是，康有為在現代國際巨變的環境中，先是主張保全大清帝國而提倡「君主立憲」，後來中華民國建立，「共和大趨勢似乎不可逆轉」，他就主張「虛君共和」。這種保存君主制的努力，是因為「辛亥革命以後，中國馬上就面臨分裂的危機……對康有為來說，虛君的意義

---

49 《何為普世？誰之價值？》，頁72。

50 〈專題一：康有為與制度化儒學〉，頁25。

51 同上，頁32。隨後發言的一位學者進一步對康有為的國教論，作出讓人很難理解的解釋，「第一，孔教不是儒教」，「第二，孔教不一定是宗教」，「第三，孔教天然是國教」。同上，頁34-35。

在於使現代民族國家能夠有效地繼承清帝國統治的廣大疆域。可以說，在康有為看來，『虛君共和』不僅能夠使中國轉型成為一個現代民族國家，同時又能夠使眾多民族都在這個民族國家中容納下來。」[52]

如何維護這個延續自大清帝國的多民族國家？這的確是一個值得討論的真問題[53]。但是，維繫統一的中國，消泯族群之隔閡，建立現代的國家認同，如果不是在公平、自由和民主基礎上，推動制度的認同，並兌現每個人的「國民」身分，給每個國民提供

---

52 陳明說，他之所以提出「超越牟宗三，回到康有為」，是對中國現實的問題進行思考而來的。為什麼是回到康有為，而不是章太炎或張之洞？是因為章太炎只是「小中華」方案，康有為才是「大中華」方案。張之洞只是帝國的補台者，而康有為是在滿清廢墟上重新籌畫。見〈專題：首屆兩岸新儒家會講〉，頁66。

53 在這個問題上，大陸新儒家不同學者特別是陳明與蔣慶之間似乎有一點兒分歧。按照陳明的說法，他不同意蔣慶只講「禮樂中國」，因為只講儒家經典、禮儀和生活，會「把屬於漢族的東西看成是中國的了，這樣就成了漢族壟斷中國的概念」；在另一處他更批評蔣慶「在儒教與中國間畫等號，實際就是在中國和漢族間畫等號，並且是狹義的文化上的『諸夏』。這如果不是一種文化上的傲慢，那就是受到了西方所謂『民族國家論』的暗示」。顯然，他意識到大陸新儒學如果過於強調「夷夏之辨」，壟斷「中國」的解釋權，會造成在國族問題上的狹隘，也與現實中國的多民族現狀衝突。分別參看《何謂普世？誰之價值？》，頁135；以及陳明，〈公民宗教與中華民族意識建構〉，載任重主編，《儒學復興》，頁30。陳明在另一處很坦率地指出，他「不贊成那種極力撇清儒學和民族主義關係的說法。首先它不合符事實，其次它試圖把儒家理想化，實際卻導致儒家的荒謬化」，見《中國必須再儒化》，頁95。這倒是值得討論的真問題，也是非常值得肯定的看法。但是，也有新儒家學者反駁陳明說，如果顧忌到儒家思想中隱含的漢族中心主義，反對按照公羊學的說法講「禮樂中國」，那麼，就「丟掉儒家最有價值的部分，而只滿足於追求民族國家這樣一個現實目標，我覺得有點兒削足適履」。見《何謂普世？誰之價值？》，頁136。

安全、幸福和自尊，從而使之自覺接受國民身分，認同這個國
家，還能有什麼其他途徑呢？難道現代中國還能夠回到康有為，
回到大清朝，依靠類似清代的大皇帝以六部、理藩院、盛京將軍
不同制度管理帝國的方式[54]？難道能像他們所想像的，維持龐大
帝國疆域和族群，必須依賴儒家精英人士，並要求各族都接受
「儒教」來維繫大一統嗎？難道能像他們所期待的，不僅按照康
有為方案維護大清的一統，而且還要在中國崛起背景下「不必局
限於本國領土」，以中國首都為中心，按照由內向外、自近及遠
的「新五服制」，不僅完成「內部同化」，還要實現「外部整
合」，由中國重新安頓周邊與世界嗎[55]？

　　據某些自稱是「新康有為主義者」（或康黨）的人說，康有

54　陳明就說，「清帝國治理邊疆的功勞和經驗，我們以前肯定得不夠」。〈專
　　題：回到康有為〉，載《天府新論》2016年第6期，頁73。

55　齊義虎把康有為〈官制議〉（1903）和〈廢省論〉（1902）中，維護清王朝以
　　及清朝遺留的疆域的方案加以發揮，甚至借助古代所謂「甸侯綏要荒」的五
　　服制，想像一個「新五服制」，就是將世界分成比附甸服的「京師—郡縣」
　　（中央政府及直轄區域）、侯服的「邊疆」（西藏新疆與港澳台）、綏服的
　　「與國」（具有共同價值觀的儒家文化圈，以及非儒家文化圈中的中亞五國、巴
　　基斯坦、阿富汗、尼泊爾、孟加拉、斯里蘭卡、不丹等），要服的「友邦」
　　（合作的亞非拉第三世界），以及荒服的「敵國」（全球性或區域性大國）。
　　他的一些說法非常聳動，比如把西藏、南疆比喻成生番，其他少數民族比喻
　　成熟番，要推動「政策上的改土歸流」；又如，要「借助組建東亞共同體這
　　個區域整合的機會」，把日本、韓國、朝鮮、蒙古以及東南亞「納入『與國』
　　的範圍」，甚至把澳大利亞、紐西蘭「一併收入」；再如，他說中國不稱霸不
　　等於不稱王，美國是假仁義假民主的霸道，中國是真仁義真民主的王道，所
　　以「中國道路就是天下歸往的王天下之路，就是中國引領世界各國為全人類
　　開闢的一條走出資本主義人性異化和強權體系的中正和平之路」。見其〈畿
　　服之制與天下格局〉，《天府新論》2016年第4期，頁60-62。

為開出的藥方，關鍵是「虛君共和」。那麼，誰來作這個高居萬民之上的「虛君」呢？他們自問自答，「誰有資格做這個虛君呢？要麼是清帝，要麼是衍聖公」[56]。還有一個學者乾脆明白地說，康有為的偉大貢獻之一，就是在於他提出近代中國需要「君主制」[57]。他們解讀康有為說，晚清「中國是一盤散沙，需要有一個傳統的權威，而且只有軍民共主，才能維護中國統一」，無論是立憲還是孔教，都需要「藉由君主的權力來達到這個理想」[58]。所以，康有為「跟光緒皇帝並肩戰鬥」，才顯得「鶴立雞群無人比肩」，「仰望星空腳踏實地」[59]；另一個康有為崇拜者說得非常坦率，他認為，國民黨和共產黨的「黨國論」，解決的只是「原子化的自由個體，和把個體整合起來的外在強力，即組織力和動員

56　〈東林會講：康有為與大陸新儒學〉，頁59-60。

57　唐文明說，康有為關於現代中國的構想，有三點最重要，一是共和，二是君主制的意義，三是孔教作為國教的意義。見〈專題一：康有為與制度化儒學〉，頁16。他在另一次發言中，又重複了一遍這個意思，只是補充了一句說，雖然君主制在現在中國不可能了，但「還是需要一種替代物」。見〈專題：回到康有為〉，頁56。關於這個問題，也可以參看曾亦，《共和與君主：康有為晚期政治思想研究》（上海：上海人民出版社，2009），此書第一章就討論「共和後中國之怪現狀」，後面又斷言君主立憲「不必止施予小康世而已，實為最優之政體」，表明他對康有為維護大清帝國與君主制的肯定態度，頁334。

58　見〈專題一：康有為與制度化儒學〉，頁19-20。但是，即使是馬基維利，雖然認為君主有助於開拓和維繫多民族、多文化、多制度的帝國，但也承認君主統治大帝國是依靠軍事征服、殖民或不划算的駐軍，以及採取權衡利弊、不擇手段的實用策略，而不是像大陸新儒家想像的那樣，是依靠道德或真理，或加上天地人的加持。參看《君主論》（閻克文譯，台北：台灣商務印書館，1998）。

59　〈專題：首屆兩岸新儒家會講〉，頁66。

力」，但「君主制對於現代國家的意義，則闡明了凌駕於個體自由意志，亦即民意之上的神聖力量，以及把個體組織起來的等級原則」[60]。所謂「凌駕於個體自由意志」、「民意之上的神聖力量」，換句話說，就是要有一個代表天意、君臨天下的皇帝，以及把個體組織起來的「等級原則」，說得明白一些，就是君君臣臣父父子子的宗法制度。

可是，1995年蔣慶在《公羊學引論》中曾經反復批評，古文經學把君主制「絕對化」、「永恆化」和「神聖化」，說他們是「無條件維護君主專制」，而公羊學為代表的今文經學，則「不承認現存制度具有無限的合法性和絕對的權威性」[61]。同樣是自稱信奉公羊學的大陸新儒學，為什麼二十年之後對於君主制的立場和腔調卻完全變了呢？關於這一點，我們下面再說。其實，這種用理論和術語包裝起來繞著彎講的話，不妨直截了當地說出來，就是今天的中國，需要一個象徵宇宙意志的「君主」，無論是「虛君」還是「實君」，他既代表政治上的權威，也代表神聖的意志，還代表儒家的真理；今天的中國，還需要重建內外上下、井然有序的等級社會；當然，還需要「儒教」，作為維繫民心的宗教。

那麼，這是不是意味著，今天的中國既不需要自由，也不需要民主，更不需要平等呢？

---

60 〈專題：回到康有為〉，「專題按語」，頁34。
61 《公羊學引論》，頁10-16。

三、緣木求魚抑或曲徑通幽？「儒教國」與「再儒化」

　　前面我們說到，大陸新儒家呼籲「回到康有為」，這是因為康有為對現代中國的構想中，除了君主制即「虛君共和」之外，另一個關鍵即中國「再儒化」或建立「儒教國」。這一點無論是推崇康有為的，還是對康有為略有保留的大陸新儒家學者（甚至也包括一些非新儒家學者），似乎都基本認同。比如，康曉光就曾經給未來中國勾畫新的藍圖，他說這個新藍圖的「靈魂，還是我們中國儒家的思想，而不是西方的馬克思主義或自由主義，所以，我把這種關於未來的通盤構想稱之為『儒教國』，而建立儒教國的過程就是『儒化』。」[62]

　　大陸新儒家五大重鎮共著書名「中國必須再儒化」，就是在傳達他們的這一理想和抱負。可問題是，如果不算康有為近百年前的那些論述，到現在我們還沒有看到大陸新儒學給這個他們構想中的，政教合一的「儒教國」提出一個完整方案[63]。當然，從零

62　《中國必須再儒化》，頁162。

63　也許，康曉光、王達三和蔣慶的論述，可以說是相對比較完整的設計方案？比較早的有康曉光《文化民族主義論綱》，他提出四項措施：一，「儒學教育進入正式學校教育體系」，二「國家支持儒教，將儒教定為國教」，三，儒教進入日常生活，「成為全民性宗教」，四，是通過非政府組織「向海外傳播儒教」。載《戰略與管理》2003年第2期。王達三《中國文化本位論之重提與新詮》提出十項措施：一共識（堅定維護國家民族的利益，應對中國文化持有一份溫情與敬意），二讀經（各級學校要設立經典課程），三民俗（提升一些傳統節日為法定節日，重新制定禮儀），四孔誕（全國各地舉行各種層次的、大規模的紀念活動），五祭祀（祭祀黃帝、祭祀孔子），六講學（恢復書院，創辦精舍），七廟產（歸還儒家孔廟、文廟、書院、精舍，由其管理和使用），八儒教（建立儒教，並且在中國建立統一的儒教並使之成為國教），九官員（官員要讀經，在各級行政學院和黨校開設儒家經典課程、官員任用

零星星的言論中，我們也大體上看到，這個「儒教國」其實並不新鮮。簡單說，它基本上就是恢復傳統時代中國的家庭、社會與國家，回到傳統時代的結構、秩序和習俗，按照他們的說法，儒家的制度基礎就是「政治方面的君主制和科舉制，教育方面的書院制，至於社會制度方面則是宗族和家庭」[64]。

　　不妨從各種議論中歸納一下，他們設想當代中國應該建立的社會結構和倫理秩序是怎樣的呢？第一，他們認為儒家遺產中，在「社會制度方面，則是宗族和家庭」，因此，他們主張在鄉村應當依賴宗族，重建祠堂，恢復禮制。一個新儒家學者說，農村的民主選舉制應當取消，代之以「恢復傳統的禮治和長老統治模式」[65]。第二，重建宗族必須要改造家庭，如果沒有家庭這個基本單位，也就無所謂宗族。可是，家庭中必然有夫婦，按照他們的說法，現代家庭那種以「愛情」作為建立家庭的基礎，只是「姜婦之道」，而傳統的理想家庭是內外有別，也就是說「男主外女主內」是正確的。第三，他們強調，男子是家庭之主，女性應當回歸家庭，「男人從奴隸到將軍，符合人類文明進步的軌跡」，女

前要通過儒家文化考試），十儒化（對執政黨的合法性重新詮釋，「執政黨要從自己的歷史合法性之一，即反傳統、反儒家之中解放出來，把自己的現實合法性建立在中華民族和中國文化的偉大復興之上」）。見干春松主編，《儒教、儒家與中國制度資源》，頁245-247。蔣慶在《再論政治儒學》的〈序〉中說，為了回應「福山問題」，按照「『王道政治』的理念，提出了『儒教憲政』的構想」（頁1）。這個儒教憲政包括四點，一是「王道政治——儒教憲政的義理基礎」，二是「儒教憲政的議會形式——議會三院制」，三是「儒教憲政的監督形式——太學監國制」，四是「儒教憲政的國體形式——虛君共和制」，頁3-4。

64　《何謂普世？誰之價值？》，頁113。

65　同上，頁108。

性應當以作為母親、輔佐丈夫為「志」，「夫妻之道」就是延續後代，如果離婚，女方不能分割家庭財產[66]。

也就是說，他們試圖在傳統中國鄉村社會那種家庭、家族、家族共同體的基礎上，按照儒家理念重建當年許烺光、費孝通所說的「父子主軸」、「差序格局」、「禮制秩序」和「男女有別」的社會[67]，實現《孟子‧滕文公上》所謂「父子有親，君臣有義、夫婦有別、長幼有序，朋友有信」的秩序[68]。當他們把這種家族秩序放大為家國秩序，也就是當他們把這種秩序從「家」到「國」，從「父子」關係衍伸為「君臣」關係，就構成了傳統時代儒家理想中的有等級、有上下、有內外的社會倫理和政治秩序。一個新儒家學者解釋說，現代人批判古代君主制度「純粹是尊卑關係」，完全是對古代君主制度的誤解，因為君主制度出自家庭制度，所以，「君臣關係是情義兼盡，恩威並重」[69]。他們相信，在這樣的社會基礎上，他們提倡的儒教或者儒教之國，才能真正建立起來。

在儒家對舊時代的歷史記憶中想像未來的理想社會，大陸新儒家把這種傳統中國鄉村生活秩序，看成是一種最美好的生活狀

---

66 同上，頁175-179。這裡關於男女、夫婦和家庭的議論，幾乎讓人瞠目結舌，不能卒讀，比如「男女關係的混亂，絕對是女子的責任」（頁68），「西方人鼓吹性解放，肯定是女人在哪裡歡呼雀躍」（頁68）。

67 參看許烺光，《祖蔭下：中國鄉村的親屬、人格與社會流動》（*Under the Ancestors' Shadow*，王芃、徐隆德合譯，台北：南天書局，2001），特別是第十一章所說的「大家庭的理想，父子同一，以及性別方面的不平等」，頁249；費孝通，《鄉土中國》（北京：三聯書店，1985），特別參看有關「差序格局」、「家族」、「禮治秩序」、「男女有別」這幾節的討論。

68 《孟子注疏》卷五《滕文公上》，《十三經注疏》，頁2705。

69 《何謂普世？誰之價值？》，頁79。

況，他們試圖按照傳統儒家三綱五常（或三綱六紀）來規範現代中國人的生活，並且在這種社會基礎上，建立他們所謂的「儒教國」。蔣慶曾說，他完全同意康曉光有關「儒教國」的看法，「應該把儒教重新定為國教」。並且說，如果把儒教作為國教，則需要具備三個系統，一是教義系統（經學與教育），二是意識形態系統（解決合法性的王官學），三是社會系統（風俗與禮樂）[70]。可是，如果按照他們設想的「風俗與禮樂」建立起來的社會，還會容忍平等、自由、民主和人權這些現代價值嗎？

　　隱隱約約地，我們從這裡看到了大陸新儒學與過去新儒學之間的確有某種傳承和聯繫。比如，馮友蘭在《新事論》中，對於家庭和女性的觀念就有一些這類意思，馮友蘭就曾設想過，應當重新讓女性回到家庭之中，後起的大陸新儒學者學到了這一點[71]。可是，他們要比馮友蘭走的更遠，在私下裡談論時，他們不僅要求女性回歸家庭，甚至把辜鴻銘著名的茶壺與茶杯的比喻也拿過來，說出對女性的歧視和輕蔑，以至於一些樂於和他們共論新儒家的女性學者，也表示實在無法接受這種極端言論[72]。

　　為了實現他們的這種社會理想，他們還進一步要求中國通過

70　蔣慶，〈讀經、儒教與中國文化的復興：2004年蔣慶先生訪談錄〉，收入任重主編，《儒家回歸：建言與聲辯》（北京：中國政法大學出版社，2012），頁16-17。

71　曾亦〈論馮友蘭的社會政治思想〉，認為「此段議論極是精彩。對於傳統婚姻與家庭的本質，馮友蘭作了非常學理的闡釋」。這些自稱「儒家」的學者，之所以覺得這種觀念精彩，主要方法只是把各種文明相對化，「誠能如此，曾經許多被視為落後的傳統秩序和觀念，不論是倫理的，還是政治的，都將從多元文明的角度得到重新理解，從而西方文明中的那些價值、秩序，也只是某種特定民族的產物而已」。載《中原文化研究》2016年第2期，頁31。

72　如陳丹丹的批評，見〈東林會講：康有為與大陸新儒學〉，頁75。

教育實現未來的「儒化社會」。按照他們的設想，「儒化社會」之步驟如下：一是「最關鍵的，是把儒學納入國民教育體系，從小學到大學都要設立國學課」[73]，恢復小學和中學的「讀經科」，在大學恢復「經學科」，作為通識教育的基礎課程[74]；二是在儒學之士中選拔賢能，「有志從政者必須通過《四書》、《五經》的考試才能獲得從政資格，就如同當法官要通過國家司法考試一樣」，各級黨政幹部也要把儒家經典當作學習的主要內容[75]，「在現代環境中重建中國政教治理模式」[76]；三是恢復孔子的國家祭典，重建各地的家族祠堂，也建議在儒教信奉者家中和祠堂、講堂、會所中恢復供奉「天地君親師」牌位。

　　不難看出，這種讓中國全面儒化的設想，目標是把中國變成儒教國，而中國變成儒教國的關鍵，當然是儒教必須成為「國教」，儒學則順勢成為「王官之學」。蔣慶說，「所謂『立儒教為國教』是在當今歷史條件下，將堯舜孔孟之道入憲，即在憲法中明載『堯舜孔孟之道為中國立國之本』。由此來完成儒家『王官學』的現代復位」[77]。姚中秋也說，「國家需要有『王官學』，以養

73　康曉光，〈我為什麼主張「儒化」〉，見《中國必須再儒化》，頁165。

74　蔣慶，〈王道政治是當今中國政治的發展方向〉，見《中國必須再儒化》，頁29。他還建議建立國家級的「儒教大學」和地方各級儒學院，建立儒教出版社、報刊雜誌、網站電視，建立全國各級「講經堂」或「孔聖堂」並舉行各種儒教禮儀活動。同上，頁37。

75　同上，頁29。

76　姚中秋，〈中國政教傳統及其重建的現代意義〉中說，「對官員群體進行儒家經典教育……乃是解決當代中國面臨的諸多文化與政治難題的良方」，載《文化縱橫》2013年2月號，頁67。

77　蔣慶，〈王道政治是當今中國政治的發展方向〉，頁42-43。

成社會領導者群體」[78]。那麼什麼是「王官學」呢？姚中秋比較含蓄地說，就是有主導地位的「經史之學」[79]，而蔣慶說的更明白，「王官學」就是「國家主導意識形態」[80]！可是，要是按照康曉光的說法，成為國家主導意識形態似乎還不足，還應該成為絕對的宗教信仰。他回憶儒家輝煌的歷史，不無感慨地說，「歷史上儒家是一個最成功的宗教。皇帝就是它的教皇，整個政府就是它的教會，所有的官員都是它的信徒。老百姓也要接受儒家教化。這是一個非常成功的政教合一、教教（宗教和教化）合一的體制」。原來，他所追求的，遠不止儒教成為「國教」，而且要讓中國變成一個政教合一，官員、士紳、民眾在政治、信仰、學術以及生活上絕對同一化的國家[81]。

「藥方只販古時丹」，大陸新儒學在未來理想社會的想像上，其實拿不出新的東西，這是沒有辦法的。近代以來，中國的社會

78　姚中秋，〈秩序底定與史學再造：圍繞錢穆的討論〉，載《文化縱橫》2015年10月號，頁124。

79　姚中秋，〈中國政教傳統及其重建的現代意義〉，頁67。

80　見蔣慶，〈關於重建中國儒教的構想〉，先收入陳明編，《儒教新論》（貴陽：貴州人民出版社，2010）；後又收入任重主編，《儒教重建：主張與回應》（北京：中國政法大學出版社，2012），頁3-4。

81　康曉光，〈我為什麼主張「儒化」〉，見《中國必須再儒化》，頁165。其實，就算康有為試圖「尊孔教為國教」，但與康有為接近的梁啟超、黃遵憲等人都逐漸不接受。梁啟超雖然最初也支持孔教說（如〈復友人論保教書〉），但到1902年寫〈保教非所以尊孔論〉時，就批評「保教」者，「一曰不知孔子之真相，二曰不知宗教之界說，三曰不知今後宗教勢力之遷移，四曰不知列國政治與宗教之關係」，並且指出當下最重要的是「劃定政治與宗教之許可權，使不相侵越也」，特別批評「保教之說束縛國民思想」，「居近日諸學日新思潮橫溢之時代，而猶以保教為尊孔子，斯亦不可已乎」。見《飲冰室合集》（北京：中華書局影印本）「文集」之四，頁50-56。

結構、政治制度、生活方式都發生了巨大的變化，可是，他們想像未來的政治資源卻只來自傳統中國，制度設計又完全拒斥儒家之外的其他資源，思想文化和意識形態則固守在儒家五經四書之中，因此，他們只能在舊時風景中幻想未來藍圖。正如霍布斯邦所說，這是「為了相當新近的目的而使用舊材料來建構一種新形式的『被發明的傳統』」[82]，只是他們暗渡陳倉式地設計未來理想國家、宗教與社會的時候，由於拒絕各種其他資源，又沒有可供參考的另類思路，只好把古代中國政治制度作極端化想像，並且不自覺地沿襲了某些極端宗教「政教合一」的範本。試問，如果他們對今天所謂充滿「現代性弊病」的社會，開出的診斷書只是「有病」，而他們開的一劑藥則只是「復古」，那麼，這能夠讓社會擺脫弊病，讓儒家起死回生嗎[83]？其實，他們自己也看到，經歷「三千年未有之大變局」，這些儒家賴以成立的社會基礎，在晚清民初以後逐漸崩塌，君主制已經崩潰，科舉制也已經廢除，鄉村家族社會在現代漸漸瓦解，儒家的價值觀念也在日益衰落，總之傳統儒家的理想差不多接近破滅。所以他們才會認為，這就是「中國」之所以不再「中國」的原因，蔣慶曾激動地說，「悲乎！中國五千年之大變局，未有甚於中國之無儒生也，中國之無

---

[82] 霍布斯邦，〈導論：發明傳統〉，載霍布斯邦等，《傳統的發明》（The Invention of Tradition，顧杭等譯，南京：譯林出版社，2004），頁6。

[83] 其實，大陸新儒學中的一些學者也看到了其中的問題。如干春松在《制度儒學》也承認，儒家把「從家庭主義孕育出來的『孝』觀念及由此而來的家國一體的『忠』觀念，看成天經地義的核心道德，皇權與等級秩序在『禮』的籠罩之下，完全成為一種必然的、唯一可能的秩序形式」這是有問題的，因此「將儒家的所有政治設計都搬到現在中國，不但是不可能的，而且會導致儒家與現代社會之間的距離的加大，從而徹底把儒家定位於『過去』」，見頁64，以及所附〈對話錄〉，頁316。

儒生，非特儒家價值無擔當，且中國國性不復存；中國國性不復
存，中國淪為非驢非馬之國矣」，也就是說，中國已經不再是
「中國」，所以，他呼籲「歸來乎，儒生！未來中國之所望也」[84]。

　　可是，如果按照他們這樣設計，這個未來「中國」將會怎樣
呢？

四、「時時誤拂弦」：異想天開的大陸新儒家們

　　作為一個歷史與文獻研究者，我不想一一挑剔這些「有志圖
王者」歷史論述和文獻詮釋中的錯誤，儘管這些錯誤既明顯且荒
謬[85]。一般來說，他們並不在乎歷史與文獻的準確與否。他們對儒

84　蔣慶，〈儒生文叢・總序〉，載任重主編，《儒學復興》，頁1。

85　大陸新儒家的一些代表人物，歷史常識往往很成問題，或者乾脆就是挑戰歷
　　史常識。比如蔣慶〈儒學在當今中國有什麼用〉就說，「在中國的夏商周
　　『三代』，中國就形成了獨特的儒教文明……所以說，儒學也就是中華文明的
　　核心價值與義理基礎」。見《儒學復興》，頁4。這並不是他隨口所說，在其
　　〈關於重建中國儒教的構想〉中又說「夏商周『三代』即有儒教，因儒教是
　　一文明體，伏羲畫卦即開創了中國文明」。同上，頁3-4。此外，他又說隋代
　　的王通弘揚政治儒學，創立河汾學派，從而開創了「以貞觀之治為代表的大
　　唐盛世」，這是毫無歷史根據的說法。見《政治儒學》，頁98。另外如余東
　　海基本上沒有歷史知識，甚至沒有儒學史或經學史知識，他一會兒說「文景
　　之治」是儒家的功勞；一會兒說《春秋》是外王的經典，除了漢代一直「鬱
　　而不彰，清晚期冒了個泡，推出一批改良派」；一會兒又說西周的成、康之
　　治是「儒家之治」；甚至說，西周已經有「鄉舉里選」，好像那時就有基層民
　　主了似的。見《中國必須再儒化》，頁198-199。還有唐文明，把儒家思想對
　　政治實踐的影響說成是（1）大一統、（2）三綱論、（3）封建郡縣之辨，完
　　全不管歷史上（1）（3）兩項，均主要來自他們自己分得很清楚的法家，而
　　且最大的實踐成績出自焚書坑儒的秦朝。見唐文明，〈政治儒學復興的正當
　　性問題〉，頁94-95。更奇怪的是，原本學歷史的姚中秋（秋風）居然說周代

家經典與思想的詮釋策略是，第一，改變近代以來把「經」作為「史」來理解的立場和趨勢，重新捍衛儒家「經」之神聖性，把原本已經學術化的現代經典研究，重新回到絕對信仰化的經學解讀和義理闡發；第二，因為他們引經據典的目的在於介入現實和指導政治，因此，他們往往把古代經典作過度詮釋，不是抽離其歷史語境，就是進行有目的的引申；第三，由於他們把儒家（或儒教）作為信仰，故而有宗教信仰者般的絕對立場，形成逆向東方主義的思路。也就是說，為了對抗和抵銷西方的文化、制度與價值，因此，凡是據說被西方形塑、強調或批判的「東方」，反而要特意格外高揚，因而凡是傳統儒家的文化、制度與價值就一定要捍衛，無論這些東西是否真的是古代儒家的，也無論這些東西是否適應現代中國。當然，我願意同情地瞭解他們的政治立場和現實關懷，因此，我並不想過於學究氣地從歷史與文獻這方面攻錯。我倒是更願意提醒讀者注意，他們在談論古代儒家傳統和

封建「基本架構是自由人透過書面契約所建立的君臣關係」，「雙方都是自由的，可以解除君臣契約」，見《中國必須再儒化》，頁280；又說董仲舒與漢武帝時代，就已經形成了皇權與士大夫「共治體制」，說董仲舒策動了漢武帝時代的「憲政主義革命」，見《中國必須再儒化》，頁281-282。至於對曾國藩平定「西方文明的變體」太平天國，也瓦解了滿清「部族統治」，是「一場憲政主義革命」的說法，也違背常識與根據，見〈儒家作為現代中國之構建者〉，《文化縱橫》2014年2月號，頁69。而研究過哲學史和古文獻的郭沂也在〈國家意識形態與民族主義價值相輔相成：全球化時代馬克思主義與儒學關係的再思考〉（《哲學動態》2007年第3期）中也說，「早在中國跨入文明時代之初，也就是三皇五帝時期，華教就已經形成了，並成為後來夏商周三代的國家宗教」。還有一位新儒家學者，連晚清洋務運動的時代都不清楚，隨手就寫下「洋務運動五十年後，中國卻被日本打敗（指1894年甲午戰爭）」，見白彤東，〈中國是如何成為專制國家的〉，載《文史哲》2016年第5期，頁34。

現代政治設想的時候，不時顯露的用世之心，那種毫不掩飾的急迫和焦慮，似乎充滿了字裡行間。

　　為什麼他們這樣焦慮、興奮與緊張？我注意到，近年來有幾個新聞事件被大陸新儒學以及他們的同道在不同場合反復提起。一是2013年11月26日習近平到孔子故里曲阜考察並講話，二是2014年9月習近平在國際儒聯發表關於儒學與傳統文化的講話，三是2014年5月4日習近平到北大探望《儒藏》主持人湯一介並「促膝談心」[86]。我不太清楚中國領導人這些舉動的「初心」是什麼，但我願意相信，這是在表達對傳統中國文化的某種正面態度。但是，按照大陸新儒家們的解讀，這就仿佛從西漢文景時代崇尚黃老轉向漢武時代獨尊儒術一樣，象徵了一個歷史潮流和政治取向的大轉折。按照他們的想法，這個時候，就應當是上「天人三策」的董仲舒登場了。有一位新儒家學者仔細分析了執政黨的這種轉向過程後，很激動地說：首先，是1990年代初執政黨「正面宣導『國學』，隨後，它又把『中華民族復興』作為主要政治目標，由此當然也就開始修正對儒家的態度」；其次，是政府在海外大量建立「孔子學院」，表示以孔子作為當今中國的正面形象和文化象徵，這就「悄然改變了對孔子的官方評價」，說明執政黨「試圖基於孔子，重構其統治的正當性」；再次，是十七屆六中全會公報，把中國共產黨說成是「既是中華優秀傳統文化的忠實傳承者和弘揚者，又是中國先進文化的宣導者和發展者」，這就等於宣告「中共希望化解文化與政治的衝突，政統與

86　任重說這是習近平的「三大動作」，《中國必須再儒化》，頁117-118；又，秋風（姚中秋），〈復興儒家，復歸道統〉，載《中國必須再儒化》，頁269；王學典，〈中國向何處去：人文社會科學的近期走向〉，《清華大學學報》2016年第2期，頁5-6。陳明，見〈專題：首屆兩岸新儒家會講〉，頁17。

道統的對立」[87]。因此，執政黨領導人從2013到2014年的這三個頗有深意的舉動，就給他們釋放了一個重大利好消息，說明為了實現「中國夢」，迫使「中共領導人的文化立場在持續變化，從最初的反傳統，到今天大體肯認儒家，而具有文明復興之自覺，七十年代開始但尚不自覺的保守化過程，至此躍上了政治自覺的層面」[88]。

「躍上了」這個詞很形象，也許大陸新儒家認為，從此可以縱身一躍而登上政治舞台？其實，他們應當看看歷史，儘管西漢時代的董仲舒上書建議「罷黜百家，獨尊儒術」，曾獲得漢武帝的矚目，但他仍然仕途不順，被主父偃和公孫弘先後排擠，只能終老在家[89]。但是作為儒家政治意識形態推手象徵的董仲舒，始終鼓勵或刺激著後世儒家學者對於政治和制度的熱情。「不是吾儒本經濟，等閒爭肯出山來」[90]，大陸新儒學的前輩曾經也有過類似幻想，像梁漱溟就曾信心滿滿地說，「吾曹不出，如蒼生何」，但被毛澤東痛斥並壓在了五指山下，最終也只好歎息「這個世界會好嗎？」可是，在大陸新儒家看來這不足為訓，因為梁漱溟那個時代，儒學還處於困境，不免「花果飄零」和「魂不附體」，所以新儒學雖然在海外有所發展，但是並不成功。然而現在可不一

87　秋風（姚中秋），〈復興儒家，復歸道統〉，頁257。他似乎對十七屆六中全會公報格外關注，在這一篇中就提及兩次（頁257、269），在其他地方也不斷提起。如〈解決當代中國問題的關鍵是回歸道統〉（署名秋風），《21世紀經濟報導》2012年4月30日，收入任重主編，《儒學復興》，頁21。

88　秋風（姚中秋），〈復興儒家，復歸道統〉，頁270。

89　參看《漢書》（北京：中華書局）卷五十六，《董仲舒傳》，頁2523。

90　程顥，〈下山偶成〉，《河南程氏文集》卷三，《二程集》（北京：中華書局，1981）第二冊，頁476。

樣了，「更大的發展契機存在於中國的經濟和政治的改革之中」，中國的經濟奇蹟，使得「背後的民族自信心，客觀上為儒學的發展創造了真正的可能性」，而中國的政治改革，也「需要更多的思想資源，作為團結整個國家的基礎」[91]。特別是現在天地翻覆，正如崇尚黃老的文景時代，一下子變成了改宗儒術的漢武時代一樣，換了鼓勵甚至支援儒家的領導人，他們覺得這下子儒家真的可以「撸起袖子」干預政治、設計制度、改造社會，只是要等待執政黨和政府的關注。因此，他們誠懇地建議說，利用儒家要有「應有的誠意和得體的方式」，委婉地指責現政府「缺乏古代帝王那種利用的藝術」[92]，更有人急切地表白說，如今的儒家「和自由主義不一樣，根本不會想共產黨下台，只是希望共產黨換一套治國思想而已，這就是『罷黜黃老，獨尊儒術』」[93]。

可是時代雖然不同，歷史卻往往相似。秦漢以來的中國，歷來君尊臣卑，一切權源都在於皇帝，儒生們即使出將入相，最多也只能「得君行道」，沒有皇帝支持，任何「更化」都無從談起。因此，他們並沒有盛唐李白那種「仰面大笑出門去，吾輩豈是蓬蒿人」的自信，倒是總有宋代柳永那種「黃金榜上，偶失龍頭望」的幽怨。所以他們並不具備宋代士大夫與皇帝「共治天下」的自信，卻只能是「待詔金門」等候當政者垂詢。難怪他們一再要說，「習近平（比鄧小平）更上一層樓，講中國夢，講中華民族的偉大復興」；又說「習近平……頗有儒味，在理解執政黨最高領導人中，最有儒家修養」，甚至說「習近平作為執政黨

91　干春松主編，《儒教、儒家與中國制度資源》，〈導言〉，頁2。

92　蔣慶語，《中國必須再儒化》，頁51。

93　《何謂普世？誰之價值？》，頁50。

領導人，好的不能再好了，再進一步的話，就要變成中華領導人了」[94]。

不妨再看一看2016年剛剛出版的《中國必須再儒化》。在五位「重鎮」各自長篇的論述和訪談之後，這本書很有深意地附錄了馬浩亮的〈紅色新儒家習近平〉，以及由編者任重執筆作為〈代後記〉的三篇文章（即〈習近平紀念孔子，重建中共執政合法性〉、〈習近平為何批評「去中國化」〉和〈習近平為何要紀念孔子〉）[95]。這裡面說，「歷史車輪滾滾，風雲回環往復，個中興味，真堪細品也」。的確，他們再三提及執政黨領導人，其中暗示意味，確實值得細細品味。唐代李端〈聽箏〉中有兩句說，「欲得周郎顧，時時誤拂弦」，說的是為了引起心中人的注意，不妨故意賣個破綻。在他們的論著中，如此頻頻提及執政黨和領導人，把他們說成是「儒家」，這裡究竟有什麼用意？我特別注意到，蔣慶有關「儒家上行路線」的兩段話，他先是說「因為儒家是『入世法』，注定要進入政治才能改變政治，因而才能在現世的歷史現實中，實現自己治國平天下的道德理想，所以，儒家也並不是對現世政治持絕對的反抗態度與不合作態度」[96]，因而政府和儒家之間，最好是「雙贏」。如果說這些話還比較隱晦，那麼，下面接著說的這段話就非常直白了，他說，「歷史告訴我們，政府利用儒家，儒家也利用政府，一部中國政治史與一部中國儒學史，就是在這種政府和儒家利用與反利用中曲折發展的歷史」[97]。

---

94 《中國必須再儒化》，頁78、219-220。
95 《中國必須再儒化》，頁323-335。
96 〈讀經、儒教與中國文化的復興：2004年蔣慶先生訪談錄〉，頁4。
97 蔣慶，〈王道政治是當今中國政治的發展方向〉，頁52。

我不知道這個「利用」，究竟是「邀君希寵」，還是「得君行道」，不過把自己的政治意圖說到如此直白的地步，卻實在罕見！

結語：重蹈覆轍？歷史重演？

翻閱大陸新儒家們的文獻，我們看到，從1990年代起他們開始與海外新儒家分道揚鑣，另揭以公羊學為基礎的「政治儒學」；到2004年蔣慶邀請盛洪、陳明等在貴州陽明精舍以「儒學的當代命運」為題會講[98]，與當年官方組織的「文化高峰論壇」中許嘉璐等人發起的「甲申文化宣言」遙相呼應，掀起所謂「文化保守主義」潮流；再到本文一開頭所說2014年以來「回到康有為」、「兩岸儒學會講」及「中國必須再儒化」等事件，大陸新儒家從文化儒學轉向政治儒學，從道德倫理闡發轉向政治制度設計，從思想學說轉向意識形態，逐漸與自由主義、社會主義鼎足而立，在21世紀成為中國大陸政治與思想舞台上絕對不可忽視的一股力量[99]。

98　參看王達三，〈傳統文化的一陽來復：陽明精舍儒學會講的思想史意義〉，稱之為「文化保守主義者峰會」，見《讀書時報》2004年7月14日。

99　正如主持他們的討論，但本身並非新儒家的任劍濤所指出的，「大陸新儒學諸家有一個意識形態的共同預設，原因在於大陸自己的國家意識形態面臨嚴峻挑戰，在某種意義上，鼓勵了大陸新儒學諸家與各家各派起來競爭國家意識形態位置」。見〈專題：首屆兩岸新儒家會講〉，頁5。又，本文完稿後，又看到肖強（蕭三匝）〈當代大陸新儒家批判〉（載《文史哲》2017年第1期），他認為大陸新儒家的勃興，一是社會亂象的催逼使人們認識到接住儒家進行道德重建的重要性，二是執政高層對儒家思想主動表示了親和態度，三是商業力量使復興國學成為一門有利可圖的生意。這個意見也可以參考，頁21。

　　對於大陸新儒學之崛起，其實，大可不必從先秦儒家、漢代經學、宋明理學甚至20世紀新儒學（及海外新儒學）這種學術史脈絡上去追溯它的思想脈絡和歷史淵源，這未免太學究氣。倒是不妨放在當代中國政治與思想語境中，去理解它的產生背景與現實動機。有一位新儒家學者曾經兩次三番提醒海峽對岸的儒家學者說，大陸新儒家與港台新儒家不一樣，「我們大陸新儒學首先是在對現實問題的思考中，在與左派的革命敘事與右派的啟蒙規劃中萌芽產生的，是在這樣的過程中才逐漸意識到『五四』以來的那種哲學進路，存在著西方中心的預設，儒家文化價值的證成是一個實踐的過程，不能經由與西方某個哲學家或體系的同質性論證實現，而只能經由對於中國社會問題及其所需要文化功能的解決承擔完成。我們是被逼出來的。」[100]

　　的確，大陸新儒家的背景在當下，關懷也在當下，對當下中國的現實關懷，才逼出了與海外新儒家分道揚鑣的大陸新儒家。那麼問題是，究竟什麼在「逼」它？顯然是當下中國的時勢。試圖「得君行道」的大陸新儒家學者大都很注意時勢，他們提出的政治藍圖和制度設想的背後，顯然有對「時勢」的判斷。在他們近幾年的諸多言論中，我們可以發現他們反復提到中國大陸的經濟騰飛和國力強大，在他們看來，現在中國在世界上已經是「坐二望一」，這不僅是一個「中國崛起」的契機，也是儒家「魂兮歸來」的契機。「國力日益強大的中國，應當接續道統，重拾儒家『以天下為一家』式的世界觀念。這一觀念體系，更宜於在一

---

100 陳明語，〈專題：首屆兩岸新儒家會講〉，頁4。大致相同的話，又見於頁66。

個衝突四起而又利益黏連的世界中維持公義與和平。」[101]面對當今重新洗牌的世界，他們追問，「這是一個世界，還是兩個世界？中國與美國能否共同治理世界？中國處於上升階段，一旦超過美國，世界將會怎樣？」他們相當自信地認為，如果說19世紀是英國世紀，20世紀是美國世紀，那麼，現在21世紀已經是「世界歷史的中國時刻」[102]，而這個「中國時刻」，就應當是「大陸新儒家」登場了[103]。

　　是該新儒家登場了嗎？在中國古代歷史上，所謂儒家登場，最被人傳頌的就是西漢董仲舒上天人三策，提倡「罷黜百家，獨尊儒術」，從而奠定中國政治意識形態主軸的故事了。前面說到，董仲舒是當代大陸新儒學仰慕和追蹤的榜樣，一位大陸新儒家學者就說，「新中國最接近漢朝，開創者都是平民出身」[104]，這是他們的歷史判斷。他們特別是反復提及拓展疆土的漢武帝時代，顯然覺得現在崛起的中國，就像採取黃老之學施行「無為而治」策略的文景時代剛剛過去，即將迎來「外攘夷狄，內興功業」只能獨尊儒術的漢武時代一樣。「當統治者把所有的捷徑都試了一遍，都走不通，走投無路，就會被迫轉到儒家。」[105]因此，他們覺得現在大陸新儒家登場，就應當像董仲舒一樣，等待漢武

---

101 這種論述，近年來在中國學術界和思想界相當流行，見〈封面選題：反思中國外交哲學〉之「編者按」，以及盛洪〈儒家的外交原則及其當代意義〉，載《文化縱橫》2012年8月號，頁17、45。

102 姚中秋（秋風），〈世界歷史的中國時刻〉，載《文化縱橫》2013年6月號，頁78。

103 關於這一方面，我在〈對「天下」的想像〉一文中，已經有較多討論，這裡從略。見《思想》（台北：聯經出版公司，2015）第29期。

104 〈專題：回到康有為〉，頁41。

105 姚中秋語，《中國必須再儒化》，頁275。

帝垂詢，與漢武帝形成「士大夫與皇權共治體制」，完成所謂「革命」或「更化」[106]，並且「在郡縣制的基礎上，興起文教，塑造儒家士大夫這樣一個社會領導階層。」[107]

　　今天的中國大陸，真的就像西漢文景時代轉向漢武時代了嗎？也許是的，中國大陸的思想世界，也許正如他們所說，大陸新儒家開始與自由主義、社會主義鼎足而三，各自為未來中國設計路徑。作為一個「入世」的流派，我可以理解他們不甘心蟄居傳統一隅，也不甘心只是坐而論道。然而問題是，現在他們隨著中國政治大勢的變化，一方面與民族主義或國家主義思潮聯手，一方面逐漸向政治權力與意識形態看齊，一方面在國內的論壇上高談闊論指點江山，一方面又依靠某些所謂「國際學者」賞識，向左派靠攏躍上國際學界[108]。在這樣的情勢下，他們或許會忘記，儒家歷史上真正的政治批判者與思想闡發者，恰恰應當與政治權力保持距離，也就是應當「務正學以言，無曲學以阿世」[109]。即使想干政或干祿，最好也看看西漢儒生的命運，董仲舒雖然上

---

106 姚中秋語，《中國必須再儒化》，頁281。

107 姚中秋語，〈東林會講：康有為與大陸新儒學〉，頁71。

108 有人說，大陸新儒學與左派社會主義的共同聯繫，就是「價值理性的優先」，也有人說，他們「有一個共同的敵人──資本主義」，見〈儒學與社會主義〉座談紀錄，《開放時代》2016年第1期，頁74。如貝淡寧（Daniel A. Bell）就說，「隨著中國成為全球大國，現在輪到中國開始確認自己的文化傳統了」，他忽悠中國學者說，他認為最看好的是「左派儒學」，代表是蔣慶和甘陽，說他們「是把社會主義傳統與儒家傳統結合在一起的嘗試，讓儒家傳統來豐富和改造社會主義」。見《儒家憲政與中國未來》，頁235-237。關於中國大陸所謂「新左派」與大陸「新儒學」關係的問題，這裡不能詳說，還需要有專門的論文來詳細討論。

109 這是轅固生警告公孫弘的話，見《史記》卷一二一，《儒林列傳》，頁3124。

天人三策，但在漢武帝眼中仍只是五經博士之一，充其量是「通五經，能持論，善屬文」的業儒書生，最終被貶斥以「修學著書為事」[110]，而真正得到寵用並能位至「丞相，封平津侯」的，卻是策劃排擠董仲舒，「為人意忌，外寬內深」，「習文法吏事，而又緣飾以儒術」的公孫弘[111]。

　　其實，大陸新儒學群體中，也不是沒有稍微清醒的學者，在他們興高采烈的大聲喧嘩時，也不是沒有善意提醒的冷靜聲音。一個也許自認儒門內的學者雖然極力推動儒教制度化，但也憂心忡忡地說，在儒教的政治化和制度化上有一些需要警惕的地方，就是「體制化的儒教是否會重走制度化儒教的舊路，從而再次出現一個與國家政治緊密結合在一起的儒教或政教合一的情況」[112]；一個儒門之外的學者曾在討論時提醒他們說，首先，你要考慮何為中國？如果承認中國是多元文化、多元族群，那麼儒家就要「拿出一個普適主義方案」；其次，儒家要在思想市場上參與自由競爭，決不能「定於一尊」，如果這樣就是「自尋死路」；再次，是儒家要「與政治或者政治制度的建設保持一定的距離」，任何主張儒教入憲或建立通儒院的做法都是「時代錯位的囈語」[113]。

---

110 關於董仲舒，參看《史記》卷一二一，《儒林列傳》；《漢書》卷五十六，《董仲舒傳》，頁2495-2526。董仲舒的「天人三策」，可能在漢武帝時代並沒有流傳，也沒有真正被採納，所以有人指出「天人三策流傳民間可能始於昭、宣時期」，而《史記》的董仲舒傳也沒有提及。見陳蘇鎮，《春秋與漢道：兩漢政治與政治文化研究》（北京：中華書局，2011），頁224。

111 以上有關公孫弘，參見《史記》卷一一二，《平津侯主父列傳》，頁2949-2952；《漢書》卷五十八，《公孫弘卜式倪寬傳》，頁2613-2623。

112 彭永捷，〈論儒教的體制化和儒教的改新〉，頁107。

113 翟志勇語，見〈世界歷史的中國時刻〉討論紀錄，載《開放時代》2013年第2期，頁27-28。

可惜的是，現在越來越亢奮的大陸新儒家，在越來越膨脹的中國崛起時代，似乎已經聽不進這些苦口良言了。

（原載於《思想》第33期）

葛兆光，復旦大學文史研究院及歷史系資深特聘教授。主要研究領域是中國宗教、思想和文化史。近著包括《宅茲中國：重建有關中國的歷史論述》、《想像異域：讀李朝朝鮮燕行文獻箚記》、《何為中國？疆域、民族、歷史與文化》、《歷史中國的內與外：有關「中國」與「周邊」概念的再澄清》等。

民族主義的趨勢與隱憂

本尼迪克·安德森答問錄

王超華、沈松僑

　　本尼迪克‧安德森（1936-2015）是世界著名的民族主義理論家、思想家，其代表作《想像的共同體》是民族主義研究經典。1999年吳叡人中文譯本問世以來，已多次再版。譯者所作導讀同時介紹了安德森生平，現亦已廣為人知。

　　2011年初夏，《思想》向安德森提出正式訪談請求並獲允諾。安德森同時表示，為了準確回答，他希望訪談以書面答問方式進行。王超華和沈松僑承擔了準備問題的工作，分兩次在2011年6月底和7月底提交安德森，並於2012年初夏收到安德森對全部問題的最後答覆。由於訪談人的個人因素，原文未曾及時發表。現將全文翻譯，以此向2015年12月13日離世的安德森先生致意。

　　王超華（以下簡稱「王」）：您曾探討過去若干世紀當中民族主義在世界範圍的蔓延。您是否認為，最近二十年民族主義的上升或緩和與「冷戰」終結有任何關係？例如，由於前南斯拉夫解體，巴爾幹地區的衝突大概確屬可以預料，但我們是否可以將此時非洲爆發的若干種族衝突也看作是受到「冷戰」終結這一世界性變化的影響？

　　答：我想，很多人誤解了《想像的共同體》的企圖和規模，因為他們忘記或忽略了書名副標題僅只提及民族主義（而非「國族國家」）的起源及其全球傳布。這些人同時還擱置了其中的觀點，即，民族主義緣起於歐洲之外，原本是群眾運動抵制王朝帝國的武器。只要考慮以下事實就可以清楚看到這一點：19世紀時國家形式在歐亞兩陸幾乎全為君主制（除去法國為特例），而在西半球則是共和或國族制（只有巴西為特例）。

　　我們現在可以看到，轉折點發生在短暫的1910-1924年期間：

帝制崩塌先後發生在葡萄牙（1910）、中國（1912）、俄羅斯（1917）、德意志和奧地利—匈牙利（1918）、奧斯曼帝國（1924）。這個政治—文化大海嘯產生出國族之間的國際聯盟（the League of Nations）這樣一個全新的事物，並由此設立起國族國家的「標準」。一個王朝之間的國際聯盟（League of Dynasties）是完全不可想像的。很大一部分國聯成員是從王朝殘跡上建立起來的新國家。（現今，唯一保有「皇帝」稱號的國家是日本，而這位天皇並不擁有一個帝國。）此後的20世紀歷程呈現出此一「幻化時代」之迴響日益深遠的傳布。大部分亞洲非洲脫殖於二戰引發的第二次海嘯之後——以聯合國為象徵，其成員國總數三倍於此前的國聯。而且，殘餘的君主制核心國家即使在歐洲也承受到壓力。武裝衝突發生在愛爾蘭、西班牙、法國科西嘉、南斯拉夫；蘇格蘭、威爾斯、法蘭德斯、北方義大利、布列塔尼、斯洛伐克則出現非武裝的「分離主義」運動。在東歐和蘇聯，再次上升的民族主義在冷戰結束之前已出現，而且是冷戰之所以告終的原因之一。就戰後時代——至少是1946年之後——的聯合國而言，引人注目的事實是，幾乎沒有國族國家成功地擴展了自己的領土（除非是在沒有其國人生活的領空或領海）。甚且，相當恰切於此的，1946年之後，沒有任何國家在政府內閣中還設有戰爭部長（原本是到那時為止的標準設置），而是只有國防部長。國境線成為神聖的。另一方面，以民族主義之名而產生的內部分崩，卻可能導致國土喪失，諸如早期巴基斯坦，老埃塞俄比亞，南斯拉夫，前蘇聯，蘇哈托的印度尼西亞，等等等等。同樣邏輯亦見於「分離主義」的民族主義抵抗運動，如在阿薩姆（Assam），藏區，新疆，南葉門，蘇丹等地。因此，我以為，冷戰只有間接的關聯——我們看到的是民族主義運動持續擴展的邏輯，以及某些

建基於王朝帝國時代軍事征服的領土大國正面臨困境。聯合國令人矚目的一點在於，超過四分之一的成員國都是極小的國家（薩摩亞、新加坡、多米尼克、密克羅尼西亞等），而只有少於百分之十四的成員是君主制國家。

王：您的著作《比較的幽靈》（The Spectre of Comparisons）中有一章標題為「國族之善」。您認為這是沒有變化的嗎？譬如說，您在《想像的共同體》當中討論官方民族主義時，很明確地並不認為這是好現象。您會如何描述自《想像的共同體》以來好或不好的民族主義之間的得失？與國家民族主義相對照，大眾民族主義一直是進步的嗎？

答：使用「國族之善」做標題有調侃之意。那篇文章提出的問題是，為什麼即使在接受諸如「無論對錯，都是我的祖國」（"my country Right or Wrong"）這樣的口號時，人們仍相信民族基本上是善的。這個口號顯示出民族主義和宗教之間的不同，因為宗教永遠不會錯。我論證說，這個想像之「善」的深層根源關係到永生的概念，所以過世的先輩，如同尚未出生或稚弱孩童的純潔一樣，在此都有核心的重要意義。與此同時，又必須為現世政治留出空間，那裡充滿衝突、醜聞、不公不義，等等，於此，就為「我的祖國也會有錯」劃出了界限和可能方式，包括為什麼一個人會因自己的祖國而感到羞恥。麥克・比利格（Michael Billig）關於日常民族主義的出色著作論證了，典型的民族主義其實很「低調」，幾乎是不被察覺地滲透到公民群體的意識當中。沒有人驚訝於英國電視氣象節目顯示不列顛的天氣，卻忽略法國和挪威。這屬於通過常規形成集體意識——假日，娛樂，體育，習俗，等等。他指出，「狂熱民族主義」其實是稀有現象，其來源是嚴重的內部危機或外部威脅，其產出則主要靠政客和知識分

子。

　　我並不相信大眾民族主義始終是進步的，但在創建福利國家，解放婦女、少數族裔和同性戀，以及普及教育等方面，它曾經（而且還將繼續）扮演重要角色。

　　王：您曾討論到「遠程愛國主義」或「遠程民族主義」（long-distance nationalism）現象。現今跨越國界、地區，以及各大陸之間的人口移動（包括旅行和移民）日益頻繁，您認為「遠程民族主義」的現象也會隨之傳布嗎？這是否意味著在21世紀談論「民族主義」需要考慮與以往不同的新特徵？

　　答：事實上，我在1993年前後發明了「遠程民族主義」一語，我的同事們覺得很有趣，也很喜歡這一提法。我當時本意在為阿克頓的著名論斷——民族主義產生於流亡（具體措辭記不清了）——做某種更新。他那時考慮的是19世紀經典的歐洲民族主義者，他們因王朝帝國的政治迫害而多年流亡於其祖國之外。這些人並非國族國家的「公民」，而是皇室的「子民」（"subjects" of dynasties）。他們都期望終有一天重歸故國。今天出現的狀況幾乎與此相反。

　　19世紀甚至大半個20世紀期間，民族歸屬和民族主義都是公民身分的雙重組成，而今天則有數以百萬計的人們，他們是一個國家的公民，卻同時對另一個國家懷有「民族」情感。這常常帶來負面效果，造成這些人功利性地享用其公民權（為了工作、安全、名望等等），並發展出一種醜陋且不理性的「民族主義」，偏袒一個他們並非其公民的國家。目前尚難確認這一趨勢將進展到何種深度。在第一代移民當中肯定是很強的，但我很懷疑同樣的強度也會出現在他們的子女，那些出生、成長、受教育都是在公民權所在國的那一代當中。同化的力量不可低估。華人在加拿

大或美國的第一代移民，可能會在中國對台灣政策上極為（右翼）愛國，但我不大相信他們的「加拿大裔」或「美裔」子女也將秉持同樣思路。

王：過去二十年左右，從拉丁美洲到中東再到東亞（例如中國），都有越來越多的人在質疑「國族國家」的概念（即，這原是歐洲早期現代歷史進程的偶然性產物，卻被不恰當地賦予了「普適」光環）。與此並非全無關聯的是，各種有關「帝國」的論說甚囂塵上。您怎樣看待「民族」知識分子當中的這類反應？「國際」知識分子又是如何談論與「帝國」相關的概念的？

答：我有些驚訝於這個問題——因為「歐洲早期現代」時期並不存在任何國族國家。也許你提到的這些拉丁美洲、中東或中國的知識分子並不太了解民族主義的比較歷史。以你所說這種方式進行思考的人，將民族主義理解為一種歐洲帝國主義的「意識形態」或「文化」（帕塔·查特吉Partha Chatterjee的第一本書就是一個好例證）。但是這非常膚淺，因為他們沒有採用唯物主義視角。若你去觀察民族主義在不同地點之初起，則其生長緊密捆綁於印刷業傳布、識字率上升、鐵路和蒸汽輪船，以及電報等現象。如今那些談論帝國（empires）的知識分子來自於特定的環境。你會在倫敦、莫斯科、德里、伊斯坦布爾（或許）、北京找到他們。其中一部分是出於懷舊，嚮往比現今更為「輝煌」的過去。而其最為強烈者大概要屬英國右翼知識群，他們樂於教導美國人，如何在打造帝國時不要重蹈大英聯合王國的覆轍。但是，我不相信普通人民，包括大多數知識分子，會那麼嚴肅認真地看待「帝國復興」。聯合帝國（United Empires）？不可能。設若確有中國知識分子這樣議論，則他們已經忘記，所有的帝國最終都會垮台，而國族卻不會。任何人要想批判民族和國族國家的概

念，都必須要明確指出，視野所及之處，共同體及國家（state）是否已形成某種新形態。就目前而言，我還不能想像任何此類替代形態。要記住，歷史上，民族和國族國家是最早建基於將來而非過去的政治共同體，而且是建基於平等共進的理念，而非種姓或階級分野之上的政治共同體。

王：現在只是幾個大國的知識分子在談論有關「帝國」的話題嗎？很多中小國家的普通人，不僅在伊拉克、埃及，或古巴，而且也在歐洲，他們難道不會認為美國就是一個帝國嗎？

答：今天世界上只有一個真正的帝國。我相信，全世界有閱讀能力的讀者，都已經習慣於在這個框架內思考美國。其原因十分平直，沒有大範圍地駐紮在許多相對弱小國家內多種形態的軍事機構，任何帝國都是不可能的。只有美國已經在全球所有各個大陸內都安插了──假如不是數千的話，至少也有──數百個基地、飛機場、情報機構、堡壘、海軍基地，等等。五角大樓的年度預算比所有其後的十二個「大國」軍事預算的總和還要高。美國人拒絕承認他們是「帝國主義者」，但是正在習慣於「帝國」這個較為溫馨的字眼。

王：目前中國有很多人還在談論說，中國既不是一個帝國，也不是一個國族國家，而是完全不同、非常獨特的一種「文明─國家」（civilization-state）。您對此有何看法？

答：坦率講，我認為這都是自我陶醉的廢話。所有的國族國家都認為自己「獨特」，但他們都想要包括在聯合──聯合！──國之內。如果中國知識分子和高層官員真的認為中國並不是一個國族國家，那他們就應該立即退出聯合國。那樣一來，中國就真的很獨特了。英語「文明civilization」一詞有一系列相互矛盾的意涵。其中之一是化外或野蠻的反義詞，指這個狀態的人是

不文明的，而「我們」是文明的──這是一種典型的種族主義和帝國主義的表達方式。如果說這就是這些知識分子心目中所指意涵，那麼我們可以請他們考慮一下究竟有多少百萬中國人，譬如說從1850到2000年，死於（誰呢？）其他中國人手下。只有俄國的紀錄差堪比擬。文明的第二個詞義是指一種廣被的文化（通常為宗教性的），橫貫於一大批國家。於是，你會看到「西方文明」、「基督教文明」、「穆斯林文明」、「佛教文明」，也許甚至在一個短時期內還曾有過共產主義文明。佛教從錫蘭延伸到韓國，穆斯林從摩洛哥延伸到菲律賓，諸如此類。如今世上並沒有這種形態的一個「儒家」文明；它既不能包括當代日本、韓國，也不能包括越南；這些國家兩百年前也許會接受將他們視為儒家文明一部分，但今天全都會拒絕這樣的想法。那還剩下哪裡呢？新加坡！

　　如今有千百萬的「華人」生活在南美洲、北美洲、加勒比海地區、非洲、東南亞等各地。但他們給子女起的名字，常常是格蘭、珍妮佛、拉蒙、露西、弗雷德（Glenn, Jennifer, Ramon, Lucy, Fred）之類。並沒有可見的「中華文明」跡象。就連美國也並沒有聲稱自己是個文明─國家。法國文明在20世紀初期仍然被認為是一種現實存在，生活在那時的偉大的法國政治家克萊蒙索曾評論說，美國是世界上唯一一個從野蠻直接步入頹廢，中間沒有經歷過文明階段的國家。今天的中國是一個正常的國族國家，卻抱有自己多麼獨特的幻覺，同時，在先於國族的王朝征服基礎上，主張其領土主權。這是為什麼曾長期遭到憎惡鄙視的清王朝，會重返視野，並成為電視螢屏的時尚。

　　沈松僑（以下簡稱「沈」）：您寫作《想像的共同體》的觸因之一是1979年中越邊境戰爭所代表的兩個社會主義國家之間的武

裝衝突。目前我們正在見證南中國海地區中國和若干東南亞國家之間緊張關係的升級，其中越南再次成為主角之一。您如何看待國家之間這最近一輪的緊張關係？

　　答：在我看來相當簡單。這些島礁與越南和菲律賓的距離，比起與中國的距離要近得多。這兩個東南亞國家相對貧弱，海軍實力極為低下。兩國都沒有足夠的石油資源，因而，開發大面積水下油田的前景足以促使他們提出領海領土主張。中國作為大國且財富迅速增長，關注的不僅是石油，還有那些島礁的戰略位置，需要面對目前美國的海軍力量，以及未來日本的海上力量。在我看來，中國的主張有著19世紀「帝國主張」的風格，而且聲稱這些主張的方式也極為傲慢，相當類似於早年美國人攫取西太平洋海域一系列島嶼時的作派。那同樣是出於軍事目的。

　　沈：與前面一個問題相關，您如何看待中華人民共和國境內，似乎是伴隨其上升為新的世界強國而來的，高漲的民族主義？

　　答：民族主義始終都有其國際面向，正如我們可以看到，所有民族都希望能夠被其他民族「承認」，諸如進入聯合國之類。這也解釋了為什麼各國都會到處競爭，包括電影節、世界盃、奧運會、諾貝爾獎、藝術展、文化表演、建築設計，不一而足。不過，我認為，在絕大多數聯合國會員國和那幾個大國——美國、前蘇聯、中國、印度，也許最終也會包括巴西——之間還是有所不同。小國家必須要關注世界其他地方的事情，而且一般來說不可能全然自我中心。我以前教書時，總是在第一堂課上問學生，誰是加拿大總理，誰是墨西哥總統。我從來沒遇到過哪怕一位能正確回答的學生。你也許可以和北京的學生做類似的試驗：誰是越南總理？誰是緬甸總統？中國人有種種理由為他們的成就而自

豪，但不應自豪到自戀於超級大國的程度。

　　沈：您如何看待台灣在兩岸關係中的地位？過去幾年，中國主要的「少數民族」地區都出現族裔衝突加劇，以最重要的事件為例，包括2008年3月的藏區，2009年7月在新疆，還有2011年5月的內蒙古。對此，中國研究學者從不同角度展開討論。有人將此視為發展主義現代化的後果；另有人持對立看法，建議在這些地區加大經濟發展投入，用以弭平不滿；還有人則認為，這些緊張狀態的關鍵在於，它們是毛澤東時代有如美國平權法案那樣差別優待少數族裔政策所產生的、令人遺憾的副產品（特別是在雲南，以及從內蒙古西部向南直到雲南的多種族「雜居」地帶）。您如何看待中國境內的種族問題？您是否支持藏區或維吾爾區的獨立主張？

　　答：我是台灣獨立的熱心支持者。台灣島已經有一個多世紀沒有受到北京的統治了，而且島內有強烈的獨立意識。除此之外，自蔣經國離世，台灣已創造出實質性的民主政體，實現了執政權在不同團體之間順利轉移而不發生任何嚴重政治壓迫。有新聞自由，人權受到普遍尊重。台灣對任何其他國家都不構成威脅。我將其類比於大英帝國創建的「自治領」，即，這些領地是由從英國移民來的（以及法國移民到加拿大的）人們構成當地主要居民，逐漸成為獨立國家，其法理正當性得到普遍認可——加拿大、南非、紐西蘭、澳大利亞，所有這些地方都與英國保有密切的文化經濟紐帶，卻並不受制於後者。我希望北京能夠追隨倫敦的榜樣。關鍵問題很清楚，首先是軍事上的。北京想要終止美國海空力量在中國沿海水域的「巡邏」，但這樣的前景不大可能到來，除非能拿出政治解決方案。一個可行的交易也許是以中國承認台灣獨立來換取美國撤除軍事威懾。但是同時，如果台灣的

獨立破滅，中國推動南海諸島主權顯然會更容易一些。

至於說藏區和新疆，情況非常不同。你提到的那些中國研究者的觀點，在我看來都沒有說到點上。這其實並不是一個「發展」造成後果還是「發展」不夠的問題，而是主要關係到人口，具體說就是，大規模的漢族移民湧入五十年前漢人尚屬極次要人口的區域，以及很多漢族移民那種可見的對當地人的鄙視。毫不奇怪，所有這些都會在當地引發遭受「內部殖民」的想法。政府方面極端的中央集權同樣導致被壓迫感。具有象徵意義的是堅持全國只能有一個時區，結果，北京的辦公室職員早上六點鐘起床時，烏魯木齊仍然一片黑暗，就任何合理的報時制度來說那裡都還只是凌晨三點。當烏魯木齊的員工們在他們的下午五點鐘下班回家時，國家首都已經是晚上八點鐘了。與此形成明顯對照的是蘇聯，那裡從來不存在以俄羅斯人口洪流去衝占前沙皇廣袤疆域的可能性。列寧處理多族裔狀態時相當明智的政策是創造一個社會主義的、諸多蘇維埃共和國的「聯盟」，由一個超越民族的共產黨將其集合在一起，但同時又劃出地緣政治邊界，賦予較大族群文化上的尊重和一定層次上的自治。儘管這個體系有斯大林時期的腐敗，這個「聯盟」一直到1980年代末執行得都還算不錯。很顯然，北京不準備犯同樣的「錯誤」；至少就目前這一代人來說，它大概也有實力去強制實現自己的意願。

蒙古國（「外」蒙）現代史非常有趣，而且還不僅在於北京已經令自己習慣於這一疆域的獨立。

王：再回到國際範圍的問題。您是否相信，那種認為金融全球化已嚴重削弱國族國家的看法，確有一些現實根據？

答：這種說法有一定現實性，但總的來說不應任其孤立成言。這是因為國族國家對其公民的深入控制在過去五十年裡已極

大擴張。一個突出例證是北京長期力圖控制人口再生產。沒有任何一個19世紀的政權，在世界任何地方，曾經敢於將權力延伸到臣屬或公民的臥室。極為警覺的移民控制比起五十年前遠為強大。今天的高科技通訊監控，即使比起三十年前也大大加強了。官僚體制對體育運動的控制仍屬較新的事物。今天的秘密警察，從華盛頓到北京，都比其前輩要規模更大、效率更高。對教育的控制同樣在加強。這些都必須同時考慮進來。

王：發達國家目前看來正承受著日益增長的移民和多元文化的壓力；而發展中國家，比如阿拉伯國家，則持續受到民主化壓力。您是否認為這在一般意義上標識著「國族國家」的凝聚力正在緩慢削弱？

答：我認為做這種判斷為時過早。而且，要準確定義多元文化和民主化，都還存在實際困難。毫無疑問，在阿拉伯之春期間，群眾運動的表達有極強的國族色彩，譬如那些國旗，那些跨越宗教區隔的團結與聲援。當然了，針對僵化、殘暴、腐敗政權的憤慨具有決定性，還有對無處不在的秘密警察系統的仇恨。民族國家對我來說始終像是一個問題百出的婚姻，民族總是受到熱愛，而國家則常常令人畏懼或令人不齒。但是二者相互需要，離婚的可能似乎基本還沒有任何跡象。

現在有些關於多元文化異例的分析非常尖銳。有位作者指出，以下現象肯定存在於英國，但也非常可能存在於很多其他歐洲國家，即，高層正愚蠢或戲弄地管理多元文化政策。（官員中）有一種看法是這樣的，如果給予移民社群的「傳統領袖」——尤其是老年男性宗教領袖——以足夠的支持和照顧，則並不特別需要將移民整合為公民。而大多數這種領袖都很反動，對選舉政治和公民培育毫無興趣。結果出現很多自我封閉的社區，在那裡，

「祖籍國家」的道德和宗教價值得到維護，看得比第二代第三代的需求更重要。在很多地方可以觀察到這種封閉社區（ghettoism）的趨勢，或是關於祖籍國家那些自欺欺人的想法。

經常發生的一個很大的問題是民族主義與公民所屬脫鉤。我們通常觀察第一代第二代移民，但對於第三代第四代發生的情況，所知甚少。代際變化有可能來得很快很尖銳。我有一位印度尼西亞的華裔朋友，研究華裔印尼婦女婚姻觀在東亞幾個世代之間的情況。最年長的一代仍然相信女孩子應當在她自己的語言群體（福建、廣東、客家等）內婚配。中年一代與此不同，她們相信女孩子和誰結婚都可以，只要是屬於同一個宗教信仰（各種門派的基督教、佛教、伊斯蘭教等），族裔和祖傳語言並不重要。最年輕的一代則認為，女孩子考慮婚姻時不應當有任何限制。三代人的口語實踐亦相當不同。老年人仍然能夠使用大陸語言，雖然不是北方標準方言（Mandarin），她們能說一些荷蘭語，也有一點英語，還有不太流利的印尼語。中年人保持了（比如說）福建話的口語表達，但不是很流利，她們可能知道一些標準北方話，由於參加教會活動而能說不錯的英文，同時掌握相當流利的印尼語，雖然還跟不上年輕人的常用俚語。年輕一代則幾乎無法使用比如說福建話；她們會說標準北方話，因為在職場上有用，雖然並沒有感情依賴成分；她們英語說得好，而且通常習用所有印尼都市圈的日常表達。

沈：東南亞各國都有相當大的華裔社區。他們之間會否因為都是華裔而立場相同？他們將來會向什麼方向發展──他們會在當地共同體內部被同化嗎？

答：我以為，中國國內以及其他地方的中國研究，將會得益於對海外華人的調查了解，也許尤其是東南亞的華人。中國的各

種大學是否注意到這些人？（不妨比較英國大學裡，對諸如澳大利亞、紐西蘭、加拿大等等前自治領持續進行研究方面，表現得漠不關心。）他們是否了解，除了一個例外，所有菲律賓的總統都有華裔混血背景，而且統治菲律賓的豪族（大概500個家族）中華裔成份也很可觀？他們是否意識到，泰國王室（還有柬埔寨王室）有百分之五十的華裔血統（潮州馬氏），那裡所謂的「舊貴族」其實絕大多數都沒有那麼舊，好多都是混血後代，他們是在過去一個世紀裡成功地將其財富轉換為貴族頭銜？極為引人矚目的是，很多20世紀最著名的「反華」知識分子和政治人物，同樣來自泰華背景──出於各種不同原因。去年，我乘計程車去曼谷那個極糟糕的機場，途中和來自「中國城」的第一代老年華裔計程車司機聊起來。我問他如何看待前總理塔信──唯一一位曾贏得泰國選舉絕對多數的政客。「我熱愛他支持他，因為他和我一樣是客家人。我們客家總是很勇敢，努力工作，誠實，而且尊重我們的女性。那些憎惡塔信的黃衫軍是由海南人林松義（譯音：Sonthi Lim）帶頭。海南人欺軟怕硬，懶惰，不誠實。現任總理阿比西（譯音：Abhisit）是福建人。他們家三四代以前從越南南方來到泰國。福建人傲慢，瞧不起人，算計，虛偽，而且一般比較奢靡。王室和大多數泰國華裔一樣，是潮州人；潮州人看不開，沒決斷，心眼多，還有很多啦。」於是我問他，那泰人呢，他們在泰國政治中沒有任何角色嗎？「怎麼說呢，泰人是很開心很幸運那種人，享受吃喝、賭博、性趣。他們關係不大。」「有點像三國？還是有點像秘密會社的互鬥？」他只是笑笑。

　　「冷戰」時期的海外華裔研究，專注於其族裔身分邊緣化及其作為勤勞致富之中產階級的角色。但是這幅圖景已不符實際（權且看作以前符合過）。以語言使用狀況為例。我從來不知道任

何海外華人所用的語言被強行壓制的案例，其原因很清楚：標準北方話是中國的「國語」，因而，原則上具有與馬來語、越南語、泰語相同的競爭地位。但是福建話，客家話，廣東話等等等等，在中國都被有些過分地歸類於所謂「方言」；而在海外，又可以看到國族之下許多諸如爪哇話、布吉話、勐（Hmong，部分苗族）話等等的族裔語言。不妨說，福建、客家、廣東等這些語言是華語而非漢語（they are chinese rather than Chinese）。

中國迅速上升到世界強國地位，也意味著越來越多的非華裔人口正在相當成功地學習中文，但只是抱著此前附於美式英語的那種實用、不帶感情的態度。南方華人的公開慶典，例如熱鬧的陰曆新年，在冷戰時期經常遭到禁制，這或是因為官方將其視為與政權敵對的標誌，或是因為被當作足以引發血腥衝突的挑釁。所幸如今鋪天蓋地都是投旅遊者所好的電視專題和日常廣告看板，情況已全然改觀。在印度尼西亞和其他地方，僱用非華裔本地人表演舞龍並不罕見。當馬來西亞前總理「被曝」有華裔祖先血統時，他報以一笑，並邀請從中國大陸來的一個福建旅遊團參加他的就職典禮——沒人為此大動肝火。在即將到來的印度尼西亞總統大選中（訪談為 2012 年），很可能有至少兩位候選人具有華人混血背景，這在二十年前還無法想像。

所有這些之所以可能，其條件當然在於國族主義制約，就是說，這些「華人」（"chinese"）必須理解為全心致力於其國族社會，而且廣義而言，是致力於他們此刻居於其社會中的現代文化。這並非總是賞心悅目之景。在泰國，極右翼運動在帕威夏寺廟（與柬埔寨的）主權爭議中，支持「他們自己」的國家，而其主要領導人全部都是極端愛（泰）國的「華人」。以同樣姿態，我們可以看到青年「華人」正在打破畫地為牢的商人傳統，進軍

體育運動、公共行政、藝術、學術、非政府組織，諸如此類的領域。猶如希臘人和錫克人成為澳大利亞人，他們正以同樣方式成為印度尼西亞人和泰國人。如果我們以大英帝國前自治領作為比較基礎，就會注意到這些前自治領（愛爾蘭除外）地理上都與狹小的聯合王國相距甚遠。可是，從台北到曼谷再到雅加達的帶狀地區卻非常靠近「大」中國。在一定時期內，這很可能會使北京將東南亞「華（裔）人」（"chinese"）都想像成基本上是華人（Chinese）。但若是過度相信這樣的定義，北京將鑄成錯誤。

　　王：在《比較的幽靈》一書中〈運斧之國〉那一章，討論馬里奧・巴爾加斯・略薩有關秘魯的小說時，您談到小規模原住群體的人民在現代國家內的命運，這也是今日台灣面對的問題之一。您從何時開始考慮這類問題？您認為民族主義可以為他們做什麼？

　　答：我不記得確切日期了，不過，我是在1987年年初，參加一個在哈佛大學舉辦的小型研討會，組織者是積極參與「文化存活」（Cultural Survival）社團的人類學家，他們深深憂慮於東南亞邊遠地區小型部落社會的滅絕前景。那些精彩論文的內容令人恐怖。這些共同體的苦難幾乎毫無例外是由國族國家機構造成：鎮壓、剝削、歧視、強迫移民、侮蔑、「國族化」小學，諸如此類。在很多地方，這些人民，很少能講國家標準語，又被剝奪了公民身分，因而根本無法享受民權保障。我因此被迫要嚴肅看待這些人民，思考他們可悲處境的根源，並且重新考慮我對於國族國家過於樂觀的想法。由此寫作出《比較的幽靈》一書中的兩章：〈多數族群與少數族群〉以及其後的〈運斧之國〉。後面這一章是我對自己截至那時為止就民族主義已做工作的認真重估。馬里奧・巴爾加斯・略薩的小說《敘事人》提供了真正的啟示。

　　被邊緣化的少數族群有哪些不同選擇？四個可能：全然滅亡；其文化被摧毀後的殭屍化；小範圍且多半毫無希望的起義；以自我創建的少數族群民族主義來聯合不同部落。很清楚，他們最大的敵人是專制的國家政權和伺機逐利的國內國際資本主義。很可能，只有真正民主聯邦的政治體制，加上廣泛「外援」——非政府組織，持有同情態度的學界和宗教界人士，以及各種國際人權組織等——才能夠提供一些希望。

（原載於《思想》第 31 期）

王超華，居於美國洛杉磯的獨立學者，曾任《思想》季刊編輯委員。研究興趣在中國現當代思想史和文學史，兼及當代華人世界政治發展。近著包括《從來就沒有救世主：六四 30 週年祭》。

沈松僑，歷史學者，曾任《思想》季刊編輯委員。主要研究領域為中國近代思想史，興趣集中於近代中國的國族想像與國民論述。

探索現代政治情感世界

紀念本尼迪克·安德森

王超華

　　第一次見到本尼迪克・安德森，是在美國亞洲學會的年會上，他在一個分會場擔任講評。那時我是大齡碩士生，英文不好，沒有讀過任何他的著作，時時苦於摸不到在美國研究院學習的門路。但那是1990年代初，再怎麼迷糊，也還是跟著大家囫圇吞棗地追蹤理論。聽說他有名，就跑去了。其實並沒有很高期待，因為同時還聽說他是東南亞研究專家，而我經過中國大陸多年生活積累，無形中納入的大國沙文主義早已將東南亞排除在視野之外。加之那個分會場是印度專題，完全不在自己的知識範圍，進去之後，只能是姑妄聽之而已。沒有料到，雖然那幾位論文發表人的發言一點也沒聽懂，他的講評卻一下就抓住了我的注意力。記得他講到鐵路，又講到廣播，後者的發展導致國族範圍內語言語音統一，確立「官方」語言的語音地位，並因而改變了人們想像社區之間關係的方式。多年之後，對印度語言分布有了一些初步了解，意識到自己當時並沒有理解到他的重點，記憶也未必準確。可以確認的是，他直接切入人們生活經驗的討論，激發起我的興趣，有一種探索衝動，認識到我們可以通過重建歷史語境，從不同角度去觀察解釋習以為常的社會現象。

　　在1991年《想像的共同體》第二版序言裡，他曾解釋道，第一版只討論了時間觀念形態變化與民族主義興起的關聯，沒有考慮到相應空間想像的變化；新版增列了兩章，主要針對空間問題[1]。我聽到的關於鐵路和廣播的討論，大約也是他那時延續空間

1　見吳叡人譯，《想像的共同體》（台北：時報文化，1999年初版），頁1-5。這個譯本依據的是Benedict Anderson, *Imagined Communities: Reflections on the Origin and Spread of Nationalism*, Revised Edition（London and New York: Verso, 1991），見該譯本頁xx註1。以下討論中所有引文和轉述都是基於這一中文譯本。需要說明的是，《想像的共同體》原著係由英國倫敦「新左書系」

向度思考的一部分吧。多年後與他熟識，已是在讀過這本名著之後，也許因此而怯於與他交流學術思想問題。於我，新世紀裡本尼迪克的每年來訪，是親友做客，也有一絲師長視察的意味。雖然他一直關心我的學業，也願意藉機會提攜，但我們之間很少有真正深入的討論。他的離去帶我來到印度尼西亞，體驗到一個全然陌生但對他卻形同第二故鄉的國度，也帶我重新閱讀他的名著，閱讀他許多沒有結集的演講，還有他今年剛剛問世的增修英文版回憶（初版為日文）[2]。這是一次與本尼迪克·安德森重識的機會和歷程。

一

本尼迪克·安德森2015年的日程一如既往地緊張。在橫跨大洋穿梭旅行的同時，他完成了增修英文版回憶的最後校訂，為我們留下他生命歷程的珍貴自述，其中包括了《想像的共同體》（1983年初版）的寫作緣起[3]。這部名著以1979年中國、越南、柬

（New Left Books）初版。1991年增訂版時，「新左書系」已改組為沃索（Verso）出版社，此後亦一直由沃索再版。

2　Benedict Anderson, *A Life Beyond Boundaries* (London: Verso, 2016)；《超越邊界的一生》（倫敦：沃索，2016年初版）。

3　《想像的共同體》一書雖然使用「想像」字樣，但分析和論據都是基於社會歷史發展實例，導論時已將「想像」（imagining）用法與蓋爾納（Ernst Gellner）使用的「虛構」（invention）作區分（詳見下文），並在第七章註解與「假想」（imaginary）相區別。汪暉在《讀書》雜誌2016年7月號發表〈「民族主義」的老問題與新困惑〉紀念安德森並解讀評論其學說，聲稱「安德森將意識形態對民族的創造作為中心問題」，這本書最著名的觀點在於民族「不是許多客觀社會現實的集合，而是一種被想像的創造物」（這兩句係摘取自查特吉

埔寨等社會主義國家之間的邊境戰爭開篇，蓋因這個衝突觸發了
安德森早已骨鯁在喉，急欲一吐為快的思考。此前幾年，湯姆·
奈恩（Tom Nairn）和艾瑞克·霍布斯邦（Eric Hobsbawm）等人
在《新左翼評論》上已展開關於民族主義的論爭[4]。政治立場上，
安德森支持奈恩；但他同時也看到，無論是支持蘇格蘭獨立要求
的奈恩還是反對民族主義立場的霍布斯邦，都沒有抓住問題的要
害，而且兩人對亞非拉美地區的民族主義都懷有誤解和歧視。他
們都把民族主義當作「意識形態」產物，並據此認為反抗殖民主
義的民族主義運動充其量是政治機會主義在政治實踐中的自欺欺
人。安德森在此書中為自己定下的一個主要任務，就是要說明，
民族主義雖然帶著「主義（ism）」的後綴，卻根本不同於自由主
義或共產主義這些意識形態立場。它不是思想者的邏輯思考產
物，而是人類歷史發展進程的伴生文化現象。自由主義、社會主
義、無政府主義等等思潮，都以著名思想家為號召。而民族主義
則如同宗教，無論你怎樣批判，都會持續強烈影響各國政治生

著作），並認為這是受到以拉康為代表的精神分析學說以及意識形態研究等
理論影響，後者為其提供了「靈感」云云。這是對安德森的誤讀（詳見下文
對查特吉批評的討論）。此處及以下對汪暉此文的評論係根據「烏有之鄉」
網站文本，見http://www.wyzxwk.com/Article/shidai/2016/07/366770.html，
2016年7月6日走訪。

4　湯姆·奈恩自1960年代末開始在《新左翼評論》陸續發表支持蘇格蘭獨立的
文章（如〈蘇格蘭民族主義的三個夢想〉［“The Three Dreams of Scottish
Nationalism”］，1968），後結集為《不列顛的崩解：危機與新民族主義》
（*The Break-Up of Britain: Crisis and Neo-Nationalism*, London: NLB, 1977），出
版後受到反對蘇格蘭獨立的霍布斯邦在《新左翼評論》發表書評批評。艾瑞
克·霍布斯邦，〈於《不列顛的崩解》一書之某些省思〉（Some Reflections
on *The Break-up of Britain*），《新左翼評論》1977年9月。

活，卻很難指出誰是為其奠基的思想家，也難說出主要領軍人物之間有何論辯，分歧何在。事實上，二戰前的現代史上幾乎沒有出現過民族主義理論思想家。

以英國同代左翼人士為論辯對象，這本名著的論述方式讓熟悉學界規範的讀者感覺頗為跳躍，行文中也時時出現略顯突兀或意帶諷刺的修辭。這些對其論述主要觀點並非絕對關鍵，可是對於脫離了當時論辯語境的讀者，特別是非英語母語的讀者來說，卻增加了閱讀困難。了解寫作當時的背景和主要目的，有助於理解這本篇幅不長的著作最終為什麼能夠奠定其經典地位。

《想像的共同體》致力拆解的迷思，集中在以往歐洲史未曾重視的側面，尤其是歐洲傳統上以「理性」之名對民族主義的憎厭（「民族主義是現代歷史發展的病態」，見第九章結尾）。眾所周知，安德森的一個重要觀點是，民族主義的發源傳布與資本主義印刷業發展密切相關。以前，維繫人類生活終極意義的宗教，藉以表達的語言（如文言中文，拉丁文，阿拉伯文或佛教經咒）同時充當著意義內部不可置換甚至不可翻譯的組成成分，字面的確切含義因而並不那麼重要。印刷業的大規模發展打破了這個禁忌，使字面含義變得比文字本身更重要。宗教神聖性遭到侵蝕，人們因此有填補精神真空的迫切要求，以使此生與人類群體命運發生關係。無數方言競爭之中，語言與共同體連接的「宿命性」在此過程中被越來越深刻地感知（見第三章）。同時，借助瓦爾特・本雅明「同質、空洞」的時間概念，安德森提出，印刷媒體迫使人們改變想像時間的方式。日期和月份等時間單位成為「客觀」存在，既外在於任何個體的特殊經驗、卻又由所有個體同時被動經歷。在這個意義上，時間原有的各種文化意義消失了，四海之內的分分秒秒都成為同等長度，不再因個體活動諸如冥想入

定等而改變，也不因從前是一神教還是多神教還是週而復始的王朝想像而有所不同。印刷業聯繫起千百萬素未謀面但卻經驗著同樣刻板運行時間的人們。由此，以往是宗教和王朝支撐著「想像的共同體」，現在二者同時遭遇正當性的衰落，開始被民族想像取代（見第二章）。後來的寫作中，他曾延伸討論到與奈恩類似的一個觀點，即，民族主義不但常常要訴求於從久遠祖先延續至今的譜系，而且還會強調民族下一代的純潔無辜，從而維繫「宿命」意義並建立起與未來的關聯[5]。但這只是民族主義的表現之一，並不是其充分或必要條件。事實上，從寫作該書開始，安德森就始終堅持，民族主義政治風潮的第一波是從北美到南美的獨立戰爭和共和革命，其中充滿創造一個平等自由新世界的能量，並未追溯久遠祖先，也不在乎與殖民母國分享同一語種[6]。安德森相信，發生在歐洲的民族主義覺醒，時間上晚於美洲的第一波，性質上則有賴於自16世紀開始的「地理大發現」和其後蓬勃興起的語言學和辭典編纂學，從而形成對特定語言的固執，與美洲的情形「適成完全的對比」（見第五章）。如果美洲新獨立國家強調

5　〈國族之善〉（"The Goodness of Nation"），收入本尼迪克・安德森，《比較的幽靈》，*The Spectre of Comparisons: Nationalism, Southeast Asia and the World*（London: Verso, 1998）。另見端傳媒刊載安德森2010年在台灣大學的演講，https://theinitium.com/article/20152013-opinion-book-anderson/，最後走訪日期為2016年7月6日。

6　前引汪暉文章聲稱安德森名著中討論的美洲民族主義「第一波」屬於所謂的「遠程民族主義」。這是誤解了「遠程民族主義」的意涵。「遠程民族主義」指的是某一特定民族主義情感發生於甲地，而該情感所附著的那個民族卻主要居於乙地，而且兩地之間距離遙遠，例如，留學生希望在客居國定居，但情感上仍傾向效忠祖籍國家。南北美洲民族主義運動是生活在美洲的人士主張在美洲建立新國家，不存在距離遙遠的問題。

其「新」，歐洲包括法國在內的新興民族國家，則越來越依賴於一個充滿選擇性記憶與遺忘的民族歷史敘述（見第十一章）。也是在討論歐洲經驗時，他進一步論證了塞頓—華生（Hugh Seton-Watson）所謂的「官方民族主義」——「這種民族主義在群眾性的語言民族主義尚未出現之前是『不可能』出現的」，這是因為，迫於社會經濟發展引發的文化和行政壓力，王朝制統治者和沒落貴族階級也不得不採行以民族主義為基礎的集權措施，以便維護其社會地位和動員能力。其中最重要也最普遍的措施之一，就是確認一個基於某種方言的通用官方行政語言，來代替拉丁文（見第六章）。

在歐美史領域，這是不受重視的視角。即使在安德森這本書逐漸獲得經典地位之後，西方學界的歐美史研究仍然很少從民族主義角度去講述18世紀以來的革命浪潮，對民族主義仍持有高度懷疑和批判態度。確切地說，雖然這本書意在與歐美左派人士論辯，但出版後卻並沒有在歐美史領域引起震動，直到1991年出版修訂本時，仍未得到歐美傳統學界青睞。其經典地位似乎主要是在老牌資本主義國家範圍之外緩慢建立起來。究其根源，不能不說這是由於安德森所批評的歐洲中心主義，仍然在思想和歷史相交之處遮蔽著人們的視野。

作為具有歐洲古典研究訓練背景的東南亞研究專家，安德森介入討論時，既有歐洲內部的必要知識，又致力於從外部瓦解。面對歷史深厚、論說資源異常豐富的歐洲傳統，他為自己提出的是一個當時看來幾乎不可能的任務。他的討論方式，是將民族主義從從屬於宗教和共和主義的框架中剝離出來，使之成為獨立課題。而宗教和共和，借用奈恩和佩里‧安德森兩人合作的說法，卻是西歐近現代史論述的兩大基石。就宗教而言，一方面，資本

主義印刷業對西歐的衝擊，首先就表現在宗教文本走向方言化普及，促進了宗教改革。另一方面，宗教平民化與文藝復興和啟蒙運動等標誌性轉折息息相關。這兩方面的相關著述早已汗牛充棟，但在這兩方面，安德森都立足於西歐以外的世界，給出不同解讀。如前所述，他將印刷業發展和宗教改革等史實看作是宗教絕對影響力衰落的徵候，並以其帶來的心理危機作為民族主義上升的重要前因。但是，如果歌德或者黑格爾將印刷出版業的興盛看作是「世界文學」和進步的世界主義「現代人」之標識，那麼根據安德森的描述，處於西班牙殖民統治下的南美洲上層人士的經歷則恰恰相反。藉由現代印刷媒體，他們意識到自己與母國的區隔，並意識到自己與在地行政區劃內「土著」居民之間共享同一「共同體」的現實。與此同時，宗教平民化的面貌亦有不同。歐洲伴隨新老殖民主義的海外傳教活動，原本由歐洲遠道而來的派遣教士主導，如今受到在地出生移民後代（creole）的威脅，前者轉而訴諸種族乃至文化的純正與「污染」之別，從另一個側面加強了在地移民與歐洲母國分離的自我認同。正是這些差異，造成民族主義在這些國家的出現。這不是如奈恩所說下層階級受到政治洗禮後的伴生物，也不是主要由中產階級推動（這些觀點顯然出自以法國大革命為中心的視角），而是由上層精英主導的對抗殖民母國的鬥爭（見第四章）。

　　共和主義的問題要更複雜一些。在西歐現代政治史脈絡中，共和主義有舉足輕重的地位，可以藉以觀察解釋過去兩百多年裡幾乎所有重要的思想流派和歷史事件。而且，以法國大革命為代表的共和主義，正是歐美學界長久以來解釋南北美洲獨立的關鍵詞，也是藉以批評歐洲各國民族主義運動的標竿——畫虎畫皮難畫骨，這些地方的人們在法國大革命感召下本應學習共和主義，

結果卻滑到民族主義的歪路上去了。安德森的立場與此不同，他相信共和主義和民族主義非但不對立，而且有實際上的共生關係。他認為民族主義興起時，南美是「第一波」，歐洲是「第二波」。雖然這是歐洲史領域一直難以接受的提法，但他的重點顯然是在考察反抗帝制和國族建國的實踐。有三點值得注意。首先，法國大革命後歐洲經歷持續不斷的軍事衝突，在法國「解放者」和反法同盟的帝制王權統治者之間，出現二者都無法填充的正當性真空，為民族主義覺醒提供契機。如果說這是南美和歐陸相同的時代背景，那麼玻利瓦爾見證拿破崙稱帝後，返回南美，不但積極參加了抵抗法國入侵西班牙的武裝鬥爭，而且，更奮起領導了反抗西班牙殖民母國的美洲革命，率先走向獨立建國。南美各國此後的分裂，並沒有導致重返殖民帝國懷抱，而是每個國家都宣稱自己建立了一個新的「共和國」。安德森的這個論述方式，重點放在王朝政體與國族國家的對立。因此，同在南美的巴西，因為受葡萄牙帝制挾制而不被看作是處於同一波[7]。其次，與歐洲相比，南美從獨立到分裂的共和國族建國得以完成在先（到1820年代末歐洲國家放棄軍事干涉），並不僅僅是因為與歐洲的地理距離遙遠。在安德森看來，與印刷業和宗教的關係類似，啟蒙思潮在歐洲激盪的效應之一，是對人類學和歐洲以外不同種族及其文化社會形態的「興趣」和恐懼，在盧梭等人以氣候和生態解釋不同社會形態等學說的影響下，美洲殖民地成為歐洲「他者」之一，在現代歐洲構建自我時，母國排斥殖民地精英的政策似乎更加理所當然。這個因素同樣加強了在地精英對於「我們美

7　《想像的共同體》初版談及巴西時十分簡略（見第四章，頁61），但其後安德森對此有明確認定。

洲人」的想像。最後，共和實踐的前提是能夠行使主權的轄區和
體制內成員的平等；安德森在第一章導論裡為民族想像所做的定
義恰恰包括了這三個關鍵因素：民族是「有限的」、「有主權
的」、成員平等且抱有「深刻的、平等的同志愛」。這是國族建國
想像與共和主義得以共生的根本條件。在美洲，科技發展水平造
成交通不便等限制，使得原殖民行政區劃內的居民更易於想像他
們之間屬於同一個「共同體」，但同時卻對既「遙遠」又有競爭
關係的鄰區持有懷疑和敵意，這是南美若干基於在地的「國族」
想像會並列興起，並曾爆發激烈邊境戰爭的原因之一（以上內容
見第四章）。

　　顯然，歐洲以外的視角在這裡非常重要。書中所提出的南美
洲共和革命中的國族主義問題，歐美史領域此前鮮有探討。發表
於1980年代初期，這些觀點可以說加入了開啟後殖民研究的先聲
之列，只是歐洲作為普適理論中心的地位根深柢固，當時對此並
沒有直接回應，還要經過幾代非西方學者的持續努力，才會慢慢
改變格局，出現今天多元視角的全球現代史在歐美學界漸受重視
的局面。同時，有理由相信，正是因為西方學界的不以為然和遲
緩反響，安德森在1991年第二版新增的最後一章，才會重返南北
美洲和法國革命時期，再次討論資本主義印刷業帶給人們新型的
空間和時間想像，更為細緻地確認當時民族想像的具體條件，以
及這發生時被想像為兩大「歷史斷裂」的事件，如何使得後來者
無法重歷「斷裂」的現場經驗，轉而必須借助「長睡乍醒」「大
夢初覺」，改為借助本土國族人民綿延無斷的歷史敘述，來建立
民族認同和民族想像（見第十一章）[8]。

8　安德森本人在1991年〈第二版序〉裡解釋新增第十一章的起因是第一版對某

　　在初版寫作時，安德森針對的主要不是那些以共和主義為旗幟的自由主義人士，而是馬克思主義思想家。霍布斯邦否定民族主義，主要是基於馬克思主義政治經濟學對資本主義及其階級關係的分析（落後農業小民族獨立不利於資本主義市場和產業工人階級的成長等等），同時也是出於他本人的馬克思主義立場（「馬克思主義者不可能是民族主義者」）[9]。霍氏將民族主義視為意識形態論敵，並曾在冷戰結束前後大膽預言，民族主義即將消失於歷史舞台。就民族主義而言，在歷史和現實兩方面，安德森的立場都與霍氏截然相反。他在《想像的共同體》書中特別提到馬克思恩格斯《共產黨宣言》中看似無意的定語用詞「它自己的」（「當然，每個國家的無產階級都應當首先處理和它自己的資產階級之間的關係。」楷體字為原文所有，見第一章），就是在回應這一類來自左翼的批評，意在指出，這個措辭反映了各國工人階級受民族主義制約而須優先處理國內鬥爭的現實狀況。該書第二版序的註解裡，他也曾言及霍氏預言的無稽。不過，對安德森來說，最重要的並不是指摘對手，而是跳出既有的歐洲中心框架，探討民族主義在型塑現代政治情感世界中的作用。他表示，馬克思主義能夠感召出「純粹與無私」的精神，令人們願意「為革命而

些歷史文本有誤解，而且對某些難以解釋的現象未予深究，就簡單以統治者的「馬基維利」權術作為理由，因此需要重新處理，但因為所處理的問題性質，這一章「必須將焦點放在」美洲和法國，並在註解中再次明言批評歐洲中心主義。見頁4-5；第一章頁10-11、15和第十一章頁218-219、228。關於後來者無法重歷先行者的現場經驗，並因而必須做出相應修正的情況，根據安德森的定義，屬於歷史「範式」被「盜版／複製」時必然會發生的事情。見頁213-214。參見下文相關討論。

9　霍布斯邦，〈於《不列顛的崩解》一書之某些省思〉。

死」，大約是因其「歷史必然性」的宿命式斷言。與此類似，民族主義及其伴生的愛國主義使得人們願意「為一個通常不是出於自己選擇的國家而死」，是因為人們感知到「那是某種本質上非常純粹的事物」（見第八章）。那麼，這種感知從何而來？

二

　　安德森堅持將民族主義視為近現代特定的社會文化現象，認為「經濟利益，自由主義，或者啟蒙運動這三個因素」都無法解釋人們對國族這一「想像的共同體」的強烈情感依附，無法解釋那些「來自安逸階級的犧牲意願」（見第四章）。同時，他也嘲弄那些「自古以來」或「血脈不斷」之類的宣稱（見第十一章），而且不吝於直言民族主義帶來過永難修復的社會文化破壞[10]。可以說，他的工作注定不是現今流行的「認同政治」（identity politics）。在若干公開演講中，他為自己提出的問題，都是從民族主義的角度，考察這個世界在過去二百年裡提供了什麼經驗，又經歷了什麼樣的變化。他並不糾結於族裔身分認同的道德高地，而是同情認可被壓迫人民以民族主義和愛國主義名義伸張權利和正義的鬥爭，努力認識我們身處的世界和歷史，執著思考民族主義所揭示出的社會文化模式的歷史變化。他介入民族主義討論時，從殖民地尋求獨立等角度，尖銳批評了歐洲中心的傳統框

10　他在私下交流中曾嘆息當代印尼青年與古典爪哇文學的隔膜，以及青年學者很少利用大量的以爪哇語和荷蘭語文字記錄的檔案資料。參見Benedict Anderson, "Letters, Secrecy, and the Information Age," The 9th Frank H. Golay Lecture（October 25, 2012）, https://seap.einaudi.cornell.edu/sites/seap/files/Golay%20Lecture%20Ben%20Anderson.pdf，2016年7月3日走訪。

架。這顯然和他長期從事東南亞研究的背景密切相關。用他自己的話來說：（東南亞）「這個區域以某些方式提供了絕佳的建構比較理論的機會，因為它包含了先前曾被幾乎所有帝國主義強權（英國、法國、荷蘭、葡萄牙、西班牙、美國）殖民過的地區，以及從未被殖民過的暹羅。」[11]他修訂後的英文版自傳，講述了他如何從第一次到印尼做田野調查時就愛上了那片土地和那裡的人民，也在第三章講述了在被蘇哈托軍政權禁足印尼的二十七年中，他如何轉而研究泰國和菲律賓。但其實他也提到，雖然本業是印尼，他在康奈爾學習的青年時代，已經對這三個國家幾乎是同時發生興趣，只是最後著手研究的時間有先後之差。人們在驚歎他的語言能力和學習毅力（五十多歲時精研西班牙語並開始學習塔加祿語）之餘，很少注意到這些國家對他思考民族主義的可能影響。

　　這三個國家分別有世界或亞洲最大的伊斯蘭人口、佛教人口和基督教人口，卻分別難以將相關宗教律條納入國家法律（相較於馬來西亞政權，宗教色彩都要弱很多）。雖然泰國情況相對特殊，但我們仍然可以說，「印度尼西亞」、「泰國」、「菲律賓」這三個國名都是來自西方殖民（或殖民威脅）時期的民族認同產物，國家邊界的最後確立都受到東南亞殖民歷史的限定。這三個國家，特別是印尼和菲律賓，在確立今日邊界之前都有極為多樣的部落，境內各部落常常是各自使用互不相通的語言。三個國家確認其今日官方語言的時間都不足一百年，而且印尼和菲律賓的

11　見〈第二版序〉，頁5。在新版英文回憶錄中，安德森表示他一直偏愛使用有長期歷史的「暹羅」而不是20世紀才啟用的「泰國」。這裡沒有包括日本，但在討論具體案例時，他也提到日本在二次大戰期間佔領東南亞國家的影響。

首選官方語言既非被殖民之前當地（某一較為強盛島嶼上）精英階級的傳統語言（如爪哇語），也非來自殖民歷史最長的宗主國語言（荷蘭語和西班牙語）。那麼，印尼和菲律賓這樣的千島之國，有著如此繁雜多樣的文化歷史背景和語言脈絡，在反抗殖民爭取獨立時期，卻都曾發生過浴血戰鬥和英勇犧牲的事蹟。假如不是存在一個國族意義上的「想像的共同體」，又該如何解釋原本甚少往來的群島居民，竟會為他們的共同命運投注如此熱烈的情感？試圖回答這個問題時，安德森在資本主義印刷業之外，還特別專注於地方準精英人士「朝聖之旅」的發展變化，和後起民族對先行範式的「盜版複製」。這些問題意識貫穿於他對民族主義各階段的探討。其中的差異，一是第一波不存在「盜版複製」，二是第二波沒有涉及「朝聖之旅」。它們比較集中地呈現在第三波和「最後一波」，即，後於（歐洲）語言式民族主義出現的「官方民族主義」，以及世界範圍殖民地人民的民族主義覺醒和民族解放運動。關於這兩波的論述，構成《想像的共同體》的第六章和第七章。在這兩章裡，安德森對日本和東南亞五、六個現代亞洲案例有較為宏觀的分析。

關於「官方民族主義」，安德森在第六章行文中幾次說明其性質，小結時也講得很清楚。我們前一節已有引用。這裡不妨再強調兩點。首先，在安德森之前，還沒有人像他這樣，將19世紀歐洲民族主義區分為群眾性民族主義和「官方民族主義」，並確認為先後相繼而來的兩波民族主義浪潮，而且還斷言後者取用了前者主要以語言確認民族邊界的模式，成為一種「二次模仿」的產物（因為前者已經模仿了美洲和法國的歷史實踐，見第六章和第十一章）。歐美學界研究現代歐洲史，雖然肯定德國、義大利、波蘭等國的民族統一和追求獨立，但同時將其視為浪漫主義

對理性主義的反動，且深惡痛絕統治者操弄民族主義的史實，在很長時間裡對這種辨析不以為然。事實上，這個辨析最能說明安德森將民族主義看作是「文化伴生物」的立場。通常讀者看到這些論述時，會注意到「官方民族主義」的反動負面作用，但較少記得安德森曾使用金屬板焊接的比喻，說明那些承繼王朝傳統的政權，在民族意識上升的壓力下，也不得不通過「自我歸化」（naturalization）為自己加上民族最高代表的桂冠，並採取（傳統王朝君主絕不會費心去做的）強化語言統一和行政集權的種種措施，竭力掩蓋王朝制與民族國家二者政治正當性來源不兼容的「焊縫」。但是，隨著歷史發展，「焊接」後過度厚重的金屬板造成其「焊縫」難以承受各種壓力，導致或遲或早發生各種形式的斷裂。他曾以聯合國、奧林匹克委員會等國際組織為例，反覆說明兩次世界大戰之後，國族國家（nation-state）的數目一直在增加；局部地區從原有國家分離的事例所在多有，而以往通過軍事征服擴張領地的情況則少而又少，正是這類「焊縫」無法永久彌合內在矛盾的表現。

　　其次，將這兩章與第二版新增的第十章連讀可以看出，「官方民族主義」最容易獲取成功之處，是那些權力中心所在地的疆土相對連續且內部已經具有較高同質性的王朝，如19世紀下半期的沙俄、英國和日本，以及繼承了王朝或殖民傳統的新興國家；而最容易遭遇「焊縫」開裂的節點，則是當帝國主義殖民宗主國，在一系列壓力下無法再依賴「由征服斬獲的戰利品」一類藉口統治殖民地，而必須越來越多地強調「輸出文明」，還要以母國「官方民族主義」名義向被殖民「土著」宣示其統治正當性的時候。在安德森的論述中，「官方民族主義」的「焊接」無論是成功還是破裂，社會上後備精英人士的「朝聖之旅」，都是考察

民族主義作為群體政治情感取向的重要入口。

「朝聖之旅」在安德森關於民族主義的歷史敘述中，與資本主義印刷業幾乎同等重要，但卻較少被論者提及。他所使用的這個概念，在這裡略似於社會學關注的上行社會流動（upward social mobility）。前輩學者何柄棣關於科舉考試的著述，曾大大促進華人學界對這一領域的興趣，而且，安德森在第四章裡首次引入這一概念時，所描繪的文官在「專制化君主制國家」裡的上升模式，幾乎可以直接適用於明清時代獲取科舉功名後的官員仕途之路。不過，上行社會流動研究一般聚焦於起點和終點的統計情資對比，而安德森關注的「朝聖之旅」，靈感來自人類學家維克多・特納（Victor Turner）的「旅程」（passage）概念，在統計數字之外，同時還考慮到後備役的準精英們向上攀爬時，旅程途中的心理經驗（但這種社會心理學並不屬於精神分析範疇）。猶如科舉士子辨認「同門」或「同年」，世界各地的準精英們在向上攀爬的旅程中辨認到自己的同類。英國的上升階梯對蘇格蘭開放，削弱了蘇格蘭精英整合本地民族主義傾向的意願，帶來英國本土相對成功的「官方民族主義」整合。而殖民地情況則不同。幾乎毫無例外地，所有宗主國對殖民地都不放心，必須要從母國中心派出高級官員來保障在殖民地的集權統治。結果，殖民地出生的後備精英們發現，他們的同類常常是與他們共享出生地的「土著」。在攀爬旅程中，他們永遠無法到達母國精英獨霸的那個平台，即，無論多麼優秀，他們都將返回自己所屬的殖民地，只有極少數人有可能留在中央，同時卻又絕無可能在母國的地方機構裡得到一官半職。以此來看，日本明治維新打破地方割據，疏通了境內集權統一的攀升渠道，成為另一個「官方民族主義」的成功案例。與此同時，日本殖民擴張時會培訓朝鮮、台灣、滿洲

國的精英並從中委派官員，但這些官員必定要回到本土任職，很少能留在日本，不可能被委派到千葉或長崎，也不會在這幾個殖民地之間交叉派任（見第六章）。在這種情況下，母國和殖民地的候補精英，在不同的「朝聖之旅」途中，辨識出同行者身上不同的民族印記，他們對自身所屬民族共同體的想像也因而不同。

與此同時，殖民地候補精英的「朝聖之旅」，在不同年代不同地域也因歷史而造成不同形態。從西班牙統治下的拉丁美洲（不包括葡萄牙治下的巴西）到各大西方強權統治下的東南亞，民族主義在這兩個地區的興起之間有近百年的間隔。在19世紀這百來年中，歐洲自身經歷了第二波著重語言的群眾性民族主義和第三波加強集權的「官方民族主義」，並在「地理大發現」影響下發展出人種、地理、異質文明考古等新的「知識」領域，資本主義也在這一階段進入工商業高速發展。這些都直接影響到殖民地在20世紀初迅速膨脹的行政設置與管理，大大改變了當地後備精英的「朝聖之旅」。從安德森在相關章節的討論中，我們大致可以看到至少是以下幾點：

- 首先，到19世紀下半期，資本主義印刷業早已立足扎根，日報新聞紙帶來的「同質空洞時間」已成為後備精英成長中的社會現實一部分（第七章）；而且，殖民地與宗主國還同時共享著「同質空洞」的西元紀年，協同創造著包括宗主國民族史和殖民地文明考古及博物館建設等內容的歷史建構（第十、第十一章）。

- 其次，19世紀下半期，殖民地普遍開始建立新式學校教育體系，以往宗教學校（伊斯蘭教、佛教、基督教、印度教或儒教）對所有年齡開放的制度，讓位於嚴格依年齡而設

的大中小學，為青年後備精英持續提供「同齡人」式的「同質空洞時間」刺激，攀爬學校教育金字塔成為比官員仕途更為重要的後備精英辨認同道的「朝聖之旅」（第七章）。

- 第三，在科技發展克服了南美早期那種行政區之間的交通困難之後，與官員仕途相比，教育系統「朝聖之旅」的邊界更加毫無疑義地受到殖民當局轄區的限定，這個限定與殖民地的地圖等行政標識相配合，幫助青年學生形成以殖民地邊境為邊界的民族想像。結果，荷屬「東印度」成長的青年很容易接受英屬北婆羅洲是「鄰國」的概念，雖然地理上那是加里曼丹一部分，並不是一個獨立島嶼（第七章、第十章）。

- 第四，與南美獨立前的官員相似，這一教育系統培養出的行政官員（在印尼到20世紀初已達全部殖民地官員的90%），以其雙語能力，在宗主國官方和殖民地民眾之間扮演著類似於僧侶在經書和信眾之間的角色；但是，19世紀末正遭受著「焊縫」壓力折磨的宗主國行政中心，在「朝聖者」心目中並不享有宗教經書的神權威望（第七章）。

- 第五，這是說，南美或曾存在宗教「朝聖」與行政「朝聖」重疊情形，而東南亞在殖民當局機構設置上絕對沒有這種可能。印尼發生的是教育金字塔與行政陞遷金字塔的約略重合，幫助了殖民地後備精英將幅員廣而分散的千島之國，想像成為一個此前從未存在過的現代「民族」。與此相對照，法屬「印度支那」殖民當局偏愛任命越南裔人士擔任今日老撾、柬埔寨地區的地方官員，造成當地教育系統金字塔與行政金字塔分家，並激發起今日老撾、柬埔寨地區候補準精英群體內的民族認同覺醒。這些案例顯示

出，各地準精英走向民族主義認同的「朝聖之旅」不可能千篇一律，必然要受到當地具體社會歷史情境的制約，也必然會因此觸發出各具特色的實踐道路，但其中世界範圍內的趨勢仍然有跡可尋（第七章）。

至此，安德森已初步完成對民族主義的歷史梳理。但他不能只停留在將民族主義看作「文化伴生物」的層面，而必須進一步建立民族主義與政治關聯的形態，解釋其中攜帶的巨大能量，和人們願意為之犧牲的原因。他已在導論裡討論概念與定義時指出：「民族總是被想像為一種深刻的、平等的同志愛。」到了具體處理這個問題時，他著手討論的是，與民族主義密切相關但又最經常與其混淆的正反兩種「意識形態」，即，愛國主義和種族主義（第八章）。在他看來，真正的愛國主義並不包含仇恨他人。愛國主義感召常常帶有深植於特定國土的宿命感，成為動員犧牲意願的重要因素。與此同時，「從一開始，民族就是用語言──而非血緣──構想出來的」（吳叡人譯文）。民族語言的選擇，既有共同社群漫長實踐傳統的制約，強化了民族認同的宿命色彩，又不可避免地具有能夠被外來者習得的開放性，造成當代國族國家或遲或早都要處理歸化入籍許可的問題。因此可以說，民族主義的政治品格既封閉又開放。這個以語言、宿命、共同體支撐的想像，與用血緣定義的種族主義有根本不同。在安德森看來，在理解民族主義時成效甚微的階級分析，最應該用在分析種族主義上。這是因為，種族主義本質上是一種基於統治者身分的階級意識形態，針對的首先是被統治的芸芸眾生。這在西方帝國主義控制的海外殖民地表現得尤為明顯。殖民者總是力圖用種族區別，來樹立並維持階級優越感和階級分割下的統治地位，而反

殖民鬥爭則專注在本土從枷鎖下解放，幾乎不會將矛頭指向殖民母國的種族。

這本名著1983年第一版的最後一章（第九章），重返1979年中越之間的邊境戰爭。在社會主義國家之間為國界糾紛開火帶來的理論困惑中，不僅再次強調民族問題是重要的觀察角度，而且概括總結了全書關於民族主義「範式」和「盜版／複製」的基本觀點。在一定意義上，我們也可以說，1991年修訂版新增的兩章，主要也是在深化對這個問題的探討。對安德森來說，這個問題的重要性，首先在於打破他的論辯對手常常持有的西方「原型」迷思。從探討「想像的共同體」時的類似思路（所有共同體都是「想像的」，差別在於如何想像）入手，他將不同社會文化之間創造「範式」與互相「盜版複製」看作是歷史上的一般常態。人類歷史上從來不存在純而又純的「範式」，可以用來衡量別人的「複製」是否合乎規範。需要考察的，是具體的「範式」形態和「盜版複製」的傳播渠道以及數不勝數的變型。因此，第九章雖然篇幅短小，卻用了一大半解釋社會主義革命在全球的傳播，其實也正是一個創造「範式」和不斷「盜用複製」的過程。他的論辯對手如果能從國際共產主義的傳統理想出發，為這些革命歡呼辯護，他們就不應該對民族主義在非西方國家的多種傳布形態表現得那麼不以為然。設若他將自己的論辯對象想像成自由主義學者，這一章的面貌恐怕會非常不一樣。

總結起來，《想像的共同體》描述了四波民族主義。北美南美共和革命到1820年代已基本完成獨立建國，並得到歐洲老牌帝國的接受認可。這時在歐洲興起的是第二波「語言民族主義」的覺醒。第二波的持續發展，導致各個老牌帝國根基動搖，於是有19世紀下半葉該書並沒有實質討論的歐洲大陸一系列建國運動，

以及對應於此，而且該書給以詳盡考察的第三波，即，由老牌帝國放棄拉丁文開始，以「自我歸化」方式推動統一「方言／國語」普及教育和擴大行政強化集權為重要標識的「官方民族主義」。這三波分別產生了自己的「範式」，而且每一個較為後起者，都曾向之前的範式學習取用。北美曾受到西歐自由主義和啟蒙思潮影響，法國大革命也曾受到美國獨立戰爭的激勵。南美普遍建國的成功，曾經為英法西葡之外的各民族建國運動所心儀。在這些過程中，西歐並非歷久不變的引路明燈。到了 20 世紀席捲亞洲非洲的民族解放國家獨立運動時，人們很容易看到，19 世紀提供的這三種民族主義範式可資「挪用」。殖民地的雙語知識分子能夠「接觸到從超過一個世紀的美洲和歐洲歷史的動盪、混亂經驗中萃取出來的關於民族、民族屬性和民族主義的模型。而這些模型則又協助雕琢成形了一千個初生之夢想。歐裔海外移民的民族主義、方言民族主義和官方民族主義的教訓，以不同的組合形態被仿造、改編和改進」（見第七章結尾）。

　　在修訂新增的第十章和第十一章裡，安德森分別聚焦於屬於「最後一波」的殖民地和主要是第一波第二波的歐美民族主義。對前者，他需要進一步辨析，如果資本主義印刷業已經征服大多數宗主國長達一個世紀，這些已經固定下來的生活狀態，如何會刺激殖民地人民，使之發生出對「共同體」的新想像。除了上面已經列舉過的「朝聖之旅」等因素，他在第十章裡特別討論了殖民地統治當局自 19 世紀下半葉以來孜孜不倦地進行的人口調查、地圖繪製和博物館設立。對後者，他引進更多的歐美互動，一方面闡明第一波第二波的劃分沒有錯，因為在第一波之後，再要經歷首次設想民族從帝國中獲得獨立的初始振奮已經不再可能，這是「範式」成立的條件。另一方面，「斷裂」的感覺不可能持

久。振奮消退之後獲得的支撐來自「歷史」。新舊大陸的軌跡在這裡重聚。「空洞同質」時間向遠古延伸，創造出「基督前（西元前）」、「基督後（西元後）」這樣原本出於便宜之計的表述。弔詭的「範式」使我們難以想像佛教以「釋迦摩尼前／後」或伊斯蘭教以「穆哈默德前／後」來標示共享的時間（第十一章註解22）[12]。他並在這一章裡討論了隨著民族主義出現的各種民族史書寫，由於創造民族宿命神話的使命欲望，必然會出現有選擇的記憶與遺忘。

　　即使有這新增的兩章，原有的第九章仍保留了結語的性質。中文讀者一般都很感興趣安德森如何解釋1979年那場中柬越邊境戰爭。在政治立場方面，安德森認為人們必須要看到，這幾個國家內部「官方民族主義」的上升，正左右著它們對外政策的方向（「誰也無法想像中國的廣大人民群眾會對發生在柬埔寨和越南之間的殖民邊界的事有絲毫的興趣」）[13]。安德森那時也許還不知道，鄧小平主導下重修的《中華人民共和國憲法（1982年）》剛剛刪除了以前版本裡中國對外實行「無產階級國際主義」的詞句。與此互證的是，在寫於1991年2月的〈第二版序〉裡，安德森承認，僅僅過去十二年，那場中柬越邊境戰爭似乎已經是另一個時代的往事了。他在第一章裡曾將英國蘇聯並列為「不但是19世紀

12　在中國，康有為、章太炎等人曾主張「孔子紀年」或「黃帝紀年」，但他們都沒有從所主張的「元年」向其對應的既往追溯。20世紀中國現代史學分期出現的「先秦」，在概念上約略可以和「基督前」相比較。

13　霍布斯邦早已有類似看法：「馬克思主義運動和遵奉馬克思主義的國家，不管在形式或實質上都有變成民族運動和民族政策——也就是轉化成民族主義——的傾向。沒有任何事實顯示這個趨勢不會持續下去。」氏著〈於《不列顛的崩解》一書之某些省思〉，轉引自《想像的共同體》第一章。

前民族期王朝國家的繼承人，也是21世紀國際主義秩序的先驅。」顯然，當年他腦海裡縈繞著社會主義國家之間爆發全面戰爭的圖景時，蘇聯社會主義革命曾力圖實現的國際主義理想秩序，仍維繫著他的希望[14]。但是，在寫作〈第二版序〉時，他已丟掉了這個一廂情願的幻想，注意到集權統治下「多語言、多族群的龐大帝國的民族主義之爆炸」實屬難以避免。觀察者仍能感到一些「令人憂鬱的安慰是，我們觀察到歷史似乎比作者更能證明想像的共同體的『邏輯』。」這篇序言寫就半年多後，蘇聯瓦解的廢墟上，出現了一連串以民族定名的共和制新國家[15]。

三

從《想像的共同體》初版（1983）到增訂版（1991），民族主義研究日漸吸引更多的關注。根據1991年安德森自撰的〈第二版序〉和吳叡人中譯本導讀兩文所引，除了前面提到的湯姆‧奈恩《不列顛的崩解》（1977）及之後在《新左翼評論》上引起的論爭之外，阿姆斯壯的《民族主義之前的民族》，布儒理的《民族主義與國家》（1982），厄尼斯特‧蓋爾納的《民族與民族主義》（1983），米洛斯拉夫‧荷洛區的《歐洲民族再興的社會先決條件》（1985），印度學者查特吉的《民族主義思想與殖民世界》（1986），安東尼‧史密斯的《民族主義理論》（1971）、《民族的族群起源》（1986）和《民族認同》（1991），羅傑‧布魯貝克

---

14 當然，聯合王國正式名稱裡仍有「大不列顛和北愛爾蘭」這種民族國家的指稱，不似「蘇維埃社會主義聯邦共和國」完全排除了這類設限。特此感謝佩里‧安德森的提醒。

15 《想像的共同體》，頁1-5。

《重新架構的民族主義》（1990），以及霍布斯邦的《1788年後的民族與民族主義》（1990）等等，都集中出版於這十來年，實屬前所未有[16]。但是，大多數這些「新作」仍然把關注重點放在歐洲，而且持續將歐洲出現的語言民族主義看作是現代民族主義的濫觴，他們甚至很少提及安德森這本聲譽即將後來居上的小冊子。前面曾提到，這種持續的歐洲中心主義狀況，是修訂本增加第十一章的重要背景。

　　值得注意的是查特吉那本書[17]。那是查特吉的第一本英文著作，也是以上各書中，少有地對安德森的小冊子給以「認真」批評的一本。在展開關於印度民族主義實踐的討論之前，他用第一章來梳理既有文獻有關民族主義的各種論述，其中有四頁篇幅討論了《想像的共同體》。遺憾的是，他閱讀時似乎過於匆忙了。他看到安德森拒絕使用斯大林式列出各項外在標準來判斷每個「民族」的「真實度」，立刻難以自抑地判定，這表明安德森認為民族不是因特定確切的客觀社會因素集合而成，而是純粹意念產物（thought out）[18]。這是忽略了安德森在第一章談到民族主義定義時強調的，所有類型的共同體都是想像的。問題不在於民族主義想像的「真實／虛假」，而是想像的方式將它與此前所有類型的共同體想像區別開來了。如果你不同意這個觀點，那麼首先需要

16　見〈第二版序〉。並見吳叡人，〈認同的重量：《想像的共同體》導讀〉，頁v-xxv。特在此向吳叡人先生致謝。

17　本文引用查特吉觀點全部出自 Partha Chatterjee, *Nationalist Thought and the Colonial World: A Derivative Discourse*, originally published by United Nations University in 1986, printed（third print）by the University of Minnesota Press, 1998。中文譯文為筆者所做。

18　汪暉在前引文章中幾乎整句使用了查特吉這部分文字的中文譯文。

反駁的是「所有共同體都是想像的」這個前提。查特吉隨手接過宗教和王朝共同體曾經存在的前提，未予細查，卻專攻「民族」這個共同體的「想像」性質，反映出他本人過於急切地要把「民族」實質化，而無法看到更深層的人類文化變遷。何況在給出這個定義之前，安德森已經說了，民族主義建構「之所以在18世紀末被創造出來，其實是從種種各自獨立的歷史力量複雜的『交會』過程中自發地萃取提煉出來的一個結果」（見第一章），就是說，客觀歷史條件非常重要。不同意斯大林式列表，並不等於說拋棄客觀歷史分析，也並不是將民族主義研究變成純粹心理解讀遊戲（這正是安德森在論述中要反駁的奈恩時有表述的態度）。

　　有意思的還有查特吉對安德森處理美洲革命的概括。似乎是受到傳統馬克思主義研究框架的拘束，他不自覺地強調了「克里奧」（Creole，歐裔海外移民及移民後代）民族主義形成時在地準精英的階級地位，和從歐洲傳入的自由主義啟蒙思想影響等等階級和意識形態分析的因素，然後才捎帶提到，這種想像方式受到「朝聖之旅」和印刷業影響。這恰好倒轉了安德森在書中論述的重點。而且，他以為這個歷史敘述說明，在安德森心目中，「克里奧」民族主義產生出的南美國家，由於沒有獨特的語言標識，國界又受到殖民行政區局限，無法成為後人模仿的範式，屬於「未完成」（incomplete）的民族主義。這再次顛倒了安德森的論點。更有甚者，無視安德森反覆申明自己力圖擺脫對民族主義做「意識形態」研究的框架，查特吉相信：「安德森對馬克思主義民族問題辯論的主要貢獻在於強調性地提出，民族的意識形態創建（the ideological creation of the nation）是民族運動研究的中心議題。」查特吉還以決斷的口吻認定，分析20世紀民族主義運動時，安德森和蓋爾納沒有任何區別，只看到歐洲提供的典範，完

全看不到廣大非西方地區多種多樣的民族運動狀態。考慮到安德森作品中對東南亞不同國家的分別考察，這大概是出於查特吉從印度次大陸驕傲地俯視東南亞「小國」的姿態也說不定[19]。

安德森在1991年年初寫作〈第二版序〉，並將查特吉這本書包括在列舉書單中時，當然已經看到這些錯誤百出的概述和批評了。但畢竟查特吉是少有的願意提出批評的人，何況還是一位來自前殖民地的非西方學者。安德森在回應時沒有指名道姓。他說：「我最初的計劃就是要強調民族主義在新世界的起源。……我很驚訝地發現，在很多注意到《想像的共同體》一書的作品中，這種歐洲中心的地方主義仍然相當安好無恙地繼續存在，……不幸的，除了把第四章重新命名為『歐裔海外移民先驅者』（Creole Pioneers）之外，我實在找不到更好的『速成的』解決之道了」（吳叡人譯文）。換言之，他將「歐洲中心主義」的診斷奉還給了查特吉[20]。

查特吉這些帶有硬傷的誤讀，顯然出於他構建自己論述的需要。印度社會科學界曾長期受到馬克思主義理論影響，七十年代因西方不同思潮傳入而開始改變，新一代學者紛紛挑戰以往僵化教條的馬克思主義解釋。新興的「從屬者研究」（subaltern studies）從義大利共產主義思想家葛蘭西那裡汲取思想資源，有力地重建了現代印度農民研究。查特吉在書中提出自己的論述框架時，先後提及薩伊德《東方主義》（1978）一書，法國「現象學」學者（同時也是西方馬克思主義者）沙特和梅洛—龐蒂，以

---

19 見Chatterjee, *Nationalist Thought and the Colonial World*, pp. 19-22。

20 《想像的共同體》第二版出版於查特吉著作初版五年之後。此後又過了七年，明尼蘇達1998年再次印行時，查特吉仍沒有任何修正表示，對自己的錯誤似乎相當遲鈍。

及解構主義代表人物德希達和傅柯。但他主要的思想資源，同樣來自葛蘭西；他的主要論辯對象，則是此前馬克思主義對印度殖民和反殖歷史的解讀[21]。為此，他在列舉批判了「自由主義」或公開或羞報地以西方中心立場提出的民族主義見解之外，還需要一個「馬克思主義」的標本，來證明所有此前的民族主義理論都將西方和非西方看作是兩種性質不同的民族主義，而且其中的不同是由非西方國家低下的社會經濟發展水平決定的。不難理解，這樣的論證目的，先驗地導致了他無視文本證據，必須「幫助」安德森將拉丁美洲民族主義運動排除在可以接受的範式之外，以便造成安德森認為歐洲才是唯一有資格提供範式者的假象[22]。

　　其實，查特吉並沒有直接否認民族主義的歷史上存在有範式和複製的事實，他要強調的是，非西方民族複製過程中豐富多彩的實踐，早已超出西方範式的規訓，並在「創造性發揮」過程中走出新路，反過來制約了西方舊有範式。這是他參與開創的後殖民研究和「從屬者」研究的典型思路。問題在於，無論他這個思

21　查特吉，前引書，印度馬克思主義傳統和葛蘭西影響，見pp. 20-22；薩伊德、沙特、傅柯等人，見pp. 36-38, p. 53註18；查特吉本人根據葛蘭西學說構建的解讀框架，見pp. 39-52。

22　查特吉並非一概反對社會經濟分析。他簡述葛蘭西學說時，分辨出的第一個歷史分析層次就是社會經濟發展水平（見前引書，pp. 39-40）。他對尼赫魯的討論，更是集中建基於尼赫魯對印度經濟發展水平低下、必須首先發展經濟的認知之上（前引書，pp. 146-161）。因此，他的批評不是因單純不滿安德森引進資本主義印刷業等經濟發展因素而造成的誤讀，而是意在指責後者將資本主義後發國家／地區看作無法具備自己夠標準或夠資格的「正牌」民族主義，並在此基礎上將後者歸入「社會經濟決定論」陣營（前引書，pp. 20, 22），並因此無視安德森反駁奈恩時多次分析論證，基本規模的中產階級並非產生現代民族主義的必要條件（見《想像的共同體》第四章、第九章）。

路多麼重要，都不能取消所有對舊有範式及其傳播的研究。何況，這對概念在《想像的共同體》的闡述中，並非局限在非西方國家「盜版」西方「範式」，而且也不是以查特吉假定的呈現簡單結論的教條方式出現。如前所述，「範式」和「盜版／複製」恰恰是安德森論證時重要的問題意識之一。不過，他沒有停留在簡單列舉範式形態在不同階段不同地區的發展變化，而是通過範式及其複製的廣泛實踐，確認民族主義作為當代世界政治統治正當性基礎，正在或已經成為不可替代的現實。

更重要的是，查特吉完全不能理解（還是不願理解？），他和安德森考察的是不同層面的問題。當他無法繞開安德森的重要判斷時，他選擇了簡單化的譴責。簡言之，安德森看到的是意識形態領域無法涵蓋的政治情感世界，致力於釐清民族主義和一般所謂「意識形態」的不同，同時看到民族主義有「群眾」和「官方」的不同狀態。而查特吉的全部論述，仍然牢固附著於意識形態領域。為了論證民族主義的歷史意義遠遠超出具體政治運動，他沒有如安德森那樣將視野擴展到社會文化發展如何改變人們的生存條件（human conditions），而是致力於將民族主義運動領導人物提升到重要的思想史地位，並因此拒絕接受民族主義在歷史上沒有出現過思想家的說法。查特吉與安德森的衝突具體發生在解讀尼赫魯。查特吉將尼赫魯看作是印度民族主義成熟期代表，即，反殖鬥爭有意識地從即將掌權的「國家」（the state）角度去考慮長遠規劃。尼赫魯追隨甘地發動農民，但從來不認為甘地返回傳統社群的經濟烏托邦有可行性，也不相信獨立後的經濟建設能夠通過發動農民來進行。他在掌權後毫不猶豫地強化國家機器，集中權力實行借鑑蘇聯的「計劃經濟」，以求在落後農業經濟的印度實現資本主義工業化，同時不停歌頌甘地並大力宣揚民

族主義[23]。（從中國經驗來看，這有些類似於國民黨南京政府時期明言實行的「訓政」。）以安德森的標準衡量，這個獨立後的民族主義的「官方性格」確切可辨，其中有「某種發自國家，並以國家利益為至高目標的東西。」在「對過去的」包容順應之中總是會「產生那種『國家的』馬基維利主義」，「和革命民族主義運動適成對比」（見第九章）。查特吉特別摘引了安德森討論1979年中東越邊境戰爭的語句，指責後者將民族主義看作人類學意義上的實證材料，完全無法看到內中深意。這個表述模糊的指責，似乎也可以讀作查特吉不願直接涉及「官方民族主義」的提法。這當然更有利於他展開自己對尼赫魯的解讀。蹊蹺的是，在簡短且頗有感性發揮的結尾一章，查特吉忽然提出資本高歌猛進下「人民民族」（people-nation）和「國家民族」（the state-representing-the-nation）之間的矛盾，以及前者被後者壓制消音的現實，好像這完全是尼赫魯時代之後的新現象，又好像這是他本人新獲取的洞見，似乎剛被他批判過的安德森從來不曾注意到這種歷史現象。不過，比兩位作者之間潛在齟齬更重要的問題在於：對於查特吉來說，如果這個矛盾不重要，為什麼要在書末重筆強調？如果這個矛盾很關鍵，為什麼在前面關於尼赫魯的長篇論述中從未

---

23 查特吉將印度民族主義在反殖鬥爭中遇到的根本矛盾，定義為殖民地社會尋求途徑實現「資本主義轉型」。當殖民政權根本不可能完成這一任務時，反殖獨立就成為首要的政治目標。他並將這個鬥爭和轉型的過程看作是精英政治階層有意識地思考並實施領導的結果。各種社會力量中，只有精英階層確立了政治主體性。見前引書，pp. 49-52。尼赫魯既追隨甘地又反對甘地的方案，見同書，pp. 146-157。「從屬階級」在獨立建國前後都沒有改變「從屬」的性質，見同書，pp. 153, 158。獨立建國後尼赫魯實行中央集權專家治國，見同書，pp. 157-162。

提及？[24]

四

　　安德森著作影響力日增的同時，繼續受到來自各方的批評。其中，美籍印度裔中國研究專家杜贊奇在其1995年出版的《從民族國家拯救歷史》一書中主張，應以「複線歷史」觀來看待現代民族主義興起與此前民族文化思想傳統之間對話互動的複雜關係，考察思想文化意識與歷史實踐在實際歷史進程中的「共業」。他認為安德森與蓋爾納一樣，局限於黑格爾線性目的論歷史觀，將現代民族主義的興起看作是與過去的決斷，國族國家成為唯一政體形式，集中代表民族的歷史意志；他認為，這樣看待民族主義，根本忽略了現代政治與以往歷史積澱之間千絲萬縷的聯繫和持續不斷的折衝。杜贊奇著作中涉及批評部分相當簡短，對比上文細讀《想像的共同體》，不難看出將其歸於黑格爾歷史觀的說法有武斷之嫌[25]。隨著中國經濟實力上升，近年來不少中國學者紛紛探討「天下」觀念所代表的國體認識和族群內部認同。

24　查特吉評安德森討論中東越邊境戰爭，見前引書，p. 22。其「人民民族」（people-nation）提法見同書，pp. 168, 170；相關長篇討論參見同書，pp. 47-52, 146-162；間接涉及同類概念的段落，僅有尼赫魯區別精英和作為「他者」的「從屬者」並導致抹殺後者，見p. 153。查特吉使用的這兩個英文短語，people-nation和the state-representing-the-nation，似乎正好對應於中文的「民族」和「國族」。

25　Prasenjit Duara, *Rescuing History from the Nation: Questioning Narratives of Modern China*（Chicago: The University of Chicago Press, 1995），黑格爾與線性歷史觀，見pp. 23-33；評論安德森和蓋爾納，見pp. 51-55；「複線歷史觀」，見pp. 55-82, 234-236。此處「共業」是筆者引申，並非杜贊奇用語。

安德森的著作，杜贊奇對他的批評，以及杜贊奇本人「複線歷史」的進路，受到中文讀者廣泛注意。其中以葛兆光《宅茲中國》一書及其引發的討論較為引人關注。其中，姚新勇的批評文章，雖然同時提到安德森和杜贊奇，但在展開分析時，明顯採納了安德森關於民族主義的基本觀點，強調現代民族主義從民眾參與角度改變政治統治正當性，民族主義與基於族裔的種族主義之區別，等等，可以說對那種將中國國族意識追溯到宋代乃至先秦的提法，做出有力的否定回答[26]。

　　上文已提到，安德森在《想像的共同體》裡為自己反覆提出的一個問題是，為什麼人們在民族這個並非自己選擇而來的身分上投注熱烈情感，並甘願為其犧牲生命。以這個提問衡量，則所有上溯到先秦或秦漢的「中國」論述，都不足以提供有效答案。因為「溥天之下，莫非王土，率土之濱，莫非王臣」，所能動員的，是臣子忠君之意義。普通百姓，其實並不能隨意稱臣，被動員時，亦只是服徭役而已。直到甲午之戰，遼東半島仍有百姓為蠅頭小利事敵之情事，是孫中山所謂「一盤散沙」，梁啟超急於要「啟民智」的對象。他們兩位所要開啟並凝聚的，正是現代民族主義意識。

　　另一方面，從上世紀初內藤湖南提出「唐宋變革說」開始，百年來中日學者累積的高質量研究，已奠定宋代社會轉型的基本共識。南宋偏安後，精英階層對於「報國」而非「忠君」的文化表述，比比皆是，可以說確實存在至少是「準」民族主義意識的

26　葛兆光，《宅茲中國：重建有關「中國」的歷史論述》（台北：聯經出版公司，2011）。張隆溪，〈擲地有聲：評葛兆光新著《宅茲中國》〉，《思想》第18期，頁287-314。姚新勇，〈擲地有聲還是高舉輕放？評葛兆光《宅茲中國》〉，《思想》第19期，頁289-305。

覺醒。與現代的區別，也許在於並沒有要訴諸民眾的成分在內。從民族主義研究角度來看，令人好奇的是這種意識在蒙元和明清時代的演變軌跡及其政治影響。例如，明清時代完善了科舉制度和自蒙元以來劃分行省的行政體系，以安德森的思路考量，是建立起相互重合的行政與教育金字塔，比世界上絕大多數國家都更早實現王朝疆域內上升階梯的同質化，有效控制了民族主義向地方化發展的潛能。再如，從國族認同角度考察中國歷史的學者，常常跳過明代。但有明一代，朝廷與士子之間衝突慘烈且斷續不輟，為歷代所僅見。似乎可以想像，「忠君」與「報國」有所辨析之後，再要回到之前二者一體的混沌狀態就會很困難。士子強調「家國天下」，朝廷偏要自行其是。爭執表象下，是王朝統治正當性言說中的斷裂。此時士子為家國感受到的「羞恥」，及因蒙羞而奮起抗爭，也和安德森考察的民族主義與宗教的異同有微妙同構（而且當然也並不存在以西方為標準才會感到羞恥的問題）。為什麼這類衝突在滿清時代沈寂下去？從民族主義意識的角度，我設想至少有兩個因素在士人這方面起到作用。一個是挑戰朝廷的統治正當性言說，在顧炎武和黃宗羲等人的論述中，發生了「家國」讓位於「天下」的決定性傾斜，造成「績效」高於其他「家國」立世原則的轉向。另一個是滿清作為外來政權，用暴力解決了獲取統治權的問題，將士人的是否配合降低到個人修身明志層面，減輕了士人階層整體承受的道義負擔。結果，外族統治的滿清，反倒是雙方最為相安無事的時期，很少有人像明代士人那樣挑戰朝廷的統治正當性。一直要到西方帝國主義入侵，才重新激發「家國」與「朝廷」衝突。慈禧廢光緒另立大阿哥遭到反對，非常不以為然地說，這是他們自己的家事，與外人何干，與明成祖朱棣面對方孝孺質疑時有著相同的邏輯，面對的也

是同類內部的衝突。

　　印刷術引起的時間觀念變化，在中國的情況恐怕更為複雜。安德森曾提到，西班牙殖民時期，菲律賓教會機構始終嚴格把持印刷業，阻礙了印刷業對社會的影響。這也是中國的情況嗎？宋代以來，中國印刷業發展與市鎮文化、市民社會、白話文學等都有密切關係，但我們很難說這導致了時間觀念的變化。也許，上文提到的科舉制和行政體系完善後定期舉行的各種儀式日益頻繁，生員考中後的同門、同年關係，以及學術上考證研究的日臻精細，確曾潛移默化地改變人們對時間的感受，包括對理想時代的認知，才會有章學誠提出「六經皆史」，打破精英階層回歸古典黃金時代的烏托邦想像。

五

　　自從五歲離開中國，安德森在漫長的東南亞研究生涯中，一直沒有正式學習中文。唯一一次訪問中國，是在2014年春季，中間已經相隔了七十三年。他晚年關注的兩個題目之一，是東南亞的華僑社群及其與當地社會和政治的關係。為此，他斷續記住不少華人語言中的詞彙，但這對我們之間的交流一點幫助也沒有，因為他學到的永遠不是北方「國語—普通話」的發音，我們仍然要依靠英語，徒增我絞盡腦汁猜測語音對應漢字的煩惱。從他多次提及這個課題的談話中，可以看到他從東南亞華人社群觀察中國社會主流文化如何對待方言，持有方言的地方社群又如何對待北方的政治中心。不過，他的主要興趣，似乎還是要考察華人在不同的東南亞國家，怎樣以不完全相同的方式成為當地民族主義共同體的重要成員。這個課題始終沒有形成最後完稿文字，我們

能夠看到的只是一系列相關的演講紀錄，其中包括他在北京清華大學的一次演講。他的演講與他的寫作風格相似。不像如今學術報告的時尚，他從來不用電腦圖示，也很少重複強調要點和結論。結果，我今年在網上查詢時，竟然看到好幾條中文新聞報道聲稱他在演講中表示民族主義正在消亡。這完全顛倒了安德森對世界範圍民族主義趨勢的基本看法，何況也不是他有關東南亞華人社群的觀察結論。從他接受《思想》訪談的回答可以看得很清楚，他認為在現代民族主義趨勢影響下，移民後代或遲或早都會以自己定居的民族社區為認同基礎。言外之意，他們不但不可能持續堅持祖籍國家的身分認同，而且也並沒有可能成為完全不具備基於在地民族認同的「世界公民」。他從民族主義角度做出的觀察，與馬克姆・玻爾形成呼應。玻爾認為，21世紀裡的基本形勢，是資本主義全球化的高歌猛進和以地方社群為基礎、以地方權益為號召的分散抵抗[27]。如果同時考慮他們兩人的觀察，我們可以更好地了解近年來各地各國以青年為主的抗議行動及其基本特徵，其中包括台灣和香港的抗議運動。兩地青年的「獨立」傾向，應該與全球化趨勢有相當強的相關度。

在這樣的青年運動面前，安德森毫無疑義地永遠會取支持的態度。但這只是他政治關懷的一個側面。與此相應的是他對國際主義的嚮往，那是他晚年最為關心的另一個題目。他於2005年出版的《三面旗幟下》，八年後重版時改題為《全球化時代》，是他在《想像的共同體》之後最為傾盡心力之作[28]。2015年12月他在

27　Malcolm Bull, "The Limits of Multitude," *New Left Review*（No. II-35, Sept/Oct 2005）, pp. 19-39.

28　Benedict Anderson, *Under Three Flags: Anarchism and the Anti-Colonial*

東爪哇的馬朗離開我們之前，在雅加達的印度尼西亞大學做了最後一次演講，就是在這本書印尼文版發布會上。這也是他再一次努力與年輕人交流，鼓勵他們像前輩的年輕人那樣，認識無政府主義和國際主義的價值。這本書是一次追蹤之旅。他在書中循著兩位菲律賓兼為作家和學者的反殖革命鬥士，從馬尼拉到歐洲中心，並與古巴的美洲革命者互相砥礪。橫向跨國界的國際無政府主義網絡，激盪著菲律賓革命者的想像，對他們的民族主義想像起到極為關鍵的補充修正。他在回憶錄裡對這本書的寫作，有極為簡潔清晰的介紹。

　　英文版修訂後的回憶錄，增加了一個前言。安德森在前言的最後說，這本回憶錄有兩個主題，一個是翻譯對於個體和社會的重要性，另一個是國際主義。用他的原話來說，是要提醒讀者「虛驕地方主義的危險；或者說，危險在於忘記了，嚴肅認真的民族主義是與國際主義密切相聯的。」這是他在《想像的共同體》成為經典之後誠心誠意希望讀者能給予同樣重視的真心話──他一直珍視國際主義，人們不應該過度看重他關於民族主義的討論，忘記了國際主義比民族主義更重要。這也是我們在東爪哇的泗水市，聽到的對他最高的評價。這評價不是出現在正式紀念發言當中，而是一位老「華僑」，用少年時習得的漢語「國語」鄭重其事地對我說並請我轉為翻譯：「Ben是一位真正的國際主義戰士！」

　　每年近乎有規律的小聚，令我在本尼迪克面前日益放鬆，卻也在不知不覺中變得遲鈍。他離去之前一年左右，幾位家人先後略帶憂慮地提及他常常抱怨的短暫失憶，某位還特意在10月份趕

Imagination（London: Verso, 2005）; *The Age of Globalization: Anarchism and the Anti-Colonial Imagination*（London: Verso, 2013）.

到歐洲會議地點探班，難得地共度幾日假期，現已成為記憶中的美好尾聲。他們懷疑他在繁忙的日程中，忽略了一次可能的小中風。但這些，在我這裡都沒有引起注意，如今成為無法彌補的缺憾。他2015年6月份再次路過洛杉磯小住時，我自己有些日程壓力，結果，原本最為日常的起居安排，竟然誤漏頻頻都沒有覺察，直到送他前往漪色佳之後才驚覺。雖然懊惱不及，總還是想著，以後一定要注意。何曾想到，已經沒有以後了。聽到他走的消息，再次被那種身心俱空的感覺擊中。最為愧恨難及的是那篇為《思想》準備的訪談，原本想在他訪問北京之後著手，事後卻一直擱置下來，始終未能呈現給他一份印成本。人生歷程上，有些遺憾永遠也不可能彌補了。我能做的，應該比那預備下一次要更周到的生活照應稍微多一些吧。多年來種種有意或不經意間的智識之交與溫暖友情，帶我與他的文字重逢，再次感受到他智慧目光的注視。借用他在日文回憶錄裡的表述——與Ben相遇，是我的幸運。

　　謹此紀念。

（原載於《思想》第31期）

王超華，居於美國洛杉磯的獨立學者，曾任《思想》季刊編輯委員。研究興趣在中國現當代思想史和文學史，兼及當代華人世界政治發展。近著包括《從來就沒有救世主：六四30週年祭》。

現代主體的再生

改革開放四十年中國社會變遷的
一個審視視角

張倫

一、主體與現代性：一個基本的分析範式

主體是現代性的核心問題之一[1]。現代性既是主體產生的條件，也是其結果；主體是現代性最重要的表徵之一。「作為主體創造物的現代性」[2]的誕生、演變、形態、動力皆與主體的產生、

---

[1] 參見 Alain Touraine, *Critique de la modernité*（Paris: Fayard, 1992）; Henri Meschonnic, *Modernité, modernité*, coll. folio: Essais（Paris: Gallimard, 1988）; Anthony J. Cascardi, *The Subject of Modernity*（Cambridge: Cambridge University Press, 1992）; Jean-Marie Dominach, *Approche de la modernité*（Paris: Ellipses, 1995）。宋曉霞主編，《「自覺」與中國的現代性》（香港：牛津大學出版社，2006）。在筆者看來，「現代性」像所有重要的人文社會科學的概念一樣是一個充滿歧義的概念，在不同的作者那裡依其理論脈絡被賦予不同的意義。但大體上有如下幾種含義：1. 作為一種相對於歷史、過去的當下文化形態。在這個意義上講，有些論者也在有關歷史的論述中談及以往不同時代的「現代性」；2. 專指16、17世紀以來從西歐發展出來進而擴展到全世界的文明形態；3. 一種與這種文明形態相匹配、相伴而生的的文化意識、時代精神。本人在這裡是在後兩者含義上也就是一種最廣泛的意義上使用此概念。從1990年代中期起，在中國的學界，「現代性」的概念被廣泛地使用，逐漸替代了1980年代流行的「現代化」一詞，這一方面或許是因與外界學術交往、翻譯作品增多，中國學術界受國際、港台學界的影響所致；另一方面，顯然也是與中國學界對現代文明諸種現象的認識深化有關。「現代性」儘管有其概念確定上的不足，但這一概念廣泛被使用本身顯示，尚沒有更恰當的具有概括性的概念能將其替換。從某種意義上講，最近幾十年有關該問題的討論，在這些討論中該概念所獲得的日漸多樣的、豐富的含義，包括那些對其取批判性立場的論述，都從各個方面展示了這個概念的生命力，也預示著現代性的新擴展，正演變進入一個新的階段。筆者一向在此問題上的看法就是：現代性概念本身的歧義性、變動性是與現代性本身的特質相關的。現代性本身就是變動不居，具有相對與以往人類的歷史所不具備的一種特殊的活力，因此，其概念上具有某種歧義、開放性是必然的。正是這種歧義為我們展示了對現代性進行批判與更新的可能。

[2] Henri Meschonnic, p. 33.

對主體的認識、與其相關的制度安排、文化變遷密不可分。今日我們所熟悉、探討的「理性的現代性」，從其16、17世紀開始在歐洲展示其最初的形態直到今日漫布世界被冠以各種定語的「現代性」的現象與狀態（超現代性 *hyper-modernité*，族群現代性 *éthno-modernité*，後現代等等）[3]，總是伴隨著對主體問題的各種形式的討論而展開與深化；現代性的未來也注定與此高度相關。

「主體」的意涵：從被動到主動

現代的 *Sujet*（英文 Subject）一詞來自中世紀拉丁文的動詞 *Subjicere*（將物體置於下方、下位等）被動式的過去分詞 *Subjectus*，直到拉丁文經典時代，都一直是意為一種對某一權威或人的服從，亦具有屈從於某種必然性的約束之意。在晚期拉丁文中，該詞的含義開始具有主動性，在政治與法律上被用於指涉一種國家的「公民」（1762），但也僅是指那些王位是繼承性的國家的「公民」，尚不是當代意義上的公民。作為思考與實踐的「主體」*Sujet* 的含義，則是從晚期拉丁文的哲學與語法中與 *Objectum*（客觀）相對立的 *Subjectum*（*Subjectus* 一詞的中性化、實體化）演化而來，逐漸具有了一種新的含義，指「某種從事思考或被審思的實存物或存在，具有那種實體性的進行思考與行動的品質」[4]。「主體」這種在語義上從被動到主動、從狀態到實體的

3　Jacques Attali, *Histoire de la modernité-Comment l'humanité pense son avenir* (Paris: Rober Laffont, 2013), pp. 81-142.

4　見 Alain Rey (dir.), *Dictionnaire Historique de la Langue française*, Paris, Dictionnaire le Robert, Vol. 2., p. 2044。關於英文 Subject 一詞的含義，可參見 Raymond Williams, *Keywords: A vocabulary of culture and society* (London: Fondana Press, 1976, 1983), p. 308。

變遷顯然不是偶然的，它是一個時代巨變在語言上的折射。就思想與哲學的演變來講，是康德經過他在哲學上的「哥白尼革命」，將「主體」*Subjekt* 一詞在19世紀的哲學中徹底確立，由笛卡兒 *cogito ergo sum*（我思故我在）的命題而發端的現代哲學因而躍上新的層級，從此，沒有任何哲學思想能迴避主體的問題。

現代性與主體：權利與自由

眾所周知，現代性誕生於那些被視為永恆與神聖的舊文明秩序的崩解中，在哲學、政治、社會、經濟、文化等領域以不同形式被論述與定義的「主體」，恰恰是在這種巨大的裂變中產生的，且通過自身的伸展以及與權力、權威的博弈逐漸獲取其自身在各種領域的合法性。各個領域的秩序與權威逐一經受了革命性的變化：從此不再以某種超驗的來源作為其合法性論證，而轉向以主體作為其合法性根源。對作為政治領域主體的現代公民來講，一如貢斯當所言：「公民具有個體獨立於所有社會或政治權力的權利，並且所有侵犯了這些權利的權威都從此不具合法性」[5]。從霍布斯到洛克，從一種實證性、描述性的個體主權定義向一種消極—否定性的[6]、規範性的個體主權觀發展；且在洛克那裡，個

5　見 Benjamin Constant, *Principes de politique*（Paris, 1872），https://www.unmondelibre.org（Bibliothèque de la liberté）。

6　negative liberty 在中文語境裡被譯成「消極自由」，筆者一直覺得不甚恰當，在西方語義裡，從拉丁文傳衍下來的 negative，就人的行為來講，一直是有著某種拒絕、否定的含義，並不如中文「消極」那種具有明顯的「反面、負面、阻礙進步、不思進取、消沉」的意涵。當然，就這種移譯另一種文化、哲學的概念所遇到的困難，一直就是翻譯上的難題，近代以來也經久地困擾著人們，一種創造的對譯也是一種可能的策略。但我們或許不能忘記的是要賦予這種移植的概念以一種盡可能準確的解釋，以免造成其他負面的後果。

體成為一種「權利的主體」[7]。換句話講，現代主體，除認識論意義上的主體含義外，最重要的就是這種具有規範性權利的個體—主體的出現。現代個體的本質從法律與政治的角度講，就是具有權利的主體；且因具有權利，個體才成為主體。主體在這個意義上講是由權利而定義的，且因具有不可剝奪的權利，現代的個體（主體）才真正地得以誕生。

　　洛克的這種權利思想受《權利憲章》的啟迪，又深刻地影響到後續的《獨立宣言》與《人權宣言》。現代性不僅是理性的展現，同時也體現在一種普世的個體權利的實現與不斷擴展上。古代城邦的人只能在城邦尋找到他生存的價值，而後基督教通過其「凱撒歸凱撒，上帝歸上帝」的傳統，賦予了人們一種獨立於權力的精神領域。而宗教改革後一些教徒尤其是加爾文教派將這種精神的獨立性推到極致，賦予公民抗拒政治權力一種新的權利合法性。這種對權力的抗拒權利（right of resistance）是現代主體一種本質性的體現，曾在相當長的歷史時期，成為自由主義思想最

　　關於這術語及相關的討論，如 liberté comme faculté passive（作為被動能力的自由，Sismondi）, liberté ancienne, liberté moderne（古典自由、現代自由，Constant）等問題容他日再詳細申述。中文中「消極自由」的這種提法或許源自胡適、蔣夢麟等人1920年發表的〈爭自由的宣言〉中的「消極方面」與「積極方面」之分。見《東方雜誌》第17卷第16號（1920年8月）。這種提法到1930-40年代，似乎已經成為許多人關於權利方面論述的一種習慣性分析方法。如梁漱溟在其《中國文化要義》一書中討論權利的那一節，論及當時各國權利事業發展的趨勢時，就是以「人民的消極性權利」、「積極性權利」來陳述其觀察與主張的。見梁漱溟，《中國文化要義》，《梁漱溟全集》第三卷（濟南：山東人民出版社，1990），頁93。

7　Catherine Audard, *Qu'est-ce que le libéralisme? Ethique, politique, société*, coll. folio: Essais（Paris: Gallimard, 2009）, pp. 55-56.

重要的特徵之一。而蘇格蘭啟蒙思想家們對個體感知、情感的強調，康德對道德、自由與正義的論述，不斷豐富著有關主體的思想，將相關認識與討論推上一個又一個高峰，直到當代的眾多思想家如羅爾斯、哈貝馬斯那裡，我們依然不斷聽到其迴響。

「主體」與「個體」：相似與區別

通常，除在西方語言系統中具有的語言學意義上的「主體」概念外，我們慣常在兩個領域使用「主體」：一種是認識論上的；另一種是道德、法律、政治、經濟等意義上的。本文主要是在這兩種意義上，尤其是後一種意義上使用這個概念。選擇使用「主體」而不是「個體」來展開我們對當代中國的討論，一個重要的原因就在於，在筆者看來：現代性是一個整體的問題，有從認識論到政治哲學內在的一貫邏輯。認識論上的主體與道德、政治、法律、經濟上的「主體」相互影響，其內在的精神脈絡相互貫通、彼此相連。

中文世界的讀者因各種文化與現實的因素以及幾十年庸俗馬克思主義的影響，往往習慣於從一種社會與政治視角去理解現代哲學、政治與社會思想的產生。但事實上，近代西方哲學思想史的革命性變革包括政治哲學上的變化，其實都有認識論的根源，追其源頭都是與哥白尼、伽利略提供的科學認識、與自然科學的發展息息相關的。借用亞力山大・科瓦雷的書名來說，是「從封閉的世界到無限世界」[8]的宇宙觀巨變，激發了哲學思想上的巨大變革；就政治哲學而言，是從伽利略的物體運動理論中，霍布斯

---

8 Alexandre Koyré, *From the Closed World to the Infinite Universe* (Baltimore: John Hopkins University Press, 1957).

獲取了靈感來論述人不需要外在的力量而具自有的能力來建構政治秩序，自由主義者因此找到改變人作為自然界的依附者這種看法的思想資源[9]。

對「個體」（*individu*）與「個體化」的研究，是當代人文社會科學中一個重要的課題。法國已故著名人類學家、思想家路易‧杜蒙的經典研究，以及兩年前剛剛去世的德國社會學家烏爾里希‧貝克的相關論述，都為我們思考、理解與個體相連的當代西方社會變遷，提供了重要的理論資源與認識視角[10]。一些中國學者包括一些國外的中國問題專家也受此啟發，對中國社會展開了富有成效的研究，將中國近些年的社會變遷概括為一種「個體的崛起」。筆者基本同意其對中國這種社會變遷現象與趨勢的描述與判斷，而讀者也可以簡捷地以比較熟悉的「個體」概念來近似地理解筆者本文所使用的「主體」概念。但筆者之所以捨「個體」不用而採「主體」，還因在筆者看來，「主體」顯然具有「個體」概念所無法表達的更豐富、完整、深刻的內含。

從詞源來講，在中世紀的拉丁文中，「個體」是作為一種與「種」「類」（genre, *espèce*）相對應的詞彙所使用的，意為一種不能分割的元素，來源於古希臘的「原子」ἄτομος（*atomos*）的拉丁文翻譯。近代以來該術語逐漸被用於有關社會的分析與描述上，但一直並沒有完全喪失那種作為物的不可分割的元素的原始含義，迄今我們仍能在一些科學、生物學的文獻裡看到該詞彙被

9　Catherine Audard, ibid., p. 42.

10　這裡只舉幾本這方面的代表作，賀美德（M. H. Hansen）、魯納（R. Svarverud）等著，《自我中國：現代中國社會中的個體崛起》（許燁芳等譯，上海：譯文出版社，2011）；閻雲翔，《中國社會的個體化》（陸洋等譯，上海：譯文出版社，2012）。

用來描寫動物的數目、物質的運動等[11]。今天基本上是在社會、政治領域使用的「個體」概念，不僅無法涵蓋作為認識論、哲學中一個核心概念的「主體」所具有的那種內涵，也不能有效地討論自康德起直到胡塞爾、凱西勒、伽德瑪、哈貝馬斯等思想家從各自不同的角度討論的「主體間關係」（intersubjectivité，有人譯為「主體間性」）。而這一問題，是理解現代性的現狀及走向的重要關鍵。此外，正如有些學者所描述的那樣，個體可以是因外部力量如國家權力的作用「被動地生成」[12]，但主體卻一定是主動性的，以認識上的主動性，權利的爭取、捍衛，權利意識的強化為特徵的。主體可以有「弱」與「強」之分，但主體絕不能放棄權利。比如在一個極權結構中，爭取維護自己的消極自由也是一種主體的表徵。個體可以成為主體，主體卻不必然是個體；在某種情景下，以個體為基礎的捍衛與爭取權利的集體，也可以成為一種「主體」。

今天談及主體概念，並不是要回到那種全然抽象、絕對普世、歐洲中心的經典「主體」概念，但也絕不是要像某些思想上的虛無主義、激進主義那樣徹底拋棄、顛覆這概念。恰恰相反，作為現代性核心概念之一的「主體」，還需要被更好地繼承、捍衛與發展。許多對主體概念的批評是針對經典的主體觀的理想化、抽象化，但我們也絕不能忘記，恰恰是從這種主體觀出發，不將主體實體化，這種批評才成為可能，這種批評也才被醞釀、鼓勵

---

11 Alain Rey（dir.）, ibid., Vol. 1, p. 1014.

12 如閻雲翔提及的個體化中所具有的鮑曼所說的那種「強制與強迫性的自主性」現象，他認為，中國的個體化進程有「自願與非自願的」兩種，其中非自願的一部分是改革時代國家權力作用的結果，將個體拋置到市場上，由此推動了中國個體化的進程。見前引《自我中國》，頁2、19。

並具有合法性。舉一個例子，中文習慣性地翻譯為1789年法國
《人權宣言》的真正全稱是「人權與公民權利宣言」（*Déclaration
des droits de l'homme et du citoyen*）。在普遍的「人權」與「公民
權」兩者之間是有內在緊張的，不能全然等同之，一些認識上的
混亂與誤解與此有關。但兩者是彼此互為條件，不能分割的。人
權的超驗性是公民權的思想基礎，公民權是人權的具體政治與法
律實現。「人權」是第一規範性、原則性層次的，「公民權」是第
二層次的。我們也可以借此來說明主體的意指，主體既是在人權
含義上的，也體現在公民權的部分；從普遍意義上的人權不斷地
向各種公民權利的落實過程，構成現代政治的基本脈絡。今天，
各種與認同政治相關的女權、少數族群等公民權利議題上的進
展，依然是這一脈絡的延續與伸展。重申「主體」，不僅是要繼
承其經典的含義，更重要的是要賦予新的意涵，一種更大的開放
性，而經典的「主體」概念事實上內含了這種開放性。反之，
「個體」概念似乎並沒有向我們呈現同樣的開放性。

　　法國當代著名思想家愛德加・莫蘭，從一種他所習慣的生物
視角出發，前些年曾提出「需要將個體的概念置於主體之前」[13]的
論斷。這種區別以往一直就或隱或顯地存在，但或許是到了需要
澄清、細化、提升的階段。在機械工業誕生時代出現的這個概
念，儘管依然具有其在社會描述上的有效性，但在我們這個時
代，受到各種權力、技術、消費、資本、資訊的威脅與衝擊，社
會不平等的加深，人際關係的疏離，以及威脅人類生存的環境惡
化，我們或許比任何時候都更需重申個體的某些超越性的、普世

13　Edgar Morin, "Le concept de sujet," in *Penser le sujet, auto*ur d'Alain Touraine
　　（Paris: Fayard, 1995）, p. 48.

的權利與原則，個體的尊嚴與道德上的平等，及構建新的社會團結與互動形式的必要。此外，也從沒有像今天這樣，人們對身分認同問題給予如此重要的關注，在以各種形式不斷地捍衛、擴展自身的權利，強調自身文化、性別等各方面的特質。顯然，在這種情形下，傳統的「個體」概念在應對這種挑戰面前顯得有些無力與陳舊；在經過一個極權主義瘋狂的世紀，在各種新極權主義的形式正在浮現，侵蝕、扼殺人的自由的時代，重申人的主體性，人的價值、人掌握自身命運、創造未來的意識與能力是極其重要的。因此，使用「主體」而不是「個體」去展開我們的討論，既是一種語言策略，也是一種選擇；不僅是針對當下，也是面對未來。

用阿蘭・圖海納的話講，「主體作為參照，是個人主義的最高形式」[14]。主體，就本文所談及的意義來說，是有著明確的權利意識的個人（或群體），具有理性地認知世界，在承認與尊重他人（個人或群體）作為主體的條件下，進行自我價值創造並改變其存在境況的追求與能力。情感與文化是構成這種能力與追求的重要元素。因各種條件，主體的這種追求與能力會呈現「強」與「弱」的不同。同時，對抗、敵視、消解、壓制主體的行為、論述、制度設置，可視為一種「反主體」（anti-sujet）現象。在今天，主體性被強調、主體概念在世界範圍內被廣泛使用的本身，預示著現代性面臨重大的挑戰，進入了一個新的階段。

14　Alain Touraine, "La couleur des idées," in *Nous, Sujets humains,* coll.（Paris: Seuil, 2015）, p. 123.

二、現代主體的誕生與退隱：中國人到權利之路

傳統與個體：舊秩序的解體

　　無論中國的某些學者或是西方的一些漢學家怎樣推崇中國傳統的理性精神，也不論我們在中國的歷史中發現怎樣可以拿來做現代性解釋的思想要素、制度設置、文化習俗，中國的現代性啟動毋庸置疑是西方文化的大規模引進所激發的結果。引發的最重要變化是傳統自洽的宇宙─倫理─政治秩序逐漸解體，並最終崩塌。逐漸接受了現代宇宙觀的中國人的「天」破碎、變形、消隱，或至少被壓抑到一種心理、文化觀念上的潛在的、附屬的層次；受民主思想的影響，中國的「天朝」與「天子」喪失了合法性，消失在歷史的塵埃中。「天地君親師」的信仰結構攔腰截斷，雜亂地殘續在中國人的精神與生活實踐中。「中國人失去了世界，卻暫時要在世界上住」[15]，不得不開始一種新的文明秩序的艱難重構，迄今尚遠未達成一成熟的階段。「皇帝死了，中國人注定要去探索民主之路」，十幾年前，筆者受邀在法蘭西學院就當代中國民主問題所做的演講開場白，依舊是中國政治現代性構建的核心命題。

　　當卜正民在《掙扎的帝國》中談及元明兩代的人們「生活在一個自己無法控制的行政網路中，同時，他們也生活在一個自己織就的親族網路」[16]中時，顯然他這描述不僅適合那個時代，也基

15　魯迅，〈雜感三十六〉，網路版。

16　卜正民（Timothy Brook），*The Troubled Empire: China in the Yuan and Ming*（中文版，北京：中信出版集團，2016），頁130。

本上是絕大多數傳統時代中國人的寫照。傳統的中國人是一種網路的存在、社會的存在、家的存在，一種以「關係為本位」[17]、「家為本位」的社會。余英時先生三十多年前曾撰文這樣肯定中國的文化說：「人的尊嚴的觀念自孔子以來便鞏固地成立了，兩千多年來不但很穩定，而且遍及社會各階層……人的尊嚴的觀念是遍及於一切人的，雖奴隸也不例外」[18]。從思想史的角度講，我們可以確定這種說法是具有思想甚至是生活實踐上的某種確切性的；但同時，我們卻也無法否認以「孝為倫理核心」[19]的中國思想傳統中，那種縱向的、社會等差、權威的秩序觀所占據的極重要地位。人具有尊嚴與權利，但卻是有等差、差別性的。這種傳統觀念迄今仍深刻地影響著我們的生活，甚至被認為是自然而然、天經地義。在許多人眼裡，一位官員或者知名人士的生命，是與一位普通人不等值的。

對這種文化與社會結構，近代以來就一直是各種思潮爭論、分析、批判的焦點。即使被視為中國文化保守主義最重要代表的梁漱溟先生也曾說，「中國文化最大之偏失，就在個人永不被發現這一點上。」[20]這裡，我們暫且不去重複、梳理各種近代以來有關中國傳統是否具有個人主義思想，如何用個人主義、自我主義、自我中心主義等概念來對其加以定義的討論，只強調一點：一種現代意義上有明確的權利意識、具康德意義上的意志自由的

17　梁漱溟，《中國文化要義》，頁79-89。

18　余英時，〈從價值系統看中國文化的現代意義〉，載《中國思想傳統的現代詮釋》（台北：聯經出版公司，2018；南京：江蘇人民出版社，2003），頁12。

19　金耀基，《中國社會與文化》（香港：牛津大學出版社，2013），頁123-124。

20　梁漱溟，同上，頁251。

道德個體，在中國傳統中是不存在的[21]。也因此以中國的文化更新為己任的梁漱溟才如此宣示說：「個人為自由之主體，自由為個人無形領域，言自由固不得不以個人來說。……自由主體且不立，自由其如何得立？」[22]

自我的誕生：發現主體

這種狀況在現代性的衝擊下發生了巨變。在舊的文明秩序的崩塌過程中，現代的「個體—主體」逐漸誕生[23]。雖然我們不可將個體—主體的誕生與中國知識分子的出現劃上等號，但中國士大夫在舊的文明秩序的崩解中向知識分子的轉型過程，提供了一個就此進行思想、文化與社會歷史性考察的很好案例。相當多關於這種轉型的記錄、研究都展示了這一過程的艱難、複雜，但最終也都是指向這種現代「個體—主體」的誕生。傳統文明秩序的裂變崩塌轉化，是現代性的一種普遍現象，只因中國文化傳統極強

---

21 鄧曉芒認為「儒家道德基本上是一種前啟蒙的道德，它不知自由意志為何物，而是訴之天經地義的天理天道。它也講意志的選擇，但前提是選擇的標準已經預定了，這標準強加於每個人，就看你接受不接受。接受了你就是君子，不接受就定為小人。這是不自由的選擇」。〈從一則相聲看中國人的思維方式〉，《中國讀書評論》2010年第7期。鄧先生的評論或許顯得有些激烈，但卻不無道理。關於儒家道德的性質及其實踐，是近代以來學者討論的一個關鍵問題。對此，筆者在今後會有後續文章略加討論。

22 梁漱溟，同上，頁246、251。

23 前近代中國人個體自我意識的醞釀，是值得進一步研究的課題。如文以誠通過肖像畫的分析所論及的明清時代一些士人的個人意識強化的現象，與現代個體之間的異同，或許還需要做更細緻的分析。文以誠（Richard Vinograd），《自我的界限：1600-1900年的中國肖像畫》（北京：北京大學出版社，2017）。

的連續性、中國現代性的外生性、歷史的一些因緣際會，使這種文明秩序的解體與再造過程在中國顯得極端、激烈，牽涉到一種整體性的變革，也因此在人看來尤顯艱困；個體─主體的誕生與發展，也坎坷重重。

　　現代漢語中的個體、個人、自我、我、己等用來對應表達西語中「*individu*」的詞彙，或源出日語翻譯西文時所用，或借中國已有之詞給出新解[24]。而「主體」一詞也是來自日語譯英文subject的翻譯[25]。這些術語的出現，從一開始就是與中國現代主體的產生密切相關的，與一種伸張個體在文化、社會、政治、法律上的權利訴求息息相連，是文化更「新」的核心部分。從此，傳統被以此視角「重新審視」，被「讀來讀去」，激進的文化批判者或竟從此像魯迅那樣讀出「吃人」的意涵，而那些對傳統具有溫情、抱捍衛立場者則或是從中看出「人道」的新意。總之，距離已經拉開，一種主體的反思性的思維開始確立；一種混一、內洽的文化世界破裂，在先秦軸心時代的文化覺醒後，中國文明再次經歷一個新的「三千年未有」之意識轉型與躍升，一個所謂唐宋變革、明清嬗變在性質上所無法比擬的巨大的文明轉型。這其中最重大的變化、最具深遠影響的現象就是「個體─主體」的出現。

　　人們從此發現「個性」「人格」[26]，以及人格提升向上、「向上

24　劉禾，〈跨語際的實踐：往來中西之間的個人主義話語〉，載許紀霖主編，《二十世紀中國思想史論》（上）（上海：東方出版社，2000），頁230、250。

25　劉正琰、高名凱、麥永乾、史有為，《漢語外來語詞典》（上海：上海辭書出版社，1984），頁408。

26　張奚若，〈國民人格之培養〉，載《獨立評論》第150號（1935年5月12日），轉載自5月5日《大公報》星期論文；〈再論國民人格〉，載《獨立評論》第152號（1935年5月26日）。

精神」復甦的必要（梁啟超[27]，梁漱溟[28]）。從「心（情感）革命」[29]、「女性解放」、「家庭革命」，救出自己的「易卜生主義」，再到「人的文學」[30]，言論自由、人權、平等、民主的提倡，……人的主體性，「情感主體」[31]、認知主體[32]、法律主體、政治主體……從不同的側面逐漸得以確立，即使在實踐與相應的制度層面進展不盡理想，但其合法性至少在理論上得以確立。中國的各種現代性論述、現代性方案相當大一部分，學術論述與術語，社會、政治、文化的實踐，文化轉型中最具革命性意義的事件，變

27　梁啟超，《歐遊心影錄》，轉引自羅榮渠主編，《從「西化」到現代化：五四以來有關中國的文化趨向和發展道路論爭文選》（北京：北京大學出版社，1990），頁40-43。

28　「自由──一個個人的無形領域──之不立，實為向上精神所掩蓋。」梁漱溟，同上，頁251。

29　Haiyan Lee, *Revolution of the Heart: A Genealogy of Love in China, 1900-1950*（Stanford: Stanford University Press, 2006）；李海燕，《心靈革命：現代中國的愛情譜系1900-1950》（修佳明譯，北京：北京大學出版社，2018）。亦見傅適野對作者所作的採訪，〈經歷愛情，超越愛情：現代中國愛情譜系之變〉，載《介面新聞》2018年9月25日，https://www.jiemian.com/article/2492355.html。

30　周作人，〈人的文學〉，載《新青年》第5卷第6號（1918年12月15日）。見《現代中國自由主義資料選編：社會改革的思潮》卷6（台北：唐山出版社，2001），頁31-41。

31　Haiyan Lee, ibid.; Lynn Pan, *When true love came in China*（Hong Kong: Hong Kong University Press, 1995）。

32　「傅斯年在《新潮》的創刊號（1919年）的第一篇文字就把個人在社會中的位置作為一個重要問題提出。……一上來就宣布了西方科學和人文知識對於幾大中國知識傳統──儒、道、佛──的優越性，因為這三者沒有一個體現人類生活的真理。照他看來，人應到生理學、心理學、社會學中去尋找真理，因為現代科學知識是以主體為中心，並具有人道主義的關懷的。」劉禾，〈跨語際的實踐〉，頁244。

動的主脈等等，許多是圍繞主體問題而展開的。

極權的肆虐：主體的消隱

　　但從一開始，作為個人的主體與作為集體（民族）的主體的緊張就伴隨著中國人的主體探索。在西方，主體主要是指個體性的，但在某些情況下也指「一個群體」[33]；其重心是落在個體上的，集體的主體性往往是次階的、有條件的、衍生的。在西方自由主義思想的脈絡裡，如何在確定個人主體的合法性下避免霍布斯式的彼此衝突而達成一種社會連接，一直就是一個經典命題。在西方文化、歷史與政治演變的背景下，各種理論家通過對國家的權力、市場的聯結、公民社會的作用，道德的角色等不同因素的確認、凸顯而對這一命題作出了不同的回答，也因此形成不同的思想流派。不過真實的歷史過程中，對這一命題的回答往往是些因素共同作用的結果，群體的主體性與個體的主體性之間儘管具有緊張，但遠不如在其他一些非西方文化、外生現代性背景下的緊張來得深刻複雜[34]。

　　以中國為例，近代以來中國思想界那種「個體—群體，小我

33　如伯林（Isaiah Berlin）在其著名的「兩種自由」論說中，談及「消極自由」就是關於「主體（一個人或人的群體）被允許或必須被允許不受別人干涉地做他有能力做的事，成為他願意成為的人的那個領域是什麼」。伯林，《自由論》（胡傳勝譯，上海：譯林出版社，2003），頁189。

34　因我們能理解的原因，西方思想家往往在這方面的分析、論述有待深入。在當代認同政治興起的背景下，一些思想家如泰勒（Charles Taylor）在探討類似問題時，更多地關注到這其間的內在緊張。見 "The Politics of Recognition," in *Multiculturalism: Examining the Politics of Recognition,* edited and introduced by Amy Gutmann（Princeton, N. J.: Princeton University Press, 1994）。

—大我，小己—大己」的討論就一直不斷；對個人主體自由的忽略甚至是否定之聲也不絕於耳[35]。正如溝口雄三在談及近代中國民權思想的特點時所說：中國的「國民權非個人之人權，而是群眾之民權。否定個人的專橫、個人的利己之團體權。這種民權的特質是，為了成為對國家之存亡應負責任之國民的權利。……個人（言論、出版、集會、結社）等個人人權只是從屬於國民權」[36]。此外，社會分化造就的緊張與衝突，獨立於權力系統外的公民社會力量的弱小，危機導致的國家強勢動員帶來的擠壓，群體本位傳統的慣性作用，個體在文明秩序解體狀況下的恐懼與焦慮，支撐個體獨立的精神資源的局限——如在反向自身尋找資源，自我的價值自覺與確立的過程中，中國的傳統多不是以反抗為目的，且最後又往往要落實到人倫秩序，就支撐主體的獨立意識來講，難免顯得薄弱——這一切，在一場巨大的戰爭衝擊及稍後的大革命席捲下，在毛式極權體制以消滅主體性為目標的各類運動及專政機器的輾壓下，人的權利喪失殆盡，主體徹底地消隱。只有個別如林昭、顧准、遇羅克、張志新那些殉道者，以及各種反抗和因此付出的犧牲，依然見證著主體隱然、脆弱的存續。

---

35 從陳天華到孫中山，從早期肯定到後來批評個人自由的梁啟超，再到中共的論述，這類否認個人自由，強調個人服從集體的論述比比皆是。如「中國人自由太多……（自由的觀念）萬不可再用到個人上去，要用到國家上去。個人不可太過自由，國家要得完全自由」。孫中山，《三民主義》，民權主義第二講，網路維基文庫：自由圖書館。

36 溝口雄三，〈中國民權思想的特色〉，載中央研究院近代史研究所編，《中國現代化論文集》（台北：中央研究院近代史研究所，1991），頁353。

三、主體的再生：雙重轉型與改革的「權利增量」路徑

對改革開放的四十年，我們可以從不同的角度加以審視。就筆者來講，以往經常用「雙重轉型」「社會分化」「主體的再生」等一組相關的概念來分析討論。而其中，在筆者看來，對當下及未來中國的政治、社會、文化演變最具意義的現象就是「主體的再生」。

「雙重轉型」：現代性構建的新階段

改革開放四十年經歷的諸多過程以及發生的很多現象，常有類似於清末民初直到中共建政的那個時代曾有過的，讓人有一種「似曾相識燕歸來」的感覺，討論的諸多話題包括使用的語言都像是那個時代的再次浮現。當然，歷史從來不會是簡單的重複，這些年中國的歷史進程依然處於近代以來「現代性轉型」的過程中，具有與以往階段的連續性，但又與以往時代有一個重要的不同，具有一種以往那個時代所不具備的性質，那就是：中國式的「後共產主義轉型」。

從整體上看，這一屬於近兩百年來中華文明現代性轉型的過程具有一些基本的課題，如現代國家的構建（state building），文化價值系統的檢討與再造，國家與社會的關係，中央政權與地方、各族群關係的重塑，現代經濟的奠基與發展，在一個新的國際體系中如何處理與其他國家的關係等等。是在回應這些課題中，中國共產主義實踐作為現代性轉型的一部分、一個方案而出現。筆者無意在這裡就這種共產主義現代性方案在中國的出現、確立及其後果的歷史、人物、思想及制度性的各種原因詳加討論，儘管相關的研究尚遠未達成令人滿意的地步，但經國際、華

人及大陸學界學者的努力，已有相當多豐富的研究成果供參考。這裡只想重申筆者一向的一個看法：毛式極權主義現代性方案的出現，顯然是與中國自滿清末年來的整體性文明危機有關的[37]。而它在世界範圍包括在中國的興起及失敗，也是其內在的悖論、整體主義的思想與管理方式、與現代性所具有的動力（*dynamique*）特質相衝突所造成的；就我們這裡討論的主體問題的視角來看，是對人的主體性的扼殺所帶來的一種必然結果。也是從這個角度講，共產主義的現代性方案是反現代性的，是一種反現代性的現代性方案。所有那些存續下來的共產主義國家，事實上都或多或少棄置了那種極權、整體性的現代性方案，採取一種折中、實用主義的方式來延續政權。中國就是很好的例證：是在文革結束後，面對殘酷的現實，權力精英與社會各界逐漸形成改革的共識與動力，局部放棄了先前的毛式現代性方案。或許我們可以說：所有改革開放所取得的正面績效，無一不是反毛式方案其道而行之的結果。[38]

37　關於「整體或全面性危機」的問題，可參見林毓生的相關論述，如〈現代性的迷茫〉，載《「自覺」與中國的現代性》，頁3-25；以及《中國意識的危機：五四時期激烈的反傳統主義》（穆善培譯，貴陽：貴州人民出版社，1988）。

38　關於如何確定中國現存政權的性質，是否依然是一個「極權政權」或是「半極權政權」、「威權政權」，這些年學界一直有些爭論。就此問題，筆者暫不討論，這裡只暫提一句，就文革後中國發生的演變來講，筆者依然認為中國已進入一個中國式的後共產主義轉型過程，舊的極權模式與運作發生裂變、疏鬆、更替，也帶來某種程度的社會分化，這乃是四十年中國演變的一個最重要特徵。只是這個轉型的過程中，權力在釋放出舊的空間、在某些領域呈現弱化趨勢的同時，又不斷利用新獲取的資源和技術強化權力控制。這種雙向過程最終導致的結果是什麼，是否會導向一種新的極權政治，有待繼續觀察研究。

　　寓存於同一大轉型過程的這種「雙重轉型」，具有兩種面向，兩種相關卻有區別的邏輯[39]。一方面，就某些中國現代性課題的探索與解決來講，這四十年有與近代以來的探索一以貫之的一些地方，也可以與其他一些後發國家的現代性建設的經驗互為參照；但在另外一些課題的處理上，又有些特殊性，具有與前共產國家所面臨課題的一致性。比如，被極權政治消滅的公民社會如何再生，土地產權的重新確立等，都是當下轉型所面對的特殊問題。因此，在同一大轉型過程所具有的雙重性質之間，有些地方可能是互洽、相容的，有些就是衝突、矛盾的。以國家問題為例，作為現代性的構建來講，國家構建一直至關重要；現代性建設的效果、成敗很大程度上取決於是否存在一個有效的國家；中國近代以來的許多問題皆與此有關。但後共產主義轉型所需要解決的問題之一，卻是要對現存的國家形態進行某種程度的解構。如何在轉型過程中處理這兩者之間的緊張與矛盾，就成為一個困難的挑戰。如果後共產主義的轉型課題處理不當，中國的現代性轉型就將再遭挫折，許多課題的解決或將再遭延滯。也許我們需要再次明確的一點就是——且不去討論具體的制度與物質條件、技術問題——就轉型的大方向來說，現代性的核心是主體，是主體的自由與權利的確立與伸展；違逆這種訴求與方向的中國轉型就一定是困難重重，甚至出現挫折、反復；而以此為方向，即使不總是一帆風順，但轉型的動力會充沛，也易獲得成果。四十年的改革開放的歷程為此提供了明確的佐證。

39　關於「雙重轉型」的問題，最初的想法要回溯到三十年前1986年夏筆者在北京由共青團中央舉辦的「改革、青年與精神文明」研討會上的發言。三十年來，筆者亦曾在自己的許多文章著作中加以闡述。

農奴的解放：「權利增量」改革的起步

　　眾所周知，中國的改革最初起於農村，起於農民為生存的權利而做出的抗爭，小崗村的故事已是一個耳熟能詳的事例。中國農村的改革不僅解放了沒有自由的「農奴」[40]，改變了那種周其仁用比較委婉的話所描述的狀態：農民在權利與自由問題上「具有前現代特徵的狀況」，讓他們開始具有局部的生產選擇權利，也同時就此改變了農村改革前「財產唯一的主體是公社」的局面[41]；農民開始獲取某種主體性，不再僅是具有計畫體制下規定的「計畫權利」與「計畫義務」[42]，由此啟動了筆者稱之為「權利增量」的中國改革路徑。長期以來，許多經濟學家將中國改革的特點歸納為「增量改革」[43]，但在筆者看來，這種增量改革如果成立的話，其動力與核心就是一種「權利增量」，而絕不僅僅是些生產要素、機制、部門的增量。沒有這種權利上的增量，一切都無從談起，改革也絕不會具有我們後來看到的那種活力。

　　而從生產的自主性選擇到生活的自主性選擇，邏輯既是自然的也是必然的。從這個角度講，我們所提及的「主體的再生」首先是從農民開始的。「家庭承包制」形式上是回歸傳統中國符合

40　白沙洲，〈奴隸時代〉，《中國的二等公民：當代農民考察報告》（香港：明鏡出版社）第二章，頁46-109。

41　周其仁，《產權與制度變遷：中國改革的經驗研究》（北京：社會科學文獻出版社，2002），頁49-50。

42　張曙光，〈放開糧價，取消糧票：中國糧食銷售制度變遷研究〉，載張曙光執行主編，《中國制度變遷的案例研究》第一集（上海：上海人民出版社，1996），頁274。

43　林毅夫、蔡昉、李周，《中國經濟改革與發展》（台北：聯經出版公司，2000），頁269-272。

農業生產特點的生產方式，也在一定程度上復興了傳統社會，啟動了某些傳統意識。但同時，在改革與現代化進程尤其是市場化的背景下，這種復興也為鄉村社會中具有明確的現代權利意識的個體—主體創造了誕生條件。當然，這種過程中的主體的脆弱性顯而易見，它所承受的壓力往往也是多重的，對自由的渴望與傳統的約束、現實條件的限制，往往以極端的方式凸現了這種主體的脆弱。中國農村的高自殺率尤其是女性的自殺率，或即是一例。自殺往往是主體化受挫、失敗的一種結果[44]。

因農民個人及家庭在生產與生活領域獲取了局部自由，中國的社會也從極權造成的冰封與灰燼中開始復甦，獲取某種相對的自主性。至於主體從農村這種陳一諮稱為極權體制控制的相對「薄弱環節」[45]復現，顯然也有其內在的原因，生命的綠草總是最先在那些岩石、混凝土的縫隙開始生長並拓展其空間。而中國農民後來在權利的獲取上，如土地、政治參與上，因制度的限制所遭遇的種種困境，以至於迄今主體權利不完整、不充分的狀態，也在一個層面上預示著中國各個領域的改革後來所遇到的問題，成為今天陷入困境的最重要原因。

市場主體的再造：經濟改革的關鍵

農村改革就經濟來講，最重大的貢獻在於創造了一種新的經濟主體，市場開始誕生。農村改革造成的後果，也為所有後來的經濟改革造成一種不得不為的壓力。如果我們從城市經濟改革的

---

44 黃嘉祥、黃藝琳，〈中國農村自殺率3倍於城市，女性是男性2.74倍〉，原載《深圳晚報》，見搜狐網：http://news.sohu.com/20160922/n468967238.shtml。

45 陳一諮，《中國：十年改革與八九民運》（台北：聯經出版公司，1990），頁12-13。

一些舉措來看，從「擴大企業自主權」（1979）、「利改稅」
（1979、1981）、「允許自由就業，開辦個體與私人企業」
（1980）、「允許合資企業」（1980）到「財政包乾」（1980）、「價
格與工資改革」（1988）、「私人企業暫行條例」與「企業法」出
台（1988）、「完善企業承包」（1989）[46]，1990年代成立「證券交
易所」（上證1990，深證1991）、「試行股份制」（1992）、頒布
「勞動法」（1995）……，所有這些改革措施的指向，無一不是要
釐清經濟主體的權利與責任，創造市場主體。

　　顯然，經濟或市場主體並不全然等同於我們這裡所講的主
體，但主體的生長及發展卻需要市場作為條件；而市場主體的真
正確立、健康發展，歸根究柢，也是要以個人主體在經濟、社
會、法律、政治地位上的確立、健康發展為基礎的。中國經濟改
革所取得的成就，概莫不與個人作為生產主體、消費主體、財富
主體的發展，與私有產權的相對確立有關；而中國市場的缺陷乃
至經濟發展今日面臨的困境與危機，也皆與經濟主體地位的不健
全，權利得不到保證，主體責任不清，缺乏一種相匹配的文化價
值意識有關。經濟資源的稀缺性，決定了選擇是經濟活動的核
心，而缺乏明晰的主體、主體被國家權力所壓制，體現在經濟上
就必然是市場主體的嚴重扭曲，資源無法有效、合理配置。

單位的衰解：從單位人到自由勞動者

　　在市場主體的確認中，單位制的衰解是一個重要變數。鄉村
人民公社的解體，實已醞釀了單位制的衰落。作為一種極權社會

46　參見中央財經領導小組辦公室編，《中國經濟五十年：大事記》（北京：人民
　　出版社，1999）。

的細胞單元，長期以來扼殺主體的具體制度因素就是「單位」。因此，隨著經濟改革的進展以及市場機制的強化所帶來的弱化單位的趨勢，客觀上就為就業者從「單位人」轉向自由勞動者創造了條件[47]。這種解放，雖然必然會帶來其他相關的社會與經濟問題，但作為最重要的生產要素，勞動力的激勵機制與相對合理的配置得到適當解決，為中國經濟的發展創造了一個最重要的條件。在都市，社會組織也因此連帶發生重組，其重心從單位轉向街區、新型社群；個體—主體獲得新的身分與活動空間，使公民社會的型塑有了可能。

找回情感：「人啊人！」

「現代主體首先是一個情感主體」[48]，一個情感性的存在；近代以來中國現代主體的誕生是與對人的情感的重視、強調息息相關的，所有那些文學、藝術作品都為我們展示了這一點。1980年代以來主體的再生，也與重申人的情感密不可分。文革毛時代的人是一種無性別的革命人，情感被革命的話語與實踐抽空、壓抑、評判，情感不再具有自然的正當性。從「傷痕文學」開始，重新重視人的複雜、情感的多重性，召喚「人性的復歸」，為人的情感進行合法性論證。戴厚英的小說《人啊，人！》可謂其中一代表[49]。

佛洛伊德的思想，啟示了整個20世紀人類有關性問題的認

---

47 李漢林，《中國的單位社會：議論、思考與研究》（上海：世紀集團出版社與上海人民出版社，2004）；李路路，〈單位制的變遷與研究〉，載《吉林大學學報》2013年第一期。

48 李海燕，《心靈革命》，頁7。

49 戴厚英，《人啊，人！》（廣州：廣東人民出版社，1980）。

識，也揭示了性在人的認同、主體性型塑上所具有的重要作用。中國人20世紀在兩性關係、家庭制度認識和實踐上的變化，是現代中國人主體意識和文化形成的一重要組成部分。1980年代的佛洛伊德熱，也啟動了人們相關的探討。而整個1980年代，我們也都不斷地聽到類似張競生1920年代在《申報》上為同事的再婚所做的那種有關人的情感、自由婚姻權利的辯護[50]；至於他有關性問題的前驅研究，也終於在最近幾十年再次被發掘與肯定，得以在新的歷史與社會條件下重新啟動與延續[51]。兩性關係的重新定義，人的各種情感再次得到尊重，是現代主體再生的重要層面。

身體與空間的伸展：主體的具象展示

身體一直是文化所要處理的最重要一部分，借用莫斯（Marcel Mouss）1934年那篇開創性的演講詞，沒有一個社會不具有借助文化來處理「身體的技術」（Les techniques du cops），中國亦然。且不講古代，中國人處理身體的技術，身體的表現形式，隨現代性的進展在近代以來都發生了重大變化。最顯著的標誌可能就是清末民初女性的放足與放胸。這些對待肢體上態度的更改與服飾的變化，身體與空間關係的演變，細緻考察起來其實都指向身體的解放，一種身體上的自我主體性的確立。就此方面來看，改革開放前數十年的制度文化的指向，正如在許多其他領域的表現一樣，呈現出一種向前現代倒退的趨勢，體現在再次消滅身體

---

50 Xiaoqun Xu, *Cosmopolitanism, Nationalism, and Individualism in Modern China: The Chenbao Fukan and the New Culture Era, 1918-1928*（Lanham, MD: Lexington Books, 2014）, pp. 207-216.

51 在這方面，筆者的朋友社會學家中國人民大學的教授潘綏銘先生的研究有重大的開拓之功。讀者可參見其眾多的相關論著。

表現上的個性；身體的空間表現與活動範圍被大幅壓縮、嚴格限制。

改革開放後，這種局面得以改善，隨著個性解放思想的傳播以及經濟的發展，個人私域空間的增大，中國人身體的物理活動空間、社會與制度空間都得以或多或少的擴展。主體的再生也體現在身體所享有的空間的擴展，以及身體所享有的保護權利上。而女權運動的興起，也有助於強化這種趨勢。雖然事實上，身體的問題是涉及社會全體成員的，但因女性、兒童及老者作為一種相對意義上的社會弱者，與其相關的社會權利運動自然就會涉及這類課題。此外，殘疾人權利保護的發展，也為我們在身體問題上的主體性展示提供了一個很好的例證[52]。

女權的再現：「要做獨立的半邊天」

女權問題一直是中國現代性問題的一個重要主題。如何評價女性在中國共產主義運動以及前三十年毛時代的地位，依然是一

---

52 西方有關身體研究有一個悠久的歷史，從笛卡爾時代就一直伴隨現代性的誕生與演進，從1960-70年代這個問題的（再）「發現」以來，最近幾十年的發展顯然是與對現代性的批判、對主體的認識深化、及主體權利意識的高漲息息相關，也與如何定義現代技術與身體的關係這一問題有密切的聯繫。參見 Georges Vigarello, "La vision du corps dans les sciences sociales," in Michel Wieviorka（dir.）, avec la collaboration de Aude Debarle et Jocelyne Ohana, *Les Sciences sociales en mutation*（Paris: Editions des Sciences Humaines, 2007）, pp. 83-90; David Le Breton, *Anthropologie du corps et modernité*（Paris: Editions Presses Universitaires de France, 2003）; Hervé Juvin, *L'Avènement du corps*（Paris: Gallimard, 2005）。受國際上這種研究的影響，最近十幾年中國學界也著手引進這方面的研究成果，展開這方面的本土研究。茲引一本這方面的專著：劉傳霞，《中國當代文學身體政治研究》（北京：中國社會科學出版社，2014）。

個學術界爭論的話題。或許我們應該對這場運動在某些方面對女性地位提升的推動加以肯定，但同時我們也絕不能忘記女性事實上被一種以男性為主導的黨體制所裹脅、控制，喪失其主體性和基本權利的事實。中國女性或享有某種名義上的平等，卻不真正具有主體性；更何況，在那些傳統的社群結構與共產主義的制度相嫁接的鄉村地區，婦女的權利更是受到雙重限制，無法獲取獨立的人格。1920-30年代所萌芽的以爭取個體的女性權利為特徵的運動，曾在相當長時間徹底消失，讓位於一種服從的、主體性泯滅的黨權之下的女性倫理。

改革開放後，中國的女權運動復興。儘管在某些方面，女權的發展看上去有些停滯或者倒退，如某些女性退回家中甘居兩性關係中的依附，或者從事一些性工作，但從整體上看，伴隨著社會空間的增大、生活資源來源的多樣化與文化的更新，女性的自主選擇空間還是大幅擴展，女權意識有所傳播，一種真正現代意義上的女權運動也再生[53]。《中華人民共和國婦女權益保障法》的頒布（1992年4月）、「北京世界婦女大會」（1995）的舉辦等事件與制度的變革，與外界在相關方面交往的擴大，顯然都為促進這種變化創造了有利條件。女性無論是在工作還是生活的各個方面，主體性都極大增強，在權利的爭取上更富積極的進取精神。從那種最基本的「我就是要一個公正待遇，把獨身婦女也當人看」[54]的訴求，到當下「#MeToo」運動，中國女性一直在爭取一

53　陳三井主編，張玉法總校訂，鮑家麟、呂芳上、張惠錦、游鑑明、李繼鋒，《近代中國婦女運動史》（台北：近代中國出版社，2000），第五章〈中國大陸的婦女運動〉，頁555-634。

54　張辛欣、桑曄，〈典型風紀〉，載《北京人：100個普通人的自述》（上海：上海文藝出版社，1986），頁292。

種有尊嚴的、自由的生活。女性權利運動的進展，構成中國現代主體再生的一個極其重要的組成部分。

「我」的再確立與批判精神的復甦：價值轉向、知識分子與新啟蒙[55]

近代以來，現代知識分子的誕生與發展，一直伴隨、見證著中國文明的轉型，中國人的現代性構建與主體性探索的歷程。毛式極權模式的建立，是以摧毀知識分子的精神及社會、政治上的主體性，令其喪失自我為一重要條件的。從1970年代末起，文革後的中國知識界在對中國的現代性方案進行再探討的同時，自身也經歷了一個重大的價值轉向，重新確立「自我」以及（作為主體表徵之一的）一種理性的批判精神，並將自身的獨立置於一個重要的位置。知識分子的討論一方面集中在自身處境及對傳統的檢省，試圖建立一種在自身的精神、社會與政治上的主體地位，另一方面也通過各種文化批判、思想引介，試圖更新文化，創造一種以主體精神為主的新的現代文化。在他們看來，「今日中國已經最終走出血與火的時代，開始了向現代商品經濟和現代民主政治的新的跨越。這是一個從經濟基礎到上層建築的根本性轉變，需要一次比五四運動更加深刻和廣泛的新的文化啟蒙運動，實現全民族的觀念更新，徹底掙脫封建文化專制主義的傳統枷鎖，喚起每一個中國人的主體文化意識的覺醒」[56]。

是在這種背景下，1980年代的「回到康德」、沙特熱、人的

55　Zhang Lun, *La vie intellectuelle en Chine depuis la mort de mao*（Paris: Fayard, 2003）.

56　曹維勁、魏承思主編，《中國八十年代人文思潮》（上海：學林出版社，1992），頁907。

能動性討論[57]、關於人性論[58]、人道主義的研究[59]、有關人的學說、「主體」問題的哲學探討、對新啟蒙的召喚等等，以及那些新藝術潮流的發展，如八五新潮美術[60]，崔健具有強烈的宣言色彩的宣示「我」的搖滾歌曲，都傳遞擴散著一種有關主體的思想與文化意識。社會上那些有關自我選擇、人生道路的大眾討論與種種上述思想與文化運動互相激盪，都可視為是「主體覺醒的歷程」[61]。

　　1990年代後「八九」時代以來政治的、社會與經濟的變動，帶來諸多重大的變化，有論者認為「金錢在這個時代成了一個無處不在，無往不勝的尺度」[62]，「民眾還沒有達到為意義焦慮的時候，因此，為普遍意義而存在的知識分子只有在今天才遇到真正的挑戰——他們已找不到自己的獻身方式，只能在最後的堅守中，在與世俗化大潮的持久對峙中獲得自我確認」。這種看法似乎有些道理，但並不能揭示自1990年代以來知識分子精神面貌的全部，從「人文精神的討論」到對自由主義精神的再挖掘與再詮釋，直至推動中國的法治建設、維權事業，中國知識分子依舊在追求自身的主體獨立，為創造一個適合主體發展的制度與文化環境、推動公民社會的發展而努力。

57　同上，頁40-44。

58　同上，頁101-107。

59　1980年初後短短兩年間，就有近500篇有關人性、人道主義的相關文章刊出。人民出版社相繼出版《人性、人道主義問題論集》、《人是馬克思主義的出發點：人性、人道主義問題論集》，見曹維勁、魏承思主編，頁34-39、95-100。

60　同上，頁506、510。

61　趙修義，〈主體覺醒和個人權利意識的增長：當代中國社會思潮的觀念史考察〉，載《華東師範大學學報》2003年第5期。

62　孟繁華，《眾神狂歡：當代中國的文化衝突問題》（「中國問題報告」叢書，北京：今日中國出版社，1997），頁22。

公民的回歸：政治與司法上的主體再確立

自「公民」一詞近代從日本引入，就具有「作為行使參政權等公權的主體」的意涵。從大清法典中的「臣民」，民國憲法中的「國民」到中華人民共和國憲法中的「公民」，這相對西語中的同一個法律術語，在不同的歷史和社會語境下所獲取的不同的漢語譯名，從一個側面見證著現代主體在政治與法律上得以確立的過程[63]。後文革時代制定的八二憲法將公民權利與義務從第三章提到第二章，置於國家機構之前，反映了那個時期（鑑於文革的災難性教訓）對公民權利的相對重視[64]，「在新中國憲法史上第一次界定了『公民』概念」[65]，其相關規定也為一個「走向權利的時代」的開啟奠定了一些法律基礎[66]。後來一些具體的制度變革，如戶口制度的鬆動和局部的取消，不僅為農民也包括城市居民獲取更多的自由，享有一種帶實際內涵的公民身分提供了可能，且也有助於一種普遍意義上的公民文化的生長。須知，這種將公民劃為幾等的戶口制度，不僅強化了城鄉的分化，限制了人身的自由，甚至帶來諸多嚴重的社會心理後果[67]。弱化並取消這種制度，

---

63 梁鏞，〈漢語民法術語的生成與衍變〉，載馮天瑜、劉建輝、聶長順主編，《語義的變遷》（歷史文化語義學叢書，武漢：武漢大學出版社，2007），頁376-377。

64 周金華，《新公民論：當代中國個體社會政治身分建構引論》（北京：中國社會科學出版社，2010），頁163-169。

65 孫龍，《公民參與：北京城市居民態度與行為實證研究》（北京：中國社會科學出版社，2011），頁165。

66 夏勇，《走向權利的時代》（修訂版，北京：中國政法大學出版社，1999）。

67 程鐵軍，〈中國戶口制度的現狀與未來〉，載李少民主編，《中國大陸的社會、政治、經濟：當代中國研究中心論文第一集》（台北：桂冠圖書公司，

乃是中國農民甚至是市民獲取完整的公民身分的必要條件之一。

　　市場經濟的刺激，權利意識的覺醒，為維權運動的崛起創造了條件。而農村「村民自治制度」的推廣，城市公民因戶主維權運動、參與基層選舉而在某種程度上經歷的從「群眾到選民再到公民的角色轉換」[68]，儘管個中充滿曲折，甚至是倒退，但這些都為作為政治與法律主體的中國公民的再生提供了土壤和實現的機會。

四、主體的奮鬥與中國的未來：維權運動、憲政與文化再造

　　改革開放四十年來主體的再生，是因雙重轉型中所產生的社會分化而得以出現的[69]；而這種主體的再生，也反過來影響、型塑了轉型過程。不過，這種主體的再生能否獲取一種制度架構和文化依託，使其得以正常的發展，關係到我們所說的「雙重轉型」能否跨越一些關鍵階段，不受挫折，進而達成某種理想的結果。

扭曲的主體與文化更新：從「霸座」與「碰瓷」想到的

　　關於中國近幾十年發生的主體化過程中出現的畸形與扭曲，

1992），頁406-408。

68　孫龍，《公民參與》，頁165-166。

69　在韋伯看來，「社會分化」是一種與現代性理性化相伴的必然產物，筆者借用此概念分析檢討近代以來包括最近四十年中國的社會變遷。不過，需要指明的是，筆者所使用的「社會分化」除具有韋伯的含義外，還有一些與中國的傳統文明秩序的崩解、後共產主義轉型的權力分化有關的特質。關於這個問題，容另文專述。

比如「不完整與無道德的個體」現象，近年來不斷有學者提及[70]。最近陸續出現的「霸座」事件以及層出不窮的所謂「碰瓷」現象，或許以一個很具象的形式為我們展示了這種扭曲與畸形[71]。與以往那些傳統的欺霸、流氓的現象不同，這些事件與現象的製造者對自己的權利邊界，其實有較明確的認識，但卻依然採取不道德、反權利規則的行為與姿態去獲取自己的利益，擴大自己的權益空間。這種現象的頻繁出現，顯然有當下的文化與制度環境的成因，也與主體無法在一個正常的制度與文化環境中獲取其發展空間、其權利與價值目標無法實現、社會缺乏正義和明晰的權利文化密切相關，因而造成一種扭曲的主體、甚至是反主體的意識的生長與膨脹。

如何確立一種能保證主體健康發展的制度與文化，依然是中國當下這種雙重轉型面臨的最關鍵挑戰。中國人仍需要一方面堅持、繼續康德意義上的啟蒙精神，進行文化的檢討與批判，另一方面，正確地認識和吸收現代性批判、後現代思潮的思想成果，明確中國本身的問題意識，從中國以往現代性構建的歷史與經驗中汲取教益，重新確立新的現代性構建方案。這將是時代重大的課題。需要說明的是，1960-70年代以降，受結構主義與後結構主義的影響，西方後現代思潮對主體採取一種懷疑、取消的態度。此或有助於矯正那些過度浪漫的主體思想的弊端，但也起到了消解現代性的負面作用；這是在我們重新思考、確立新的現代性方案時，特別需要加以注意的。其實，後現代思潮只是對現代

70　閻雲翔，〈導論〉，前引《自我中國》，頁2、28。

71　2018年媒體陸續報導了一系列霸占他人座位拒不讓位的「霸座男」與「霸座女」事件，這些年類似事件層出不窮，反映出一些中國人對他人權利的蔑視。

性的一種矯正，一種擴展。後現代本身是現代的，與現代性既有斷裂性，更有連續性，是一種欲達成現代性目標的新探索。若將兩者截然對立，且以此論證反現代的方案，顯然是不當且會是十分有害的。

維權與憲政：主體權利的落實與保障

現代主體的誕生從來就是在與權力、社會權威的抗爭中實現的，西方如此，中國亦然。中國現代主體的出現，毛時代對主體的扼殺，其中歷程之艱難、痛苦，許多文學、個人傳記都有過描述與記錄。改革開放時代主體的再生，也是一個伴隨著不斷抗爭的過程。再以農民為例，從土地承包到1990年遍及全國的抗稅[72]，到今天爭取子女的教育權，在城市的居住權等等，每一步權利的提升、向完整的現代主體的邁進，都是抗爭、維權的結果。而過去四十年之所以是中國發展相對良好的時期，除了經濟總量增加帶來的機會有助於平抑社會的不滿外，也與制度的設計改造在一些領域不斷地接納、吸收種種圍繞權利的抗爭有很大關係。

需要指出的是，迄今為止，國家對主體權利訴求有限的制度性接納，因缺乏憲政層面上的落實，帶有相當大的不確定性，且充斥著某種政策性的權宜、工具性色彩。由於權力缺乏必要的限制，腐敗盛行，主體的權利無法得到最終明確、可靠的保證。而面對當代中國的主體再生，制度框架上已無法迴避如何落實、保障主體權利這樣一個根本問題。這既是近代以來中國的向現代性轉型，也是四十年來中國的後共產主義轉型的核心問題。而這個

72　于建嶸，〈中國工人階級現狀與社會、政治發展〉，載張大軍主編，《公民半月談》（北京，2007），頁252、258。

問題的最終解決端賴於一種制度性架構的確立，以維繫作為主體的公民與公民之間、公民與國家之間的穩定與平衡[73]。從現代性開始在西方確立的時代起，社會共識的喪失就一直是西方思想家如孔德探討的主題之一[74]；但傳統時代的「共識」隨著社會分化、主體意識的強化是注定一去不返，任何這方面的戀舊、「鄉愁」都於事無補，唯一能保證人們共同生存的條件是一個有關權力與權利平衡的制度，是一種權利性共識，也就是一種憲政的制度與共識。而在中國實現憲政的途徑上，通過公民權利的不斷增量達成目標，就是一個現實的理性選擇。中國改革以往成功經驗的關鍵，就在於在「權利增量」問題上，上下互動，找到了一個平衡，達成某種帕累托效益；而今日陷入困境，恰恰在於失去這種平衡，在於長期將「增量」限定在一種純經濟指標的量的增長上。權力所有者試圖在公民不斷地爭取自身權利的奮鬥面前，出於一己之私，拒絕讓渡權利、劃出其權力框架界限，導致改革停滯、死亡，國家危機重重。

「人民主體」：毛極權主義話語與實踐的危險回歸

自習近平執政以來，中國的意識形態領域發生諸多重大變化，其中打壓公民社會和憲政話語就是一個最重要的趨勢。「公

---

73 諸葛慕群執筆，《憲政中國：為中國的未來設計可行、穩定和公開化的政治制度》（香港：明鏡出版社，1998）。

74 正如雷蒙・阿隆非常正確地指出，對孔德而言，在一個封建與神學結構消失的現代社會，「社會改造的主要問題在於社會共識。在於重建道德與宗教意識上的同質性，缺乏這種同質性，任何社會都不能具有穩定性」，見 Raymond Aron, *Les étapes de la pensée sociologique*, coll. Tel（Paris: Gallimard, 1967), p. 307。

民」的話語合法性在急劇弱化、退隱，取而代之的是習近平所宣稱的「人民主體」思想[75]，其目的顯然在借此壓抑公民主體的話語，也顯然是意識形態上一個向毛時代的重大倒退。20世紀的左右極權國家的領導人、極左與極右翼民粹主義者，都習慣性地以「人民的名義」，以「人民主體」的代表來行使權力，其結果常常帶來大的災難，須特別加以警惕。「人民」作為一種政治術語，並不是不可以使用，但「人民主體」只有在個體—主體、在「公民主體」得以確認，作為個體—主體的集合的前提下才會具有正面意義。否則，只會為新的獨裁專制、恐怖政治提供論證，過去的歷史和當下一些國家的經驗都證明了這一點。

同一個世界，同一個夢想：從「#MeToo」談起

四十年過去，中國的經濟深深地嵌入全球經濟體系的迴圈，中國人與世界的交往從來沒有如此廣泛與深入，但各種跡象顯示，中國與外部世界的價值與文化隔膜甚至是衝突，在某些方面似乎並沒有弱化。作為一個崛起的大國，中國與世界在什麼問題上找到交匯，找到共同的語言、共用的價值？這是中國今天面臨的巨大挑戰。

如果說兩個世紀以來現代性在世界範圍的擴展有什麼基本的線索可尋的話，可以用「權利增量」來對此概括：從政治權利再到社會、經濟乃至文化權利。世界範圍的現代性歷史，某種程度

---

75 郭廣仁，〈習近平關於人民主體的思想：對中國特色社會主義科學性和真理性的認識與思考〉，原刊《中央黨校學報》，見求實網：http://www.qstheory.cn/llqikan/2015-04/19/c_111501 6666.htm。何黨生，〈人民主體思想的幸福緯度〉，見人民網：http://theory.people.com.cn/BIG5/n/2014/0624/c40537-25193738.html。

上就是一個權利擴展與深化的歷史；政治、社會、文化、經濟生活日益圍繞主體的權利而展開，權利的問題日漸成為重心，即使是在後發展的非西方國家也是如此[76]。許多學者試圖指出非西方的東亞、拉美、阿拉伯、非洲等社會中的「個體」與西方作為不可分割的單位的「個體」意義上的區別，這自然是有一定道理的，某種程度上也必然如此。但另一方面，不管以何種形式，以何種言說出現，個體意識及權利訴求的普遍化本身證明，這其中也是有一致、公約性的東西的，且隨著社會分化的深入，正日益強化[77]。

　　以西方為例，最近幾十年司法領域最重要的趨勢，就是以基本人權和自由為範式對司法體系全面的改革與再定義，構成一個

---

[76] 如我們以貝克有關四種與現代性相關的個體化的區分（福利化的制度個體化、制度化個體化、削減性個體化、禁止性個體化）來分析，關鍵的要素顯然在於個體的權利在世界各地區落實的狀況，見閻雲翔，〈導論〉，前引《自我中國》，頁4-5。

[77] 當閻雲翔先生談及「在中國，個人的權利提升並不是基於一種普遍適用每個個體的自然權利觀念。……但個體的權利意識是基於中國式的理解，即通過自己的努力得來的特權。這種對權利的理解與政治自由在公眾生活中的局限是相輔相成的，因此，主張個人的權利主要是通過公眾對國家提出訴求來達成」（同上，頁11、14），他是有道理的。中國人對權利的中國式理解顯然是與政治自由在公眾生活中的局限有關的，自然權利觀可能也是相對薄弱的。但我們同時也想指出，除了在一些具體的權利問題上，中國人採一種「經過努力得來的特權」的權利觀外，對相當多的權利議題的認識也越來越靠近天賦權利的觀念，比如對待教育、殘疾人、兒童尤其是女性權利上，中國人的權利觀日益接近一種普遍適用的權利觀。事實上，這種現象我們也可在世界上許多地區觀察到。當貝克區分當今四種現代性，稱「伊斯蘭現代性」的特點是「禁止個體化」，他顯然是忽略了伊斯蘭世界「個體化」現象的複雜性。即便在伊斯蘭世界，個體化也在以不同的形式發展著。他把伊斯蘭世界的現代性，統一歸類為「管制資本主義，傳統威權政府，禁止個體化，單一宗教社會」，是過於簡單了。同上，頁4。

法國當代著名思想家馬賽爾・戈塞所謂的「第二個人權時刻」（*le second moment des droits de l'homme*）[78]，而這牽涉到社會的方方面面，各種成員[79]。至於社會與文化領域的權利運動也在日益深化，最近的一個例證就是從美國發起擴展到包括中國在內的世界許多地區的 #MeToo 運動。其將 1960-70 年代在西方再興，影響到全球的女權運動帶入一個更新的階段，也給 21 世紀世界性的權利運動帶來新的動力。雖然我們可以觀察到世界範圍內都出現了各種形式的對權利運動的反彈，形成一種壓制權利訴求的威權、保守潮流，但從大的趨勢看，無論那些以傳統、宗教、權力、政黨的名義對權利訴求的打壓如何殘酷，各類原教旨主義的喧囂如何甚囂塵上，主體權利的訴求依然為大多數文明國家所認可，堪稱是世界的主流，其趨勢且有強化之勢。當然，這種趨勢也會給所有現存的權力結構、制度運作帶來新的挑戰，即使是對民主國家也是如此。

　　就這一點來說，中國事實上也是處於這全球性的巨流之中，只是鑑於其面臨的「雙重轉型」課題以及現有權力的性質，其實現主體權利的優先順序或許與西方不同，不會像西方近代以來走過的道路那樣，各種權利的增加是採取分離、遞進的方式，而是政治與社會、經濟、文化的權利實現被壓縮在有限時空的同一個進程中，相互作用、互為條件、互為因果，因此也自然顯得更加複雜與艱鉅。例如，對中國人來講，因中國轉型的這種特質，其

78　Marcel Gauchet, *l'avènement de la démocratie, IV, le nouveau monde*, Bibliothèque des Sciences humaines（Paris: Gallimard, 2017）.

79　關於這方面所做的各種司法改革，可參見法國索邦大學法學家 Xavier Dupré de Boulois, *Droit des libertés fondamentales,* coll. Thémis 'Droit'（Paris: PUF, 2018）。

所能真正享受的「消極自由」也一定是要以某種「積極自由」的行動才能獲取和得以保證；對自由的爭取也絕不可能與對民主的落實相分隔。再以過去這些年中國之所以能與外部世界保持一個相對穩定的交往來看，很大程度上也是因為中國某些方面的進步以及宣稱的一些價值取向，給予外部世界一種中國的變遷與世界權利的整體發展趨勢是相容交匯的印象。但最近幾年，不僅中國內部公民權利的實現大幅倒退，且也因此造成外部世界的疑慮與關係的緊張；內部的共識喪失殆盡，與外部文明世界能共用的一些觀念基礎也歸於崩塌。中國又面臨一個文明的選擇關口，「雙重轉型」面臨新的重大挫折的可能。

從長遠的文明轉型來看，這四十年中國轉型最重要的結果或許就是現代主體的再生，這遠比那些經濟的成長更重要，意義也更加深遠。從此，中國的制度和文化變遷、與外部世界的關係都必然要受到這個結果的影響，各種文化、社會、政治的博弈都將直接或間接地圍繞此一主題展開。而中國的改革如果還有新的生命，如還希望中國的轉型平穩，現代性建設還有一個新的未來，則當須面對這一主題——「主體」的主題，才可能最終走出困境。

（原載於《思想》第38期）

張倫，CY塞爾奇—巴黎大學教授，聖日爾曼·昂萊政治學院教授，Agora研究所研究員，巴黎人文社會科學之家全球研究院教授。研究興趣在現代性、知識分子、中國的轉型、地緣政治等問題。有法、中文學術及評論著作、文章多種。